民國歷史與文化研究

十六編

第2冊

海軍海道測量局的成立與發展（1921～1949）

陳禎祥 著

花木蘭文化事業有限公司

國家圖書館出版品預行編目資料

海軍海道測量局的成立與發展（1921～1949）／陳禎祥 著 --
初版 -- 新北市：花木蘭文化事業有限公司，2023〔民 112〕
目 4+180 面；19×26 公分
（民國歷史與文化研究　十六編；第 2 冊）
ISBN 978-626-344-188-0（精裝）
1.CST：海軍海道測量局　2.CST：歷史　3.CST：中國
628.08　　　　　　　　　　　　　　　　111021709

ISBN-978-626-344-188-0

9 786263 441880

民國歷史與文化研究
十六編　第 二 冊　　　　　ISBN：978-626-344-188-0

海軍海道測量局的成立與發展（1921～1949）

作　　者　陳禎祥
總 編 輯　杜潔祥
副總編輯　楊嘉樂
編輯主任　許郁翎
編　　輯　張雅淋、潘玟靜　美術編輯　陳逸婷
出　　版　花木蘭文化事業有限公司
發 行 人　高小娟
聯絡地址　235　新北市中和區中安街七二號十三樓
　　　　　電話：02-2923-1455／傳真：02-2923-1452
網　　址　http://www.huamulan.tw 信箱 service@huamulans.com
印　　刷　普羅文化出版廣告事業
初　　版　2023 年 3 月
定　　價　十六編 5 冊（精裝）新台幣 14,000 元

作者簡介

陳禎祥，國立政治大學歷史學系碩士，現為國立政治大學歷史學系博士生、臺北市立和平高級中學歷史科教師。因服役於海軍 146 艦隊繼光軍艦之故，與海軍結下不解之緣，投身於海軍史研究，碩士論文為〈海軍海道測量局的成立與發展（1921～1949）〉，撰寫期間曾獲 106 年度廖風德先生學術研究培育獎。

提　　要

　　海道測量是測繪水文的科技，其製品有水道圖（海圖）、航船布告、燈塔表與潮汐表等表冊。1921 年海軍海道測量局成立於上海，專責全國海道測量業務，經籌備後自 1922 年 9 月開辦，1937 年中日戰爭爆發，局務受戰事影響而停止。迨至抗戰結束，1946 年於滬復局，其後因國共戰爭失利，1949 年 5 月先播遷至澎湖測天島，隔年再轉至臺北圓山。海道測量局的工作成果有四，分別是繪製領海圖、測量長江、測繪浙閩兩省海圖與發行海事刊物。該局的開辦，標誌著中國有自辦海測業務的能力，打破自 19 世紀中葉以來，此業務分由英國海軍與海關代為的局面，並消除外國以中國無海測機構為由，擅自測量中國領海的正當性，從而維護中國的測量主權。另一方面，中國是國際海道測量會的創始會員國，並以海道測量局為與會代表。該局參與國際海道測量會，從中獲取技術新知，增進與海測發展先進國的互動，提升自身專業能力，另參考該會建議，進行海圖體例標準化。

本論文撰寫期間曾獲得
一〇六年度廖風德先生學術研究
培育獎之獎助　特此致謝

目

次

圖　次

第一章 緒 論

一、研究動機

　　1881年，李鴻章看中福州船政局製造的首艘鐵協木殼船——威遠艦，並奏請朝廷將該艦調撥至北洋水師。4月，由管帶呂翰將該艦駛往天津，4月30日航經舟山群島的小洋島附近，在海圖上未標有暗礁的海域，竟撞上了水下物，船身為之一震，檢查船艙後，並未發現海水滲漏，但為安全起見，駛往江南製造局檢修。該局查明後，發現龍骨有兩處受損，修理費用需1500餘兩，全由福州船政局支付。呂翰在這起事故中，並無人為疏失，但之後卻遭調職。〔註1〕

　　現代船艦也懼觸礁，如我國國家實驗研究院所屬的「海研五號」研究船，2014年10月9日執行研究任務，因天候惡劣，自馬祖海域返回安平港途中，航經澎湖水道西側海域，擦撞暗礁，致使船體破損，船艙嚴重進水而沉沒，並釀成兩人死亡的悲劇。經交通部航港局調查，海軍大氣海洋局出版的0336與04525號海圖，均標示意外發生海域有礁石。該局認為事故原因之一，即是船員使用未經認證與驗證的電子海圖系統，卻未依規定使用紙本海圖。〔註2〕從上述兩事件來看，航海安全有賴精密海圖，可謂不言而喻，而海圖則是海道測量的成品。

〔註1〕陳悅，《近代國造艦船志》（濟南：山東畫報出版社，2011），頁159。

〔註2〕交通部航港局，〈海研五號沈沒海事案海事評議書〉（2015年4月28日，航安字10401369號），收入於「交通部航港局」：http://www.motcmpb.gov.tw/informationlist_566.html。（2016/12/7點閱下載）

　　什麼是海道測量（hydrographic survey）？它是基於航安目的，測繪水域的科技。其測量項目包括岸線、水深、海底地形及其性質、潮流與沿岸地區形貌。測量後製成的水道圖，除了可供航海人員使用之外，另可作為布置海防、設置海港的參考資料。〔註3〕現今的海道測量技術發軔於歐洲國家，自15世紀大航海時代以降，隨著航海活動的頻繁，海圖繪製越趨精細。由於船隻航行最忌觸礁，發生船難，16世紀歐人繪製海圖時，逐漸注重海底地形、障礙物、助航標誌與水文資料。17世紀因經緯度觀測、三角測量、地面高度測定與水深測量方法改進，海圖精確度不斷提升。18世紀的西方海圖已具備現代海圖雛形。〔註4〕

　　海道測量局（Hydrographic Office, Hydrographic Service）為綜理一國海洋及水道測繪業務機構，多由海軍辦理，亦有歸屬交通部或商務部者。〔註5〕18世紀開始，西方國家競爭海外原料與市場，促成海上貿易興盛，海上交通發達，船舶噸位增加，原先以航海家調查與海員紀錄所製成的海圖，因較零星而不敷所用。有些國家為因應此需求，相繼成立海道測量機構，進行系統性測量工作，並以實測資料繪製海圖。法國乃為世界上最早設立海道測量局的國家（1720），其他較早設置者，尚有英國（1795）、西班牙（1800）、美國（1829）與俄國（1837）等國。東亞最先開辦者則為日本（1871）。〔註6〕

　　19世紀中葉，中國始接觸西方海道測量術。鴉片戰爭至19世紀結束之間，西方列強以砲艦外交的方式，迫使中國開放通商口岸。西方國家紛紛來華貿易，因航運、軍事等活動日益頻繁，急需海圖。當時逕行測繪中國海域的國家，計有英國、美國、法國、德國、日本、俄國與義大利等國，其中以英國最為活躍。英國約於1840至1850年代完成珠江口至長江口海圖，1850至1860年測繪膠州灣至鴨綠江口，至19世紀末期除了江蘇北部海區與未開發的港灣外，英人大致完成中國沿海的測繪。〔註7〕另一方面，當時中國尚未設立海道

〔註3〕張芝生、張元旭與曾正雄等編著，《測繪學辭典》（臺北：國立編譯館，2003），頁112。黃劍藩，〈我所了解的中國海道測量工作簡況〉，收入於中國人民政治協商會議全國委員會文史資料委員會編，《文史資料存稿選編》第15冊軍事機構（上）（北京：中國文史出版社，2002），頁421。
〔註4〕楊錫淳、朱鑒秋編著，《海圖學概論》（北京：測繪出版社，1993），頁51～53。
〔註5〕張芝生、張元旭與曾正雄等編著，《測繪學辭典》，頁411。
〔註6〕樓錫淳、朱鑒秋編著，《海圖學概論》，頁54～56。
〔註7〕劉利民，《不平等條約與中國近代領水主權問題研究》（長沙：湖南人民出版社，2010），頁143～146。

測量機構，使得中國商船或是軍艦多使用英國出版的海圖。〔註8〕

　　不過，中國依賴外國海圖的局面，到了 1920 年代有了轉變。1921 年 10 月，海軍部設立海道測量局（以下簡稱海測局），先在部內附設辦公機關，1922 年 2 月釐定編制，派許繼祥赴上海，負責設局事宜，並於是年 9 月開辦測量工作，〔註9〕1923 年 4 月 1 日出版第一幅水道圖南京至雞頭山。〔註10〕該圖出版之前，社會輿論對該局期望頗深，認為此圖一出，可一洗從前中國海圖由外國人代測之恥，而海測局測量長江與全國口岸的計畫，也是民國成立以來少見的，並期許該局人員能積極執行而不懈怠，切忌有始無終。〔註11〕

　　值得一提的是，海測局也是海軍轄下機構中，少數擁有國際交流機會的機關。第一次世界大戰後，協約國體認到海道測量需各國合力進行，方能謀求海事利益，1919 年於倫敦召開國際海道測量大會（The International Hydrographic Conference），共有 24 個國家參加，並決議籌設國際海道測量局（The International Hydrographic Bureau）。1921 年該局成立，負責研究並推廣海測技術，同年共有 19 國正式加入大會，中國亦為創始會員國，並協定每五年集會一次，各會員國代表為該國海道測量局。〔註12〕

　　由上所述，海道測量局的重要性，在於它是仿各國設立的國家海測機構，開啟自製海圖新局面，並作為中國參加國際海道測量會的代表者，與各國進行交流。因此，本文欲以海軍海道測量局的成立與發展為題，釐清中國為何從原先依賴外國海圖，到非得設置國家海測機構——海道測量局，由本國人自行繪

〔註8〕「照稱中國沿海各處應准查勘由」（1890 年 5 月 30 日），〈禁止洋船私到不准通商口岸〉，《總理衙門檔案》，中研院近史所檔案館藏，檔號：01-31-003-03-005。〈海關總稅務司通令第 3339 號〉，收入於海關總署舊中國海關總稅務司通令選編編譯委員會編，《舊中國海關總稅務司通令選編》（北京：中國海關出版社，2003），頁 352。

〔註9〕〈海軍沿革史〉，海軍總司令部編，《海軍年報（民國 28 年）》，收入於殷夢霞、李強編，《國家圖書館藏民國軍事檔案文獻初編》第 9 冊（北京：國家圖書館出版社，2009），總頁 258～259。

〔註10〕「南京至雞頭山」（1923 年 4 月 1 日），〈長江水道暨沿岸地形圖〉，《經濟部地圖》，近史所檔案館藏，檔號：13-03-13-019。

〔註11〕〈海道測量局之宣言〉，《申報》，上海，1923 年 3 月 2 日，版 13。

〔註12〕呂德元，〈國際水路局〉，《海軍期刊》，第 3 卷第 12 期（1931 年），頁 93～98。*International Hydrographic Bureau Statutes*（Monaco: International Hydrographic Bureau, 1926）, pp. 15～17. 此章程見於「分割 1」，〈国際連盟水路会議関係一件／水路局関係〉，《外務省外交史料館》，JACAR（アジア歴史資料センター）Ref.B04122109100。

製海圖，其中轉變原因為何？海測局設立後，組織與業務有何發展，有哪些工作成果？該局參與國際海道測量會，進行何種國際交流，以及受到何種影響？中國建立自身的國家海測機構後，又有哪些具體作為？

此外，由於海軍主要的職責是執行海上作戰，目前吾人對民國海軍史的注目處，多在建軍與作戰，如海測局及其測量軍官的努力與貢獻，卻未能為人所知。希冀本文完成後，能為這群人留下歷史。

二、研究回顧

海測局沿革史方面，1939 年 3 月軍事委員會下令編纂《陸海空軍沿革史》，由軍令部召集工作會議，「海軍沿革」交由海軍總司令部起草。〈海軍沿革史〉完成後，海軍將其刊登於民國二十八年的《海軍年報》，在「民國海軍各機關沿革」一節中，以大事記方式，概述海測局自 1921 年成立至抗戰爆發間的發展，〔註13〕這有可能是最早敘述海測局沿革的文章，但囿於敘事體例，其內容過於簡略。1949 年以後中國大陸學者編寫的海軍通史著作，雖有敘述海測局發展，但篇幅不多，其記述不出〈海軍沿革史〉所載內容。〔註14〕

海圖史研究者亦談及海道測量局。中國地圖學史研究中，汪家君是少數關注海圖史的學者。〔註15〕她認為研究中國近代海圖有兩項目的，一是基於史料保存，將歷史海圖按年代與海域編纂留存，另一是將歷史海圖所載數據

〔註13〕〈海軍沿革史〉，海軍總司令部編，《海軍年報（民國 28 年）》，收入於殷夢霞、李強編，《國家圖書館藏民國軍事檔案文獻初編》第 9 冊，總頁 258～263。值得一提的是，軍事委員會 1939 年 3 月下令編《陸海空軍沿革史》，而海軍總司令部即在當年完成〈海軍沿革史〉，推測編寫頗速之因，海軍可能以先前已編寫的〈海軍大事記〉基礎上加以刪減。北京政府海軍部曾派專員，編寫 1861 年至 1917 年間的〈海軍大事記〉，並於 1919 年完稿，其後未繼續編寫。迨至南京國民政府時期，海軍部長陳紹寬以大事記關係海軍掌故，1932 年派員接續編輯，並另令海軍各艦隊司令部、艦艇與機關，凡可列為大事者，逐條開列，送部採擇彙編。《海軍大事記》，收入於殷夢霞、李強編，《國家圖書館藏民國軍事檔案文獻初編》第 12 冊（北京：國家圖書館出版社，2009），總頁 58。海軍部，《海軍部成立三週年紀念特刊》（南京：海軍部，1932），頁 107。

〔註14〕陳書麟、陳貞壽編著，《中華民國海軍通史》（北京：海潮出版社，1993），頁 302～304；高曉星、時平，《民國海軍的興衰》，收入於江蘇文史資料委員會編，《江蘇文史資料》第 32 輯（江蘇：中國文史出版社，1989），頁 94。海軍司令部《近代中國海軍》編輯部編著，《近代中國海軍》（北京：海潮出版社，1994），頁 770、942～943。

〔註15〕姜道章，〈近九十年來中國地圖學史的研究〉，《地球信息》，第 3 期（1997 年 10 月），頁 56～59。

轉換，可作為海洋工程的參考資料。汪氏在《近代歷史海圖研究》一書中專闢一節，論述晚清至中共建國初期的海圖繪製，認為民國時期海圖，以海道測量局出版的數量最多，採用自行測量的成果，運用近代製圖理念編製，質量比肩當時各國製圖水平。〔註16〕

　　另外，有學者研究近代中國領水主權發展，進而注意到海道測量局。劉利民的《不平等條約與中國近代領水主權問題研究》，關注十九世紀中葉以降，列強如何透過條約，破壞中國領水主權及其具體情形，以及中國領海觀念與制度的形成過程。在該書第六章，劉氏考察外國軍艦違約在中國領海活動情形，其中一項即是測量中國領海，當時擅測國家計有英、美、法、俄、德與日本等國，而英國是最活躍的國家，至十九世紀末大致測畢中國沿海，並出版海圖。〔註17〕但劉氏行文帶著民族主義情緒，動輒以「強盜」稱呼外國，並且分析外國擅測原因時，僅認定是違約行動，未充分地闡述，中國自身未發展海道測量事業，致使外國可以航安與公益為由來測量中國領海，此一面向亦為外國私測的緣由之一。劉氏另在〈近代中國水道測量事業的民族化進程論述——以海道測量局為中心的考察〉一文，指出中國籌畫自測水道始於清末，至海道測量局成立方才實現此目標。劉氏認為海測局自辦測量事業，明令禁止外國擅測中國領海，從海關手中收回測量權，有助於中國領海主權的維護。〔註18〕

　　劉氏有關海測局文章，較強調中國意識到測量事業須民族化的重要性，雖然指出清末時有識之士已意識到自辦測量的重要性，但未詳述清末之前中國對海道測量的觀念有何演變。其次，對海測局測量事業的進行與成果，未有機會運用《國防部史政編譯局》檔案與海軍相關出版品，僅以報刊史料約略談及，其論述較為片斷且零散。又其論及1922年海測局宣告外國不得擅測中國領海，肯定這是中國對於領水主權意識的增強，其後僅提及1930年代外艦仍有擅測之舉，南京國民政府予以制止的努力，但未提及海測局宣告禁止私測後，英人測量香港海域時，先與中國接洽，再由該局派員隨艦監督，此一測量主權提升案例。綜上所述，有關海道測量局的研究多是初步探討文章，未有全面且系統性著作，有關該局成立與發展，待補白的空間甚多。

〔註16〕汪家君，《近代歷史海圖研究》（北京：測繪出版社，1992），頁3、94～99。

〔註17〕劉利民，《不平等條約與中國近代領水主權問題研究》，頁143～151。

〔註18〕劉利民，〈近代中國水道測量事業的民族化進程論述——以海道測量局為中心的考察〉，《晉陽學刊》，2016年第3期（2016年），頁32～44。

三、時間斷限與史料運用分析

（一）時間斷限

1921 年 10 月海軍部籌設海道測量局，先將該局附設於部內，令軍務司司長陳恩燾暫充局長，[註19] 因而以 1921 年為該局成立之始。其後國共戰爭戰局失利，海軍總司令部令該局自滬遷臺，1949 年 5 月 20 日遷抵澎湖測天島。[註20] 由於本文僅探討海測局在民國時期的活動與發展，因此研究斷限止於 1949 年。此外，中國自 19 世紀中葉接觸海道測量後，對海道測量的認識與發展為何，在何種脈絡下促成海測局的設立，若能解答這些問題，有助於吾人認識海測局成立背景，本文論述此議題時，將從 19 世紀中葉談起。

（二）史料運用分析

國家發展委員會檔案管理局庋藏的《國防部史政編譯局》檔案，為本文運用的主要史料。此全宗內有關海測局案卷頗多，諸如〈海道測量局編制案〉、〈海道測量案〉、〈海道測量局接收海關測繪業務案〉、〈劉德浦赴歐美考察海道測繪案〉、〈測繪辦法彙編〉與〈領海界線劃定案〉等，可供本文探討該局成立緣起、組織與業務發展。海測局繪製的水道圖與海圖，可作為評價該局成果的依據，這類史料多數可見於中央研究院近代史研究所檔案館的地圖全宗（〈長江水道暨沿岸地形圖〉與〈揚子江港灣及中國沿海水道圖〉兩案）。

海道測量局年度報告，可從中了解該局業務推展。中央研究院近代史研究所檔案館的《外交檔案》中，藏有 1922 至 1925 年的報告書，海軍大氣海洋局隊史館則收藏 1926、1931、1932、1933、1935 與 1936 年等六個年份，筆者均取得上述工作報告書。海軍在其出版品刊登的工作報告，內容亦記述海測局業務推展。海軍自 1930 年開始，固定將各機關各月份工作概況，以「某月份之工作報告」為題，刊於《海軍期刊》）（後改名為《海軍雜誌》）與《海軍公報》，但可惜的是 1935 年 5 月後就停載。不過，海軍每年出版的《海軍年報》，或是紀念海軍部成立的週年紀念特刊，亦有載錄各項年度工作報告，

[註19] 「國務院公函第 2082 號」（1921 年 10 月 9 日），〈海道測量案〉，《國防部史政編譯局》，國家發展委員會檔案管理局藏（以下簡稱檔案管理局），檔號：B5018230601/0010/581.4/3815.7。「海軍部令 80 號」（1921 年 10 月 13 日），〈海道測量案〉，《國防部史政編譯局》，檔案管理局藏，檔號：B5018230601/0010/581.4/3815.7。

[註20] 海軍海道測量局，《海軍海道測量局沿革史》（左營：海軍海道測量局，1958），無標註頁碼。

可與各月份工作報告相互參用。報紙史料方面，海測局位於航運中心——上海，其繪製的海圖有助於航海安全，因而《申報》多有關於該局的報導，除了增添該局動態史料之外，亦可了解時人對該單位的評價。

海測局作為中國參與國際海道測量會代表者，該局派員與會情形，《國防部史政編譯局》全宗中的〈國際海道測量會案〉，收有海測局軍官出席大會的報告。但國際海道測量大會與會員國往來文件，未見於臺灣檔案典藏機構，所幸日本亦為該會會員，因而大會發出文件，當時均留存於外務省與海軍省卷宗，這批檔案可在日本國立公文書館亞洲歷史資料中心官網上查閱，運用上頗為方便，筆者可使用這些史料，簡介國際海道測量會，以及該會對中國與海測局的影響。

至於海測局成立後是否有提升測量主權，中央研究院近代史研究所檔案館《總理各國事務衙門》檔案中的〈禁止洋船私到不准通商口岸〉一案，收錄有1889至1890年間，因法國私自測量廣東海域所引起中外辯論的外交文件，我們可從中理解外國擅測中國海域所持理由及其歷史情境。《北洋政府外交部》檔案中的〈英海軍借來馬群島測量海道〉，以及《國防部史政編譯局》的〈視察英艦測量香港案〉等案，可以此考察海測局成立後，有否改善外國擅測中國海域的問題。

海測局的回憶文章有兩篇，其一是曾任職於海道測量局，擔任景星測量艇測量副的黃劍藩。〔註21〕黃氏於1930年代才加入測量局，他對北洋時期的海測局發展敘述較略，又受中共革命史觀影響，貶低國民政府的作為，其內容不盡詳實。〔註22〕另一篇則是顧維翰所撰的憶往文章，顧氏於1921年冬進入海測局學習測算，後任局內繪圖員，抗戰結束後奉派接收汪政府海道測量局，1946任海測局復局第一任局長。顧氏憶述的重點，早年僅側重局內人事與財政運作，其餘多著重抗戰後接收、整頓局務、遷臺與奉派出席國際海道測量大會的情形。〔註23〕回憶文雖可補檔案史料之不足，但回憶者所提及的史事是否詳實，仍須進一步檢證。

〔註21〕劉傳標編，《中國近代海軍職官表》（福州：福建人民出版社，2004），頁209。

〔註22〕黃劍藩，〈我所了解的中國海道測量工作簡況〉，收入於中國人民政治協商會議全國委員會文史資料委員會編，《文史資料存稿選編》第15冊軍事機構（上），頁421～425。

〔註23〕顧維翰，〈主政海道測量局十有二年憶述〉，收入於海軍總司令部編，《中國海軍之締造與發展》（臺北：海軍總司令部，1965），頁108～114。

四、章節架構

　　本文共有六章，第一章為「緒論」，闡明本文研究動機、研究回顧、研究斷限、史料運用分析與章節架構。第二章為「海道測量局的成立」，主要探究該局成立背景，簡介 19 至 20 世紀初期的中國海圖繪製概況，再闡述中國對海道測量觀念演進，籌設海測機構的努力，以及海界委員會何以促成海測局的成立，海測局的開辦過程。第三章為「抗戰前海道測量局的發展」，海測局自開辦後逐步發展，迄至中日戰爭爆發，該局受戰火影響而暫裁撤，因而本章敘述抗戰前該局的組織沿革、接收海關測繪業務及其各項工作成果。第四章為「抗戰後海道測量局的重建」，探討抗戰後海測局於上海復局，重新推展局務的概況，以及汪政府水路測量局對該局的重建有何影響。第五章為「海道測量局的國際交流」，簡述海測局參與國際海道測量大會的情形，1925 年派員赴外考察的概況，以及這些國際交流的影響。第六章為「結論」，綜合各章節，論述海道測量局成立及其成果的歷史意義。

第二章　海道測量局的成立

　　晚清思想家鄭觀應（1842～1922）著有《盛世危言》，收於該書的〈水師〉一文提及：中國海疆從松花江以南迄至越南一帶，英國海軍已測繪完畢，並刊行海圖，若水域暗灘或暗礁有變遷之處，複測後另刊新圖，任人銷售與觀看，毫無隱密。〔註1〕1889年，總理海軍事務衙門對此現狀並不反感，還認為從中擇圖翻譯，頗為便利，而英圖未測之處，再行補測即可。〔註2〕迨至民國時期，海軍部對於外人擅代中國測製海圖一事，則感到羞愧，其因在於自身國家的領海，竟由外人越俎代庖。因此，海軍設立了海道測量局，自辦測量業務，〔註3〕改善此局面。本章探討海道測量局的成立，先簡述19世紀中葉以來，以西式海道測量技術繪製中國海圖的概況，再探明中國如何看待海道測量，何時意識到須自辦此事務，以及籌設海測機構的努力。最後，說明海道測量局成立緣由，以及開辦梗概。

第一節　19至20世紀初期的中國海圖繪製概況

　　海圖是確保輪船航安的重要憑藉。隨著輪船的發明及不斷改良，自19世紀初開始，歐美國家將輪船作為商業運輸工具，〔註4〕因其船身吃水較深，

〔註1〕　鄭觀應，〈水師〉，收入於陳忠倚編，《皇朝經世文三編》，收入於楊家駱主編，《清朝經世文編及索引八種彙刊》第15冊（臺北：文海出版社，1972），頁728。
〔註2〕　〈光緒十五年九月二十五日總理海軍事務奕劻等奏〉，收入於中國史學會編，《洋務運動（三）》（上海：上海人民出版社，1961），126～127。
〔註3〕　〈海道測量局之宣言〉，《申報》，上海，1923年3月2日，版13。
〔註4〕　呂實強，《中國早期的輪船經營》（臺北：中央研究院近代史研究所，1976），頁2。沈鴻模編，《輪船》（上海：商務印書館，1937），頁7～9、17～18。

航行時欲避免擱淺觸礁，需要的助航設施與水文資訊也較多。例如，近港處設置浮標指明航道，出海則按海圖、燈塔指示來行駛。〔註5〕對離岸輪船而言，海圖最為重要。輪船營運能否得利，端賴其航行能否省時。在此要求下，輪船船長用盡各種辦法，取最短之航線來行駛，即使在航路上若遇海角，也從近海角處駛過。但是，求速的作法有極高風險，有可能遇險而壞船。避險之法為何？此時，海圖就有其價值，越精測之圖越能顯示水域危險之處，令航海者遠避，輪船可得益於此，行駛既短又安全的航線。〔註6〕

　　19世紀的中國船隻是否如同西方輪船注重海圖？事實上，中國未使用輪船之前，沿岸行駛者多為帆船，因其用風力行進，隨風操縱，船身吃水較淺，駕駛之人熟悉水域深淺及沿岸形勢，無須使用海圖。〔註7〕不過，若要遠程航行，仍需中國式海圖。鴉片戰爭前，中國航海者以航海羅盤與牽星術來掌握航向，〔註8〕而船舶定位、安全航行依賴針經與圖式。針經是「航行針路圖」，乃因中國以羅盤針位表示航路，稱為「針路」。此種圖見於清代出使琉球官員所撰紀錄。例如，徐葆光《中山傳信錄》中的《針路圖》，周煌《琉球國志略》的《針路圖》。若以周圖為例，圖中記載去回兩程針路及其航程更數（明清航程以更來計算），並在相應位置註記經過島礁名稱，但未繪成圖形。圖式則為「山嶼島礁圖」，將航路上經過的山峰、島嶼與礁石，以簡單線條繪出側面輪廓，供行船者判斷船舶是否已達預定位置，檢證有無偏離航線。尤

〔註5〕「海道測量局呈海軍總長文」（1924年5月19日），〈巡防處成立改組及編制案〉，《國防部史政編譯局》，檔案管理局藏，檔號：B5018230601/0011/584/3230。

〔註6〕華爾敦著，傅蘭雅口譯，趙元益筆述，《測繪海圖全法》（上海：江南製造局，1899），頁60。

〔註7〕1924年海道測量局局長許繼祥負責籌設海岸巡防處，該處職責之一，乃為促進民船（即帆船）航安。許氏籌辦以來，因多次與中國民船商會商討，方知民船航行不重海圖、助航燈誌，但較懼遭劫、遇風暴。參見「海道測量局呈海軍總長文」（1924年5月19日），〈巡防處成立改組及編制案〉，《國防部史政編譯局》，檔案管理局藏，檔號：B5018230601/0011/584/3230。費德廉的研究也提及同樣的情形。當英國海軍測量臺灣時倚賴當地嚮導，由其導引進入內港。這些嚮導多為當地漁民或水手，他們提供地方知識給英人，英國測量人員將這樣的地方知識，紀錄在測量報告中，海圖草稿上的地名也以土名稱之，參見費德廉，〈繪製福爾摩沙海域——英國海軍對臺灣港口、海域之測量（1817～1867）〉，《漢學研究》，第32卷第2期（2014年6月），頁25～28。

〔註8〕所謂牽星術，係指使用牽星版觀測天體高度，藉此確定船位與航向，以現代航海術語而言，即是「天文導航」，參見楊錫淳、朱鑒秋編著，《海圖學概論》（北京：測繪出版社，1993），頁80。

有進者，若是處於重要航段的岸山與島礁，則繪出不同方位下所見形狀。另一方面，圖中繪出的山嶼島礁，也會註記該處周邊水域深淺與底質情況。此類圖代的表者，計有《古航海圖考釋》〔註9〕所錄海圖，及耶魯大學所藏中國古航海圖等。〔註10〕可知，中國亦有自成一格的海圖體系。

本節擬探討，19世紀中葉西力東漸後，迄至海道測量局設立前，西方航海者至中國，可能發現中國海圖異於其慣用的圖式，無法供其所用，以及中國引進西式輪船，也需要西式海圖的背景之下，中國海圖的繪製究竟有何發展。

一、外人測繪沿海

外國測繪中國沿海，最早可追溯自1793年馬戛爾尼使團使華，乘清廷允許該使團順中國沿海前往北京時，進行測繪活動。英國海軍又於1807年測繪廣東的海陵山與南岙兩港，1817年法國海軍測量海南島榆林港。鴉片戰爭期間，英軍測繪吳淞口至南京間的長江水道。鴉片戰爭後，清廷雖曾明令禁止外人測繪中國海道，但外人仍私自測量，當時對中國水域進行測量的國家，計有英國、美國、法國、德國、日本、俄國與義大利，其中以英國最為活躍。

英國約於1840至1850年代完成珠江口至長江口海圖，1850至1860年間測繪膠州灣至鴨綠江口，19世紀末期除了江蘇北部海區與未開發港灣外，英人大致完成中國海域的測繪。〔註11〕其出版海圖含括的範圍頗廣，南起南沙群島，北達遼東灣，西自北部灣，東止於鴨綠江口、山東半島東半海域、舟山群島和臺灣東部海域一線，所跨經緯度約為東經108°至125°，北緯4°至

〔註9〕 章巽編，《古航海圖考釋》（北京：海洋出版社，1980）。
〔註10〕 朱鑒秋，〈中國古航海圖的基本類型〉，《國家航海》，2014年第4期（2014年11月），頁168～172。劉義杰，〈山形水勢圖說〉，《國家航海》，2015年第1期（2015年2月），頁89、103～109。有關耶魯大學所藏中國古航海圖的相關討論，參見李弘祺，〈美國耶魯大學圖書館珍藏的古中國航海圖〉，《中國史研究動態》，1997年第8期（1997年8月），頁23～24。錢江、陳佳榮，〈牛津藏《明代東西洋航海圖》姐妹作——耶魯藏《清代東南洋航海圖》推介〉，《海交史研究》，2013年第2期（2013年12月），頁1～101。朱鑒秋，〈耶魯藏中國古航海圖的繪製特點〉，《海交史研究》，2014年第2期（2014年12月），頁44～55。
〔註11〕 劉利民，《不平等條約與中國近代領水主權問題研究》（長沙：湖南人民出版社，2010），頁143～146。

41°。英人除了測量沿海之外，也測繪中國江河水道，計有西江、珠江、韓江、閩江、甌江、甬江、長江、黃浦江、海河與遼河等。當中，尤以長江水道圖最完整，自長江口沿江而上，直抵重慶與嘉陵江流域均有測繪。經學者計算，英人出版的中國沿海海圖及江河水道圖，總計為 164 幅。〔註12〕

　　1889 年至 1890 年間，法國測量廣東榆林港與瓊州一帶海域所引起的中外辯論，雖然雙方爭執焦點是—究竟外國軍艦能否駛入非通商口岸，但我們可從法國與其他國家反駁中國的論點中，理解列強擅測中國海域所持理由。1889 年 8 月，瓊州與崖州地方官通報兩廣總督張之洞（1837～1909），法國測量船私自測繪榆林港，張氏於 9 月 2 日電請總理衙門向法使抗議，該衙門旋於 3 日向法使表示：嚴禁兵船擅自駛入未通商口岸。〔註13〕法使李梅（V. G. Lemaire）不滿中國的抗議，他援引《中法天津條約》第三十款與《中英天津條約》第五十二款所載，主張：「凡英法國兵船往來游奕保護商船，或因捕盜駛入中國無論何口，以友誼接待」，力主法船測量榆林港是有約可據的。又認為法國測繪海圖有利於中外商船航行安全，中國應贊同法國的測量工作，此次事件僅是法國測量船疏忽，未事先知會瓊州方面地方官，日後若有其他測量工作，會事先知會。〔註14〕

　　對此，總理衙門反駁法使對《中法天津條約》第三十款的解釋，〔註15〕認為原文所載，僅允許商船為採買日用品、修補船隻，或有緊急原因需入港躲避等三項情況下，方可駛入各口岸，〔註16〕但軍艦未被允許駛入非通商港口。李

〔註12〕汪家君，《近代歷史海圖研究》（北京：測繪出版社，1992），頁 30～31。

〔註13〕「函據粵督電稱有法船駛進崖州之榆林港測探水道請電飭該船切勿違約擅進由」（1889 年 9 月 3 日），〈禁止洋船私到不准通商口岸〉，《總理衙門檔案》，中研院近史所檔案館藏，檔號：01-31-003-02-002。

〔註14〕「函復七月內法船駛進海南崖州榆林港釘樁測度一事」（1889 年 10 月 28 日），〈禁止洋船私到不准通商口岸〉，《總理衙門檔案)》，中研院近史所檔案館藏，檔號：01-31-003-02-003。

〔註15〕《中法天津條約》第三十款內文為：「凡大法國兵船往來游奕，保護商船，所過中國通商各口，均以友誼接待。其兵船聽憑採買日用各物，若有壞爛，亦可購料修補，俱無阻礙。倘大法國商船遇有破爛及別緣故，急須進口躲避者，無論何口當以友誼接待。如有大法國船隻在中國近岸地方損壞，地方官聞知，即為拯救，給與日用急需，設法打撈貨物，不使損壞，隨照會附近領事等官，會同地方官，設法著令該商捎人等回國，及為之拯救破船木片、貨物等項。」參見全國人大常委會辦公廳研究室編，《中國近代不平等條約匯要》（北京：中國民主法制出版社，1996），頁 89。

〔註16〕「法兵船擅進榆林港一事所引法約第三十款似有未符希飭知嗣後務宜遵守條

梅對中方的理解頗不以為然，提出第三十款法文原文之意為：「凡大法國兵船往來游奕，保護商船，所過中國各口，均以友誼接待」，質疑中國解釋漢文條約時，為何在「各口」前多加「通商」二字？但總理衙門駁斥李梅的理解，指出第三十款漢文所載確為「通商口岸」，並指出《中法天津條約》漢文條文是經兩國大臣詳細校對後畫押的，中國並無擅自添加字詞之舉；又法文條文載為「各口」，漢文條文為「通商各口」，字句雖有詳略不同，但商船允許能駛入的港口是通商口岸，軍艦為保護商船可駛入的各口即是指通商口岸。〔註17〕李梅不同意中方看法，仍堅持軍艦保護商船範圍不限於通商口岸，而是各口，其緣由為：

> 我國兵船駛入不通商口岸，別無他意，或因係巡查保護，或因繪畫核對全海各圖及各項學問要事，或因躲避風浪，修補損壞船隻。中國國家以知此底蘊，未便為懼也。〔註18〕

　　由李梅詮釋來看，軍艦保護商船範圍不限於通商口岸，凡是為繪製海圖、躲避風浪、整修船隻或是為商船護航，皆可駛入非通商口岸。外國軍艦能否進入非通商口岸一事，中法雙方各持己見，此事仍懸之未解。

　　1890 年 5 月 3 日，法國計劃測量瓊島西北一帶海域，李梅商請總理衙門轉令廣東地方官協助，但總理衙門仍堅持軍艦不得擅入非通商口岸，回覆法方：「凡非通商口岸，本非兵輪應到之地，無論有無險處，與他國無涉」，予以嚴正拒絕。〔註19〕李梅收到中方回覆大為不快，5 月 30 日質問中國，若無外國軍艦測繪海圖，供中國軍艦、招商局船隻與其他商船作為航行指南，中國船舶怎能安全航行？復以海圖未時常更新，船隻恐有發生船難之虞，更數落中國：

約由」（1889 年 10 月 29 日），〈禁止洋船私到不准通商口岸〉，《總理衙門檔案》，中研院近史所檔案館藏，檔號：01-31-003-02-005。
〔註17〕「照會法使嗣後兵船不得於非通商口岸往來游奕由」（1889 年 11 月 22 日），〈禁止洋船私到不准通商口岸〉，《總理衙門檔案》，中研院近史所檔案館藏，檔號：01-31-003-02-007。
〔註18〕「照復法國兵船不得擅進不通商口岸一節與洋文不符並援引各國條約辯論由」（1889 年 11 月 26 日），〈禁止洋船私到不准通商口岸〉，《總理衙門檔案》，中研院近史所檔案館藏，檔號：01-31-003-02-008。
〔註19〕「照復法國李使非通商口岸兵輪不得駛入由」（1890 年 5 月 13 日），〈禁止洋船私到不准通商口岸〉，《總理衙門檔案》，中研院近史所檔案館藏，檔號：01-31-003-03-001。

> 總之，沿海履勘係不容停止之事，中國未有保護商務駕駛線道之前，
> 應有外國兵輪辦理其事，而管窺蠡測之輩竟謂有無險處與他國無涉，
> 殊不知公道自在人心，凡有益於人而無愧於己者，皆所當為而不容
> 辭其責。數十年來中國應所自為者，向皆束手無策，今欲一旦興奮，
> 恐不能一蹴而就，仍須有熟諳其中者為之經理。〔註20〕

由李梅的觀點可知，外國代中國測繪海圖，係屬公益之事，中國既無自行繪製海圖供來往船隻使用，他國測量中國海域，即使駛入非通商口岸，仍為正當之事，中國應予以贊同。此外，德國、義大利、俄國、西班牙與英國等五國，呼應李梅行動，亦於5月30日各向中國發出照會，指責中國禁止外人測繪海圖之舉。〔註21〕中國對法國聯合其他五國共同施壓，表示強烈不滿，認為各國此舉有干涉中國內政之嫌，總理衙門發予李梅照會提到：「總之，測量海道係中國自治之政，自通商以來，沿海沿江所立燈塔、浮椿、浮標，皆為兵商輪船行走而設，中國並未置此等事於度外」，以此力爭中國致力建設導航設備，並無疏於維護航行安全。〔註22〕

　　儘管中國嚴正抗議，李梅的態度仍然強硬，6月11日給中國的照會中，堅持依《中法黃埔條約》與《中法天津條約》兩約中第三十款，皆准法國軍艦駛入各口，〔註23〕法船駛入非通商口岸並無違約，兩國若對條文文義有歧見，

〔註20〕 「照稱中國沿海各處應准查勘由」（1890年5月30日），〈禁止洋船私到不准通商口岸〉，《總理衙門檔案》，中研院近史所檔案館藏，檔號：01-31-003-03-005。

〔註21〕 「照稱中國沿海各處應准查勘由」（1890年5月30日），〈禁止洋船私到不准通商口岸〉，《總理衙門檔案》，中研院近史所檔案館藏，檔號：01-31-003-03-006 至 01-31-003-03-010，共五件。

〔註22〕 「照復兵輪測量水道一事語欠和平由」（1890年6月6日），〈禁止洋船私到不准通商口岸〉，《總理衙門檔案》，中研院近史所檔案館藏，檔號：01-31-003-03-012。

〔註23〕 《黃埔條約》第三十款條文為：「凡佛蘭西兵船往來游奕，保護商船，所過中國各口，均以友誼接待。其兵船聽憑采買日用各物，若有壞爛，亦可購料修補，俱無阻礙。倘佛蘭西商船遇有破爛及別緣故，急須進口躲避者，無論何口均當以友誼接待。如有佛蘭西船隻在中國近岸地方損壞，地方官聞知，即為拯救，給與日用急需，設法打撈貨物，不使損壞，隨照會附近領事等官，會同地方官、設法着令該商梢人等回國，及為之拯救破船木片、貨物等項。」《黃埔條約》第三十款與《中法天津條約》第三十款幾乎相同，其差異處僅在於《中法天津條約》將佛蘭西國改稱為「大法國」，參見全國人大常委會辦公廳研究室編，《中國近代不平等條約匯要》，頁33。

解釋時則以法文條文為正。另一方面，李梅責問中國：各條約中並無條文明令禁止外國測繪中國海圖，中國何以指責法國違約？〔註24〕總理衙門為討公道，6月23日向德、義、俄、英與西班牙等五國力爭，說明軍艦商船可駛入中國各口岸此一條文是有前提的，因捕盜、修補船隻、船身損壞或其他緊急狀況，方能駛入非通商口岸。〔註25〕7月31日李梅又再次串聯其他國家，向中國發出照會，再次重申原先立場。〔註26〕

　　事實上，以當時國際法而言，他國領海主權是不容侵犯的，為何西方國家不顧公法規範，而有侵權的舉動？時任美國駐華公使田貝（Charles Denby, 1830～1904）向國務卿布萊恩（James Gillespie Blaine, 1830～1893）對此次事件匯報的內容，可供理解：

> 歐洲沿海國家雖有禁止他國測量本國海域的慣例，但中國忽視海道測量的發展，又無專業測量人員，不適用這個慣例。況且，中國沿岸海域的海圖皆由外國人繪製，中國無令人信服的理由來禁止外國進行測量。〔註27〕

我們可從田貝的看法推知，西方國家擅測中國海域的理由，實為中國未發展海測事業，因而代其測量。中國測量權之所以喪失，若追根究柢，源於自身未設置海測機構。〔註28〕

　　綜上所述，從中外對於外國軍艦能否測繪非通商口岸的辯論，可知當時

〔註24〕「照稱兵船駛入口岸測量繪圖一節，請查咸豐八年及道光二十四年約款比較法文，至前次照會有失當之詞俟照復各國再為解論由」（1890年6月11日），〈禁止洋船私到不准通商口岸〉，《總理衙門檔案》，中研院近史所檔案館藏，檔號：01-31-003-03-013。

〔註25〕「法兵船駛入不通商口岸測量水道有違條約斷難強為辯論由」（1890年6月23日），〈禁止洋船私到不准通商口岸〉，《總理衙門檔案》，中研院近史所檔案館藏，檔號：01-31-003-03-014至01-31-003-03-019。

〔註26〕「測量海道一節尚望允許前去照會中過激之詞係譯漢錯誤請體察洋文存案由」（1890年7月1日），〈禁止洋船私到不准通商口岸〉，《總理衙門檔案》，中研院近史所檔案館藏，檔號：01-31-003-03-020。

〔註27〕 "Mr. Denby to Mr. Blaine," August 4, 1890, Department of State（United States）, *The Executive Documents Printed by Order of the House of Representatives for the Second Session of the Fifty-first Congress*, 1890～1891（Washington, D. C.: Government Printing Office,1891）, pp. 193～194.

〔註28〕不過，田貝謂中國無專業測量人才，此點未盡實情，中國是有專才的，只是囿於客觀條件未具備，使得海測機構從未實際成立，此點詳情將在本章第二節述及。

各國擅自測繪中國領海的理由，除了片面以外文約文解釋文義，擴大詮釋測量工作亦是保護商船之舉，或是反駁條約中並無明文規定不得測繪外，另主張中國未發展海道測量事業，實無繪製海圖的能力，但為維護航行安全起見，各國可代中國測繪海圖。平心而論，列強的作為雖侵犯中國主權，但船隻航行須有精確海圖，中國無能力繪製海圖卻是不爭的事實，反給予列強正當化的藉口。

19 世紀末葉至 20 世紀初，外人測繪活動仍未停止，英國於 1897 年測繪西江，1906 年測量福建沿海前，曾先照會中國，獲得許可後再進行合法的測量活動，但事實上仍以非法測繪居多。1904 年至 1906 年間，因外人私自測繪中國領水而引起的外交交涉，超過 10 次，未引起中國注意的測繪活動則難以得知確切次數。〔註29〕可知晚清自開港通商以來，外國擅自測量中國海域已是普遍情形。

二、海關的測量業務發展

海關發展測量事業，與其海務部門設置有關。1858 年《中英天津條約》的《通商章程善後條約》第十款規定，海關除了辦理稅務之外，也須提供助航設備。海關總稅務司赫德（Robert Hart, 1835～1911）認為，船舶來華貿易，需要助航設備與措施如下：航道上設置燈塔，對危險處提供警示；在港口設置浮標、標椿，指示應避開之水域。另在港內配置熟悉該港水文的引水，引導船隻入港，成立理船廳管理停泊秩序。因此，海關於 1868 年成立船鈔部（Marine Department，民國時期改稱為「海政局」），綜理上述事務。〔註30〕浮椿、燈塔須根據水文狀況來佈設，船鈔部成立初期，專業測繪人員不多，僅能依英國海道測量局所出之圖來建立這些設施。1892 年海務巡工司（Coast Inspector）韓德善（D. Marr. Henderson）認為，航務所需的測量工作，應由海關自行辦理，不再依賴英國海軍海道測量局，開始發展此項業務，測量須設置助航設備的港口、進入通商口岸的航道。起初測量所製圖表沒有對外發售、公布，1912 年始以警船布告附件刊出，1915 年開始刊售，名為中國海關水道圖，自該年起

〔註29〕劉利民，《不平等條約與中國近代領水主權問題研究》，頁 148。
〔註30〕1912 年改稱為海政局，1928 年後復改為海務科，見〈中國近代海關機構職銜名稱英漢對照〉，收入於「近史所檔案館人名權威檢索系統」：http://archdtsu. mh.sinica.edu.tw/imhkmh/images/namelist1.htm。（2017/3/18 點閱）

至 1922 年止共發行 23 幅圖（參見表 2-1）。〔註 31〕

表 2-1　海關刊售海圖（1915～1922）

編號	中文譯名	編號	中文譯名
1	長江南北航道入口圖	13	長江上游重慶港圖
2	長江吳淞至對面沙圖	14	煙臺內港圖
3	長江對面沙至小陰沙圖	15	煙臺港及航道圖
4	龍州港及其航道圖	16	漢口港圖
5	大沽攔江沙和海河入口圖	17	汕頭港攔江沙及航道圖
6	閩江外沙至羅星塔泊船處圖	18	長江岳州、磨盤石和仙峰礁圖
7	黃浦江吳淞至高橋段圖	19	長江大沙北航道和焦山水道段圖
8	黃浦江高橋至楊樹浦段圖	20	杭州灣和進口水道圖，包括長江南進口水道
9	黃浦江楊樹浦至龍華圖	21	鴨綠江安東至海段圖
10	遼河，包括牛莊港圖	22	長江南京和浦口港段圖
11	甌江礁石至溫州城圖	23	長江上游萬縣港圖
12	長江小陰沙至連成洲圖		

資料來源：姚永超，〈中國近代海關的航海知識生產及其譜系研究〉，《國家航海》，2016 年第 3 期（2016 年 8 月），頁 155。

　　海關助航措施，除了立標識、測量製圖之外，也發行相關海事刊物。首為發行〈海江警船示〉（Notices Mariners），此文件功用在於改正航海資料，公告周知新發見礁石、暗沙與沉船等情形，通知船鈔部設立、移修或增撤的標識。告示印發後，張貼於海關門前布告欄，並傳送至各船行、各國領事館，外埠以郵寄遞送，若遇緊急訊息，則以電報通知有關各口。〔註 32〕其次，1877 年以表

〔註 31〕姚永超，〈中國舊海關海圖的時空特徵研究〉，《歷史地理》，2014 年第 2 期（2014 年 12 月），頁 267～268。「國民政府行政院秘書處牋，附件：海務巡工司呈復總稅務司原文」（1930 年 12 月 23 日），〈海道測量案（三）〉，《國防部史政編譯局》，檔案管理局藏，檔號：B5018230601/0012/940.1/3815。文松，《近代中國海關洋員概略：以五任總稅務司為主》（北京：中國海關出版社，2006），頁 270。〈海關總稅務司通令第 3339 號〉，收入於海關總署舊中國海關總稅務司通令選編編譯委員會，《舊中國海關總稅務司通令選編》（北京：中國海關出版社，2003），頁 353。姚永超，〈中國近代海關的航海知識生產及其譜系研究〉，《國家航海》，2016 年第 3 期（2016 年 8 月），頁 155。

〔註 32〕姚永超，〈中國近代海關的航海知識生產及其譜系研究〉，頁 161～162。

列方式，刊印各種助航設施名稱、編號與設置地點等詳情，1883 年起每年刊行。
〔註33〕潮汐表方面，海關自 1860 年代起即著手觀測長江水位，將此資料供給行
江輪船。1922 年，江海關推算觀測數據，印製為長江口潮汐表（*Table of Predicted Tides of Side Saddle, in the Approach to the Yangtze River*），逐年出版至 1927 年。
此外，海關另有編輯長江航路指南，諸如《宜昌到重慶》（1890 年第一版）、《長
江上游宜榆間航行指南》（1920 年第一版）。〔註34〕

三、中國的譯圖及檢測工作

19 世紀的中國尚未發展西式海道測量，亦未設置專責測製海圖的機構，
當時中國海軍和招商局輪船所用海圖，來源有二，一是翻譯英國海軍出版的航
行指南與海圖；二是複測英國海圖。此外，清法戰爭後，廣東省因佈防所需，
獨力繪製海防圖，首開將軍事資訊添加於海圖中之風氣。

翻譯方面，較早從事譯圖的可能是黃維煊，黃氏曾以候補同知銜協辦福
州船政，以英國海圖為本，譯製《中國江海全圖》，共有總圖 1 張、分圖 22
張，該圖於 1869 年製成，黃氏隨同福州船政局自製第一號輪船——「萬年清」
赴天津驗收時，將此圖獻於清廷。〔註35〕江南製造局於 1874 年出版的《海道
圖說》，從英國海軍出版的航行指南中輯取中國部分，由美人金楷里（Carl
Traugott Kreyer）口譯，王德均筆述，共譯成《海道圖說》十五卷、《長江圖
說》一卷，海道總圖一幅、分圖十二幅，以及長江圖五幅。〔註36〕1880 年代，

〔註33〕 1877 年的刊物稱為《通商各關沿海沿江建置燈塔燈船燈桿警船浮椿總冊》
（*Report of the Chinese Lighthouse, Light-vessels, Poles, Police Boats and Buoys*,
1877.）。1883 年更名為《通商各關警船燈浮椿總冊》，1908 年改刊為《總稅務
司署船鈔年刊》（*Report of the Marine Department*）。參見姚永超，〈中國近代海
關的航海知識生產及其譜系研究〉，頁 158。

〔註34〕 姚永超，〈中國近代海關的航海知識生產及其譜系研究〉，頁 156、160。

〔註35〕 「錄送查驗萬年清輪船奏稿由」（1869 年 11 月 10 日），〈議設船廠〉，《總理衙
門檔案》，中研院近史所檔案館藏，檔號：01-05-002-01-038。黃維煊獻圖時未
說明其製圖方式，究竟是自製抑或是譯圖。不過，有則史料可供我們推知：格
致書院夏課時，王恭壽撰〈中國創設海軍議〉獲第二名，文中議論繪製海圖時
提到「黃維煊所譯之圖與製造局所譯之圖，大同小異，皆本於西人而未增修。」
可推知黃氏並非是自力測製海圖，而是譯英人之圖，參見王恭壽，〈中國創設海
軍議〉，于寶軒編，《皇朝蓄艾文編》，收入於吳相湘主編，《中國史學叢書》第
21 冊（臺北：學生書局，1965），第 38 卷，頁 26 上，總頁 3056。

〔註36〕 徐維則輯，《增版東西學書錄》，收入於北京圖書館出版社編，《近代譯書書目》
（北京：北京圖書館出版社，2003），頁 229。

中國以英國海軍海圖為本，經編纂者篩選、翻譯、補充與修訂，編製《八省沿海全圖》（以下簡稱全圖）。《全圖》含括範圍自奉天至廣東沿海，總圖數共 79 幅。〔註37〕1894 年英國海軍海圖局出版第三版航行指南，陳壽彭選取中國沿海部分，節譯為《中國江海險要圖誌》，1899 年陳氏譯畢，最先由常州經世文社印行 2,000 本並銷售一空。經世文社倒閉後，陳氏為利於指南流通，1907 年將版權給予廣東廣亞書局再版印行。〔註38〕

晚清中國海軍所使用海圖，初期是黃維煊繪製的《中國江海全圖》。1870 年代清廷頒布的《輪船出洋訓練章程》中，有一條為考證海圖，要求福州船政局將該圖發予轄下每艘輪船，各船出洋時即據此圖，考訂圖中所記水深、沙礁與沿岸地勢。〔註39〕但自 1880 年代中國陸續向英、德購買鐵甲船，順道購備英國海圖，因而軍艦所用海圖改以英圖為主。〔註40〕

值得一提的是，清法戰爭後，廣東為平時佈防所需，曾派人測量海口，這可能是中國首次的西式測量活動。1884 年 8 月 26 日，總理衙門電令兩廣總督張之洞繪製廣東沿海各口地形，在圖上註明礮臺分布與軍隊佈防地點，張氏隨即飭令營務處調查，並製圖上呈。1885 年 12 月，總署再令張之洞測繪《廣東海口險要圖》，張氏派遣營務處方道負責勘查各海口形勢，另指派水雷局教習詹天佑（1861～1919）帶領測繪生，測繪各海口寬狹、曲直、深淺、海口內外沙灘、暗礁與小島，調查各型船可停泊口岸，預計繪製廣東省全省海防邊防總

〔註37〕汪家君，《近代歷史海圖研究》，頁 70。

〔註38〕陳壽彭編譯，《中國江海險要圖誌》，收入於茅海建主編，《清代兵事典籍檔冊匯覽》第 94 冊（北京：學苑出版社，2005），頁 5～9、19。

〔註39〕「具奏酌議論船出洋訓練章程由」（1871 年 4 月 11 日），〈福建議設船廠〉，《總理衙門檔案》，中研院近史所檔案館藏，檔號：01-05-005-01-002。

〔註40〕在李鴻章奏銷北洋海防經費的奏摺中，可看到購買海圖的支出，如奏銷光緒 11 年至 12 年（1885～1886）細目中，有一筆為：水師總教習代購水師應用海道圖等件，價銀 1,899 兩；又奏銷購買致遠、靖遠、經遠、來遠四艦細目中，有一筆為：支兩船砲用皮盤器具，並經度艙面各表儀器、遠鏡、繪圖器具及砲手、木匠、水手所用個料件暨行船海圖共價銀 3,176 兩，參見〈光緒十五年一月二十一日直隸總督李鴻章奏〉、〈光緒十五年四月二十二日直隸總督李鴻章奏〉，收入於中國史學會編，《洋務運動（三）》，頁 92、107～108。1887 年工部主事余思詒隨北洋海軍官兵赴英接致遠、經遠兩艦回國，撰有《航海瑣記》四卷，對於船中所用海圖，余氏的記載為：「駕駛航海全賴圖本，各國海圖，英為精確，總目十六頁，全地五洲分圖凡三千餘頁，……。舟中之圖皆英國本，……。」，見余思詒，《航海瑣記》，收入於陳悅編，《龍的航程——北洋海軍航海日記四種》（濟南：山東畫報出版社，2013），頁 8。

圖一幅，分圖十二幅，〔註41〕1886 年繪畢。〔註42〕張之洞另編有《廣東海圖說》一冊，〔註43〕該圖將軍事資訊繪製在海圖中的形式，影響朱正元繪製的《江浙閩沿海全圖》。

《江浙閩沿海全圖》是複測英國海圖所成之圖，繪製者為候選州同朱正元。朱氏於 1896 年曾奉會典館指派，編輯海道圖說，深感中國書籍未足採信，派員自測則經費不足支應，最簡便方式即是以英國海圖為本，進行複測。1897 年，朱氏透過兩江總督劉坤一（1830～1902）向總理衙門建議複測英海圖，先行複勘江浙閩三省沿海，再推及於奉天、直隸與山東三省，並分析此項工作的益處有：（一）增進對沿海岸上形勢的理解，因英海圖未詳載近來新建礮臺、勇營佈防地點、城市遠近與山川形勢，建議仿《廣東海口險要圖》體例，將軍事資訊添加於英海圖中；（二）海圖上的島嶼、沙、石等名稱，多以發現者的外文名字，或是觸石沉船的船名來命名，急需更正為中國土名。〔註44〕總理衙門後於 9 月間採納其計畫，朱氏歷時兩年複測，浙江、江蘇兩省海圖併圖說先於 1899 年 10 月完成，並印行 300 分存於上海，以供使用。〔註45〕總理衙門閱覽成圖後，肯定朱氏工作對海防大有裨益，下令接續複測福建沿海，限於一年內完成。〔註46〕隨後閩省部分亦於 1901 年測畢，完成《江浙閩沿海全圖》，因此圖曾進呈光緒皇帝，又名《御覽江浙閩沿海圖》。朱正元原計畫續測山東、直隸兩省沿海，但積勞成疾，測至大沽口時病亡，因而山東等地的圖稿未能出版。〔註47〕

〔註41〕張之洞，〈札委各員測繪海口圖說〉，《張文襄公全集》，收入於沈雲龍主編，《近代中國史料叢刊第 474 冊》（臺北：文海出版社，1970），頁 6396～6400。

〔註42〕凌鴻勛編，《詹天佑先生年譜》（臺北：中國工程師協會，1961），頁 25。

〔註43〕張之洞奉勒撰，《廣東海圖說》，收入於廣文編輯所編，《河海叢書》（臺北：廣文書局，1969）。

〔註44〕「條陳測繪海圖事宜由」（1897 年 7 月 16 日），〈候選州同朱正元稟請測繪江浙閩沿海輿圖案〉，《總理衙門檔案》，中研院近史所檔案館藏，檔號：01-34-005-04-001。

〔註45〕「稟呈江浙兩省沿海各圖說並將請辦原稟節略祈憲鑒由」（1900 年 1 月 23 日），〈候選州同朱正元稟請測繪江浙閩沿海輿圖案〉，《總理衙門檔案》，中研院近史所檔案館藏，檔號：01-34-005-04-003。

〔註46〕「咨候選州同朱正元呈送江浙沿海輿圖應令接辦福建一省相應知照由」（1900 年 3 月 5 日），〈候選州同朱正元稟請測繪江浙閩沿海輿圖案〉，《總理衙門檔案》，中研院近史所檔案館藏，檔號：01-34-005-04-006。

〔註47〕楊錫淳、朱鑒秋編著，《海圖學概論》，頁 100。

第二節　中國對海道測量的認識及籌辦發展

　　上節述及中國未發展西式海道測量，無法自製西式海圖，不得不以英圖為本進行複測、譯圖，先由海關推行部分海測業務。本節欲解決的核心問題有二，何以中國直至 20 世紀初期才意識到海道測量須由中國政府執掌，而非繼續依賴英人與海關？1908 至 1921 年間，中國曾有三次發展海道測量的計畫，但為何難竟全功？

一、自強運動時期的認知與籌辦初議

　　中國對海道測量的認知是伴隨著西式海軍的發展而認識更深。中國自1860 年代開始發展海軍，為培養製船與駕船人才，1866 年設置福州船政局，局內後學堂是中國第一間培養海軍軍官的學校，課程有數學、物理、地理、天文與航海術等科目，其中測量學也是教授的科目之一。1880 年代創辦的天津水師學堂、廣東水陸師學堂，兩校學制亦仿船政後學堂，〔註48〕開設測量課程。晚清海軍學校之設有測量學課目，乃因航海核心技術在於掌握船位，天氣佳時以測量日星定位，氣候不佳時則以測水深與海圖所載水深相較，推知船舶位置。〔註49〕

　　由於測量是航海術之本，晚清時期無論是海軍的操演重點，還是校閱項目，多有測量一項。會辦北洋軍務的吳大澂（1835～1902）曾云：「水師操演

〔註48〕嚴璩編，〈先府君年譜〉，收入於北京圖書館出版社編，《晚清名儒年譜》第 16
　　　　冊（北京：北京圖書館出版社，2006），頁 3～4。嚴復年譜中僅提到後學堂有教
　　　　授航海術，其中有無測量相關科目，無從得知。不過，李鴻章於 1881 年所設立
　　　　的天津水師學堂，其學制是仿福州船政後學堂，教授的科目中即有測量學，參
　　　　見李鴻章，〈奏學堂人員一體鄉試片〉，收入於張俠編，《清末海軍史料》（北京：
　　　　海洋出版社，1982），頁 397。天津水師學堂所教授的測量學內容詳載於《北洋
　　　　海軍章程》考校一節中，提到測量學的重要性：「測海繪圖乃海軍分內極要之事，
　　　　因英國海圖極精，各國取效，中國於圖學一門尚未開辦，自應先取英圖考究」，
　　　　至於教授內容有：海圖使用、求度時表差、求距頂度、求量底線、求經緯度、
　　　　求真方位、佈三角法、求地平、測水深淺、指定方位、測潮流與設立海口法，
　　　　可知晚清中國培養海軍軍官的學校多有教授測量學，參見總理海軍事務衙門
　　　　編，《北洋海軍章程》，收入於茅海建主編，《清代兵事典籍檔冊匯覽》第 92 冊，
　　　　頁 329～330、343。廣東水陸師學堂學制亦是仿福州船政學堂，張之洞設計該
　　　　校章程時云：「其規制略仿津、閩成法，復斟酌粵省情形，稍有變通」，見張之
　　　　洞，〈創辦水陸師學堂摺〉，收入於張俠編，《清末海軍史料》，頁 399。
〔註49〕金楷理譯、李鳳苞筆述，《行海要術》（南京：江南製造局，1890），行海一，
　　　　頁 1。該書譯自英人 Alexander Thom 所著 *Practical Navigation* 一書。

與陸軍不同，駕駛之學以測量為本，槍砲之學以聚集中靶為要，帆纜之學以練習風濤為貴。」〔註50〕因而晚清大員校閱海軍時，多將測量列為考校項目之一。第二任船政大臣丁日昌（1823～1882）認為校閱的項目應有：「操演輪船砲法、陣法、蓬索、舢舨、水雷，熟認沙線礁石諸事。」統領福州船政的彭楚漢於1879年向中樞報告當年的實際操演內容：「（十月）二十五日督帶出洋，駛赴澎湖港，……，並槍砲、帆索、舢舨次第督飭操演，考優校劣，兼求精習測量、駕駛……。」甚至《點石齋畫報》於丁集三期報導南洋水師操演的敘述中提到：「若論操演兵輪，當以歷練風濤、測量沙石為第一要義，否則進退操縱萬難如志。」〔註51〕可知測量是航海要術的觀念廣為人知。

中國海軍軍官在測量學的訓練下，多通曉測量，如《清史稿》鄧世昌傳云：「少有幹略，嘗從西人習佈算數。既長，入水師學堂，精測量、駕駛。」劉步蟾傳云：「幼穎異，肄業福建船政學堂，卒業試第一。隸建威船，徽循南北洋資實練。同治十一年（1872年），會考閩、廣駕駛學生，復冠其曹。自是巡歷海岸河港，所蒞輒用西法測量。」〔註52〕鄧、劉二人皆畢業自船政後學堂，在同樣的課程訓練下，學堂中其他的畢業生即使未如兩人精熟測量，至少也是知其一二。

此外，中國海軍軍官或是水師學堂學生亦曾擔任重要測量工作，例如1874年間，沈葆楨（1820～1879）來臺處理牡丹社事件，佈防時計劃從海路運兵至東部，須掌握輪船可停泊之地，曾派船政學堂學生乘揚武艦、長勝輪船測量臺灣東部海域。經實測後得出：「後山除蘇澳外，並無深穩海口可泊巨艘，而短艇小舠則隨地可以往來」，〔註53〕因此沈氏才派遣福建陸路提督羅大春進駐蘇澳，並陸續運兵增援。〔註54〕1898年德國強租膠州灣，中國與德國共勘租借地界線時，曾派天津水師學堂藍道生、李夢松乘飛鷹艦隨同測量劃界。〔註55〕

〔註50〕〈光緒十一年七月十二日會辦北洋事宜吳大澂奏〉，收入於中國史學會編，《洋務運動（二）》（上海：上海人民出版社，1961），頁574。

〔註51〕《點石齋畫報》，丁集三期，21。

〔註52〕趙爾巽等撰，楊家駱校正，《楊校標點本清史稿附索引十六》（臺北：鼎文書局，1981），卷460，列傳247，頁12711～12712。

〔註53〕寶鋆編，《籌辦夷務始末（同治朝）》（臺北：文海出版社，1971），8626、8709。

〔註54〕沈葆楨，《沈文蕭公文牘》，收入於陳支平主編，《臺灣文獻匯刊》第3輯第4冊（北京：九州出版社，2004），頁64、169、180。

〔註55〕「勘界過程暨租界合同」（1898年10月24日），〈膠澳專檔〉，《總理衙門檔案》，中研院近史所檔案館藏，檔號：01-26-002-03-028。

有識之士對海測的認知隨著海軍發展又更深一層，從測量是航海術之一，進而深化至關係佈防。自 1875 年開始，中國籌建北洋海軍，陸續自西方購買船艦，著手建設威海與旅順兩大海軍基地。針對購艦事宜，翰林院侍講學士何如璋（1837～1891）曾於 1882 年 10 月 31 日上奏〈條陳水師練軍事宜六條〉，其中一條為「辨船等」，他提及各類型船隻因設計功用不同，吃水深淺亦不同，中國購船時宜先測量沿海各口水道，再決定購艦船型。〔註56〕另一方面，籌建海軍基地亦須佈置周邊海防，畢業自船政學堂的羅豐祿於 1881 年任職北洋水師營務處，羅氏曾對北洋海防提出建議，他認為海防砲臺須依精確圖誌來佈置，北洋自旅順至登州有八口須設防，但外國所製之圖未詳繪這些地點形勢，中國應自派精通測量的管駕（艦長）負責繪圖，以供佈設砲臺，再以此法推及至東南沿海，逐步測量各海口再設防，中國海防可「無險不設，無要不扼」。〔註57〕時任直隸省候補道員的薛福成（1838～1894），他對北洋海防的佈防建議與羅氏所見略同，也主張撥船測量登州至旅順海域，以利軍艦航行、置砲臺與佈水雷。〔註58〕綜上所述，隨著北洋海軍的籌建，中國急需建設威海與旅順兩軍港與佈置周邊海防，購買適合兩港水深的艦船，但籌辦這些事務皆須掌握水文資料，因而羅豐祿與薛福成兩人皆倡議撥艦測量北洋海圖。

1880 年代測量關係海軍佈防的觀念出現後，羅豐祿等人主張撥艦，並指派專員測繪，此法近於臨時任務性質，事畢即散，但詹事志銳（1852～1911）提出的方法卻與羅氏等人不同。〔註59〕1889 年 8 月 23 日，志銳對海軍事務提出建言，其中有一條為仿各國海軍設立測量水路局，以利佈防：

> 伏查各國海軍均設有測量水路局，似宜倣而行之。中國洋面七千餘
> 里，何處水深，何處有山，何處藏風，其海底之質為泥、為沙、為

〔註56〕〈光緒八年九月二十日翰林侍講學士何如璋奏〉，收入於中國史學會編，《洋務運動（二）》，頁 533。

〔註57〕羅豐祿，〈測繪海圖議〉，收入於盛康編，《皇朝經世文續編》，收入於沈雲龍主編，《近代中國史料叢刊》第 845 冊（臺北：文海出版社，1972），頁 3311、3315～3317。羅豐祿經歷參見中央研究院歷史語言研究所建置的「人名權威資料庫」：http://archive.ihp.sinica.edu.tw/ttsweb/html_name/index.php。

〔註58〕薛福成，〈酌議北洋海防水師章程〉，收入於張俠編，《清末海軍史料》，頁 2。

〔註59〕志銳，隸滿州正紅旗，自幼聰明過人，1880 年考取進士，選為翰林院庶吉士，並授編修。常與黃體芳、盛昱等同輩，相互砥礪品格與節操，常上書言事，其後歷任詹事、禮部右侍郎、寧夏副都統、杭州將軍與伊犁將軍。參見趙爾巽等撰，楊家駱校正，《楊校標點本清史稿附索引十六》，卷 470，列傳 257，頁 12797～12798。

石、為蛤、為蟲，以及港汊之分合，礁石之隱見，水道之迂直，某
所宜泊鐵甲、繫木輪，某所宜置水砲臺、藏火筏、排木樁、埋水雷，
平時皆宜令各船將士隨時查探，細心量度，一一繪圖貼說，上之海
軍，一遇有事，指揮調遣，庶不憑空臆斷。今中國各稅口亦將置燈
臺，設浮標，將各口險要之處，布告於眾，然此特便商舶之行，非
以供兵事之用也。〔註60〕

志銳提及各國海軍皆有設置測量局專責測繪海圖，中國宜仿效設置，並分析益
處有：（一）掌握各處水深、礁石分布、風向、沿岸地形與海底底質，可明瞭
海況，以利軍艦航行；（二）海軍佈防有所依據，可依海圖決定鐵甲艦駐泊之
處、海口防守策略；（三）除了便於軍艦調遣外，亦有助於商船航行。志銳的
見解和羅豐祿、薛福成兩人不同之處，在於他提出設立常設的海測機構，專責
測繪海圖，而非任務性測量活動。

　　海軍事務衙門針對志銳提議，原則上同意其觀點，但表示囿於經費，恐難
設置測量局：

查西法測量水路，上應天度，下考地質，亞洲東方各海口為西人所
已測者，不妨采譯刊行，其所未測者，亟宜量度算繪。今年夏間，
北洋海軍該提鎮統率會同南洋戰艦巡閱奉天、朝鮮洋面，遂北駛至
海參威以及天冠山、木浦各海口，為英國〔圖〕所未備，業經北洋
各將領補行測繪。惟海岸綿亙，港汊分歧，未及測之地尚多，且沙
礁變動無常，非專設測量船隻測繪，無由得其要領。該項船隻需數
十萬金，一時難以猝辦。〔註61〕

依海軍衙門的看法，自辦測量局的益處，在於可時常更新海圖，但測量船價值
不斐，因經費問題無法購備。〔註62〕而英國已將東亞各海口測繪，並出版海
圖，權宜之計是以英圖為本，再由海軍各艦航行時複測圖中未勘之處，以增補

〔註60〕　〈光緒十五年七月二十七日詹事志銳片〉，收入於中國史學會編，《洋務運動
　　　　　（三）》，頁122～123。
〔註61〕　〈光緒十五年九月二十五日總理海軍事務奕劻等奏〉，收入於中國史學會編，
　　　　　《洋務運動（三）》，126～127。
〔註62〕　其實，總理海軍事務衙門也意識到測量船是海軍所需船隻，在《北洋海軍章
　　　　　程》船制一節中提到北洋海軍艦隊雖然成軍，但與歐洲各國海軍相較，仍有未
　　　　　完備之處，例如運輸船太少，測量、信號船未購備，日後經費較充裕時應購齊
　　　　　這些船艦，見總理海軍事務衙門編，《北洋海軍章程》，收入於茅海建主編，
　　　　　《清代兵事典籍檔冊匯覽》第92冊，頁147～148。

缺漏。因此，近代中國第一次設置海測局的契機，因財源問題而未能實現。

二、清末新政至民初的籌辦

　　清末時中國有設立海道測量機構的籌畫。1908 年，兩江總督端方（1861
～1911）籌辦赴美漁業賽會所需漁業圖，指派江南水師學堂庶務長黃裳治校
正 1906 年由邱寶仁與陳壽彭所繪製的漁業海圖。〔註63〕黃氏將漁業海圖與英
海圖相比較，漁業海圖經緯度或繪製的沿岸與島嶼面積大小並無謬誤，但兩
種海圖對島嶼名稱的載錄有異，或記當地土名，或載英文譯音，島嶼位置容
易混淆不清。復以漁業圖中的中國領海界線未明，若從軍事佈防與維護領海
主權著眼，黃氏極力向端方建議，創設海圖局繪製海圖。〔註64〕端方收到黃
氏建議後，便向陸軍部、〔註65〕北洋大臣楊士驤（1860～1909）與廣東水師
提督薩鎮冰（1859～1952）商議籌設海圖局：

> 悉查海圖為國家領海主權所繫，而界線尤關緊要，遇海戰時，凡中
> 立國應守之權利責任，全視界線以為衡。至於沿海島嶼形勢區域，
> 尤須有確定地名，而後一覽了然，於扼要設防，方可以籌布置，漁
> 業特其一端耳。然兩國交界之地設無正確之海圖界線，劃分域限往
> 往因漁業而啟爭端，所關亦即匪細，但必先有國防軍用之海圖，而
> 後漁業海圖有所從出……現當籌議擴張海軍之際，而中國海軍所用
> 海圖猶藉英國海軍所繪之圖以為底本，殊不足以昭慎重，即將地名
> 訪詢確定，詳為更正，而島嶼有無遺落，汊港有無混淆，非自行定

─────────────

〔註63〕1905 年義大利所辦的賽會中有漁業分會，並邀請中國與會，張謇建議清廷籌
　　　　辦時先行繪製漁業海圖，以英國海軍所出版的航行指南中有關中國沿海的圖
　　　　表為本，於圖中表明中國漁界，會場中展示此圖時可向各國表明中國的領海
　　　　權，參見「張修撰籌辦義漁業賽會情形咨呈核辦由」（1905 年 9 月 28 日），
　　　　〈各國邀請參與有關漁牧賽會公會〉，《外務部檔案》，中研院近史所檔案館藏，
　　　　檔號：02-20-008-01-010。這幅漁業海圖後指派副將邱寶仁、陳壽彭負責繪製，
　　　　後於 1906 年 2 月底至 3 月間繪畢，參見「咨送漁業海圖並聲明繪圖事竣已將
　　　　裁撤由」（1906 年 10 月 16 日），〈各國邀請參與有關漁牧賽會公會〉，《外務部
　　　　檔案》，中研院近史所檔案館藏，檔號：02-20-008-01-038。陳壽彭即是據英國
　　　　海道測量局所出的航行指南，編譯《中國江海險要圖誌》的作者。
〔註64〕〈籌辦研究海圖札文〉，《北洋法政學報》，第 80 期（1908 年），頁 1。
〔註65〕1905 年清廷實施預備立憲，1906 年原先的兵部改為陸軍部，並將練兵處與太
　　　　僕寺併入，而應設立的海軍部，在未設以前暫歸該部辦理。1907 年，陸軍部
　　　　在部內設置海軍處，管理全國海軍政務。參見海軍司令部《近代中國海軍》編
　　　　輯部編著，《近代中國海軍》（北京：海潮出版社，1994），頁 565、568。

測勘量，繪列圖說，將何以資校核而定謬訛，所稟請設海圖局測量
研究、編纂圖誌，洵為目前當務之急。〔註66〕

針對端方的倡議，陸軍部旋於10月21日同意，並敦請端方、楊士驤與薩鎮
冰共同擬定海圖局章程與經費籌辦事宜。〔註67〕此次籌設海測局之議值得注
意之處有二，一是中國對海測的認知又更深一層，從1880年代認為海測關係
航行與國防之外，到20世紀初期時更意識到唯有自辦測量事業，方能平時維
護領海主權，戰時得以執行中立國應盡權益義務；二是中國鑒於領海劃界關
係主權，意識到測量須由其自辦方可。

然而，自1908年決議設立海圖局後，卻無任何進展。1911年海軍部方才
擬定籌設辦法，當年僅計劃設置總處，專責管理繪圖事宜，在北洋、南洋、閩
洋與粵洋等地建立分處，其經費來源由各省分攤，並限期於五年內完成海圖繪
製。〔註68〕事實上，甲午戰爭後清廷因財政困難，常以各省協濟的方式，籌措
海軍經費，但成效不彰。如宣統年間，度支部為張羅籌辦海軍所需的開辦費及
其常年經費，除了借外債之外，另由該部與各省攤派。但各省財政困頓，紛紛
要求寬解繳款期限，又度支部所認籌數額，非由部款直接支出，而是由郵傳部
分年向度支部繳還先前贖路的借款來支付。海軍因款項無法如數支援，未能實
施原先制定的復興海軍七年規劃，僅能在舊有基礎稍事整頓。〔註69〕因此，當
海軍建軍因未得穩定財源而舉步維艱，各省籌款以建立海圖局的構想，恐流於
空言無補，迄於清亡該局亦未成立。

清末海圖局雖未能成立，但中國仍持續地籌劃海測事業。中華民國成立
後，北京政府參謀本部的職權包含全國水陸測量，為發展水路測量，1913年
在陸軍測量學校內附設水路測量班，招生學生二十名，1915年學員畢業後赴
象山港實地練習，原擬於1916年6月結束，但因浙事未定，而再展延半年，
〔註70〕1916年歲終實習屆滿時，參謀本部於12月19日向大總統黎元洪建

〔註66〕「兩江總督端方咨陸軍部海軍處」（1908年9月29日），〈海圖局籌設案〉，
　　　　《國防部史政編譯局》，檔案管理局藏，檔號：B5018230601/1908/581.4/3815.3。
〔註67〕「陸軍部咨南洋大臣文」（1908年10月21日），〈海圖局籌設案〉，《國防部史
　　　　政編譯局》，檔案管理局藏，檔號：B5018230601/1908/581.4/3815.3。
〔註68〕〈海軍部籌設海圖局〉，《國風報》，第2卷第2期（1911年），頁92。
〔註69〕海軍司令部《近代中國海軍》編輯部編著，《近代中國海軍》，頁570、628～
　　　　629。
〔註70〕「浙事」可能為1916年4月12日「浙江獨立事件」。1916年4月12日浙江
　　　　第二旅旅長童保暄率軍逐浙江將軍朱瑞，並於12日宣布浙江獨立，省城各界

議設置測量專所，自 1917 年 1 月起成立。但因財政未充裕，就原有測量班改設水路測量所，原該班監督改任為所長，教官轉為班長，畢業學生即為班員，〔註71〕此案於同日即獲批准。〔註72〕隨後，參謀本部擬具〈水路測量所條例〉，該所暫設於寧波，隸屬於該部，並依其計畫實施測量工作，其所需艦艇商請海軍部調派。所內設置測量與圖誌兩班，測量班掌理測量工作、管理人員勤務及教育、編纂水路誌與推算航海曆，以及關於燈臺與望樓等事項；圖誌班執掌製圖、印刷、發行與配備水路圖誌與管理測量儀器等事項。人員編制設所長一人，班長兩人，班員若干人，書記與會計各一員。〔註73〕

1917 年水路測量所創立後，在海軍部派艦協助測量下，先後完成象山、定海、石浦、瀝港與岑港等地的港圖，但受限於經費拮据，測量範圍未擴及他處。〔註74〕此外，參謀本部曾於 1919 年擬定全國測量計畫，先於各省陸地測量局內添增水陸測量員，負責測繪該省陸路險要地點與水陸交通地點；水道測量方面，測繪海口要塞與船舶駐守地點，若該省未設有水路測量局者，先由陸地測量局兼辦。〔註75〕然而，陸地測量局業務以測製陸上地圖為主，是否依令兼測水道圖，頗令人懷疑。水路測量所的成立，雖代表中國已設有專門機構執行海測工作，但因經費拮据，僅以軍用為主，繪製幾處軍港圖，而未擴及其他水域，無法繪製海圖供中外使用，無法視為擔負全國海測業務的機構。

1910 年代中國發展西式海測的第二個契機與海關有關。如前文所述，19 世紀時因中國未自辦西式海測業務，因而英國海軍海道測量局從 1840 至 1918 年間，陸續測繪中國沿海與內江，但英人從事此工作時有中斷，更有大部分海岸未徹底測量。英海測局自 1918 年後未再複測中國水域，僅勘測香港與威海

代表原舉浙江巡按使屈映光為都督，但屈氏仍與袁世凱有往來，致使浙江各界大為不滿，不得已而辭職。5 月初各界代表再另推嘉湖鎮守使呂公望為都督，參見羅家倫主編，《國父年譜》（臺北：中國國民黨中央委員會黨史委員會，1994），頁 863〜864。

〔註71〕〈參謀總長王士珍呈大總統水路測量班見習生實習期滿擬請改設水路測量所文〉，《政府公報》，第 348 號（1916 年 12 月），頁 15。

〔註72〕〈大總統指令第 656 號〉，《政府公報》，第 346 號（1916 年 12 月），頁 10。

〔註73〕〈參謀總長王士珍呈大總統僅擬水路測量所條例請鑒核實施文〉，《政府公報》，第 410 號（1917 年 3 月），13。

〔註74〕「參謀本部咨海軍部」（1922 年 10 月 3 日），〈領海界線劃定案（一）〉，《國防部史政編譯局》，檔案管理局藏，檔號：B5018230601/0010/621/8138。〈北京新軍事機關之調查〉，《申報》，上海，1920 年 3 月 19 日，版 6。

〔註75〕〈京華短簡〉，《申報》，上海，1919 年 2 月 27 日，版 6。

衛附近的水面，使得航海者不得不使用過時的海圖。另一方面，雖然海關有發展測量業務，但其測量範圍僅止於欲設置助航設備的港口，以及進入通商口岸的航道，也無力擔負中國沿海與沿江的測量工作。因此，海關鑒於此情形，多年來致力勸導海軍部擔當海測工作。〔註76〕

　　1918年海軍總司令藍建樞（1855～？）計畫，由福州船政局建造測量船一艘，並將報廢的南琛艦標售所得款項450,000元作為建造費。1920年海關署理海務巡工司奚理滿（H. E. Hillman）與藍氏會晤，得知海軍正有建造測量艦的計畫，藍氏向其表達，中國海軍青年軍官雖通曉測量，但缺乏實務經驗，奚理滿願意協助訓練事宜，請藍氏選派軍官四員來上海關實習，此事呈請總稅務司核准後於6月進行，並由海務副巡工司米祿司教練。〔註77〕此測量艦的建料本已備妥，龍骨已安放，汽機也開始製造，並準備實施船身工程，1922年卻因經費中途挪作他用而停工，〔註78〕海軍欲自辦測量事業的籌畫因而中止。

第三節　海道測量局的設置與開辦

　　清末民初間，中國曾努力籌辦海道測量業務，可惜因經費不足之故，不是未付諸實施，就是開辦後難以為繼。到了1920年代，中國終於事成。1921年海界委員會召開之後，催生了中國專賣海道測量機構——海道測量局，其中發展的歷程為何？該局籌設時，執事者如何解決經費、人員培訓與職權劃分等問題，均為本節欲解決的問題。

〔註76〕「行政院秘書處箋，抄件：海務巡工司呈覆總稅務司文」（1930 年 12 月 23日），〈海道測量案（三）〉，《國防部史政編譯局》，檔案管理局藏，檔號：B5018230601/0012/940.1/3815。〈海關總稅務司通令第3339號〉，收入於海關總署舊中國海關總稅務司通令選編編譯委員會編，《舊中國海關總稅務司通令選編》，頁353。

〔註77〕「行政院秘書處箋，抄件：海務巡工司呈覆總稅務司文」（1930 年 12 月 23日），〈海道測量案（三）〉，《國防部史政編譯局》，檔案管理局藏，檔號：B5018230601/0012/940.1/3815。〈報明建造測量船價目附呈圖說請鑒核備案文〉，《政府公報》，第1190號（1919年），頁17。

〔註78〕標售南琛艦所得450,000元，其後150,000元被挪作海軍聯歡社購地之用，其餘挪為福州船政局所用。船政局之所挪款，在於經費短缺，1912年該局歸為福建省管轄，1914年改由海軍部統轄，但無論是省轄時期或是部轄時期，經費撥給時常短缺，參見韓仲英，〈福建船政始末記〉，收入於張俠編，《清末海軍史料》，頁760、764。

一、海界委員會的推動

中國第一個辦理全國水道測量業務的機構是海道測量局，該局的設立源於海界委員會的催生，而海界委員會的設置源自於海軍部對《國際航空公約》的回應。1919 年各國代表集議於巴黎和會，該年 10 月 13 日訂立《國際航空公約》（Convention for the Regulation of Aerial Navigation）共 43 條，規範各國航空器飛行事宜。該公約有關軍事部分是第三條，此條文規範：簽約國可禁止其他簽約國航空器飛入其軍事區。中國亦簽署此份公約，正文部分於大會訂立公約當天簽訂，至於公約另議附件八條，則至 1920 年 5 月 31 日完成簽字。[註79]

關於他國航空器禁止飛越中國沿海要塞的規範，海軍部認為應以領海界線為禁飛起點，但中國未定海界，其缺點除了無法劃定禁飛點外，海軍平時在領海內巡防時無根據可依，與他國發生領海權爭執時，難以援引國際法解決。因此，海軍部向大總統徐世昌（1855～1939）建議，召集外交部、稅務處與相關專門人才共同集會，就中國沿海形勢，並參酌他國所定領海界線成例，測定本國領海範圍，再公布其經緯度。[註80] 經批准後由總統府、國務院、外交部、海軍部與稅務處派員參與海界討論會，各單位參與人員如下：總統府為倪文德，國務院為林布隨，外交部為沈成鵠，稅務處為黃厚誠，海軍部為許繼祥。[註81]

為何劃定海界至關重要？我們可從倪文德與許繼祥兩人在海界委員會的發言中得知。倪氏認為海界關係國家國防、稅務與漁業三項主權，中國唯有主動劃定界線，日後在國際爭端中才能佔據有利態勢；許氏則提及在海牙、巴黎、日內瓦等諸多國際軍事條約內，多與海界有關，須掌握領海界線，方能履

〔註79〕〈國際航空公約〉，收入於薛典曾、郭子雄編，《中國參加之國際公約彙編》（臺北：臺灣商務印書館，1971），頁 672～680。

〔註80〕「呈為請設海界委員會討論劃定領海界線」（1921 年 6 月 25 日），〈領海界線劃定案（一）〉，《國防部史政編譯局》，檔案管理局藏，檔號：B5018230601/0010/621/8138。

〔註81〕「海界委員會第一次開會到會者名單」（1921 年 7 月 20 日），〈海界討論〉，《北洋政府外交部檔案》，中研院近史所檔案館藏，檔號：03-06-063-02-006。這些府院部處的代表均有法學專長，例如許繼祥出身海軍，但早年曾在上海從事律師事務所，後曾任海軍部軍法司司長；林布隨為林則徐之曾孫，留學美國西北大學，返國後曾任國務院法制局參事；沈成鵠為沈葆楨之孫，畢業於英國倫敦大學政治科，曾任參議廳法律參訂員、外交部僉事、駐仰光領事與駐古巴總領事等職，參見陸燁，〈海界委員會與民初海權意識〉，《史林》，2014 年第 6 期（2014 年），頁 142。

行中立國法權，而海界清楚後，海軍才能據此佈防。〔註82〕海界委員會認為丈量海界係屬急切又重要之事，倪氏原建議由海軍部向府院呈文，請其從速派員專責此事，但許繼祥則認為依國際慣例，各國多專設海測機構，以之測量領海與本國海域，中國應依此方式來辦理。海軍部接到倪、許兩委員意見，認為中國因徵收關稅之故，任憑外國自行繪製中國海圖，損及領海主權，況且海圖又用於軍事，不宜依外人所測之圖為準。另外，海軍部又接獲情報，日本政府曾向英國海道測量局表示，若其無力測量遠東海域，可由其代辦。若此事屬實，中國海域任由日人測繪，則貽害頗大。因此，海軍部同意許氏意見，1921 年 10 月向國務院呈文，擬設置海道測量局專責勘測領海事務，但囿於眼下經費不足，先於部內暫設，並由部中司員兼辦，待財政充裕時再釐訂該局編制。〔註83〕其後，國務院於 10 月 9 日同意此案，〔註84〕海軍部隨即指派軍務司司長陳恩燾兼充該局局長，〔註85〕另命海軍總司令蔣拯遴選熟悉測量的人員，並派一艘艦艇，籌備勘測領海界線工作。〔註86〕

　　11 月時，海軍總司令蔣拯派參謀吳光宗與海關海務副巡工司米祿司（S. V. Mills）洽談海測局籌辦事宜。關於海測局經費來源，米祿司表示應可由關餘撥付，隨後米祿司至北京向總稅務司安格聯（Arthur Aglen, 1869～1932）面陳此事。安格聯贊同這個規劃，但表明須有政府正式命令，方能撥付經費。〔註87〕當安格聯得知海軍正在籌措海測局財源後，向海軍部建議：海關可提供海測局所需經費，惟該局須交由總稅務司管轄。海界委員會於 1921 年 11 月 23 日進行第十次會議，許繼祥隨即在會中提及安格聯欲指揮海測局之事。總統府代表倪文德聽聞後，斥責海關的行徑，援引交通部向海關收回郵政的例子，主張測量本為海軍職權，自海測局成立後，海關測量機關與經費一併

〔註82〕陸燁，〈海界委員會與民初海權意識〉，頁 143

〔註83〕「抄海軍部呈國務院文」（1921 年 10 月），〈領海界線劃定案（一）〉，《國防部史政編譯局》，檔案管理局藏，檔號：B5018230601/0010/621/8138。

〔註84〕「國務院公函」（1921 年 10 月 9 日），〈領海界線劃定案（一）〉，《國防部史政編譯局》，檔案管理局藏，檔號：B5018230601/0010/621/8138。

〔註85〕「海軍部令第 80 號」（1921 年 10 月 13 日），〈領海界線劃定案（一）〉，《國防部史政編譯局》，檔案管理局藏，檔號：B5018230601/0010/621/8138。

〔註86〕「海軍部訓令第 135 號」（1921 年 10 月 8 日），〈海道測量案〉，《國防部史政編譯局》，檔案管理局藏，檔號：B5018230601/0010/940.1/3815。

〔註87〕「函陳與海關洋員商辦測量情形」（1921 年 11 月 24 日），〈海道測量案〉，《國防部史政編譯局》，檔案管理局藏，檔號：B5018230-601-0010-940.1-3815。

交由海軍管理，〔註88〕而不理會安格聯的提議，海關欲掌控海測局的企圖因而落空。

　　海界委員會自1921年7月至1922年1月間共召開十四次會議，1922年1月21日閉會，最後一次會議宣布公海與私海劃界方式，以沿海海岸潮落之點算起，三英里以內為私海（即領海），以外為公海。劃定海界需有清楚海圖，但中國海圖多由外國代測繪製，不宜作為本國畫界依據，因此建議劃定領海自測量海道始。〔註89〕該委員會閉會後，海軍部草擬〈海道測量局編制條例〉，送交國務會議審查，後於1922年2月25日頒布。該條例規定海道測量局設於上海，〔註90〕直隸海軍部，局內分設總務處、測量與製圖兩股，總務處執掌劃定領海界線，規劃建置沿海羅經與無線電臺，戰時則負責規劃各口引水、管轄燈樓與登船事務；測量股負責測量事務，以及布告海道變更情形；製圖股負責審核、保管測量草圖，專責刊行海圖。職員編制部分，設局長一人，副局長一人，處長一人，股長二人，局副官一人，書記官二人，技師與股員則未明定員額，可聘用若干人。〔註91〕

二、海測局的開辦

　　〈海道測量局編制條例〉通過後，海軍部認為海測局是測量主管機關，因職權重大，予以擴編，從原先部內附屬單位改為獨立編制單位，派諮議許繼祥為第一任正式局長，先行負責籌辦事務。〔註92〕許氏上任後，將局處設於上海吳淞前海軍學校舊址，並於1922年4月21日建局。〔註93〕

　　建局後第一要務是籌辦測量事務與經費。海關舉辦測量事業已行之有

〔註88〕「海界委員會第十次會議紀錄」（1921年11月23日），〈海界討論〉，《北洋政府外交部檔案》，中研院近史所檔案館藏，檔號：03-06-063-02-015。

〔註89〕「海界委員會第十四次會議紀錄」（1922年1月21日），〈日船越界捕魚案〉，《北洋政府外交部檔案》，中研院近史所檔案館藏，檔號：03-33-075-01-014。

〔註90〕由於上海是航運興盛之處，又居中國沿海適中之地，復以上海印刷廠林立，便於海測局出版繪製海圖，參見海道測量局，《民國十二年海道測量局報告書》（上海：海道測量局，1923），頁5。此報告書見於，「海軍部函送海道測量局報告事」（1924年1月23日），〈海軍部函送海道測量局報告〉，《北洋政府外交部檔案》，中研院近史所檔案館藏，檔號：03-06-047-01-001。

〔註91〕「海軍部呈大總統文附件：海道測量局編制條例」（1922年2月3日）。

〔註92〕《海軍大事記》，收入於殷夢霞、李強編，《國家圖書館藏民國軍事檔案文獻初編》第12冊（北京：國家圖書館出版社，2009），頁28，總頁68。

〔註93〕海道測量局，《民國十二年海道測量局報告書》，頁5。

年，﹝註94﹞許繼祥先向海關接洽，尋求技術協助，他於 4 月間與海關海政局（Marine Department）共商測量計畫，並聘副巡工司米祿司，由他專管測繪技術與教練學員事宜。﹝註95﹞許繼祥與米祿司商議的事項有三，分別為海測局創立之初與海關海政局共同合作、教練人才與測量計畫，以及行政與技術指揮權之劃分等事宜。其他尚須確認之事則有三。經費方面，該局年需經費由關餘支出，由政府咨詢外交團同意後撥用，數目定為關平銀 500,000 兩，僅能用於技術用途，因該局方才開辦，先月撥關平銀 15,000 兩即可敷用，之後視局務發展後，增加每月撥付數目。人事方面，關於米祿司擔任該局總繪圖師（Chief Cartgographer，該職相當於副局長）一事，總稅務司安格聯認為海測局正值創辦之時，技術工作繁重，不應以海關副巡工司兼任此職，應以專任為宜。測量艦方面，擬請海軍部派楚級或江級一艘予該局用於長江測量，測量海岸線時再撥用通濟與永健兩艦。米祿司在海測局究竟以何名義任職？海軍部認為，以署理方式任副局長較合乎體制，﹝註96﹞並聘米祿司為「幫辦」，此職在局內稱為「技術主任」，因而米祿司在北京政府時期是以技術主任身分兼任副局長。﹝註97﹞不過，無論是幫辦，抑或是技術主任，這兩個職稱並未在該局正式編制內，或許是海軍部不欲洋員任軍職，以維護其人事體制所致。至於海測局所需測量艦，由海軍總司令撥楚有軍艦兼任測量工作。﹝註98﹞

　　海測局等待外交團是否同意撥付關餘之際，米祿司先行培訓測量員，因該局方才草創，測量儀器與圖書未備，先從江海關商借儀器與英美等國繪製的水道圖以供參考。測量人員方面，設置隊長四名，海軍部選派少校劉德浦、陳志、謝為良與邵鍾四人分任，其中劉、邵、謝三人曾於 1920 年奉派至滬海

﹝註94﹞〈海關總稅務司通令第 3339 號〉，收入於海關總署舊中國海關總稅務司通令選編編譯委員會編，《舊中國海關總稅務司通令選編》，頁 353。海道測量局，《民國十二年海道測量局報告書》，頁 5～8。

﹝註95﹞海軍總司令部，《海軍年報（民國二十八年）》，收入於殷夢霞、李強編，《國家圖書館藏民國軍事檔案文獻初編》第 9 冊（北京：國家圖書館出版社，2009），頁 180～181，總頁 258～259。

﹝註96﹞「海軍部咨稅務處文」（1922 年 4 月 22 日），〈海道測量局編制案（一）〉，《國防部史政編譯局》，檔案管理局藏，檔號：B5018230601/0010/581.4/3815.7。

﹝註97﹞「海道測量局呈文」（1925 年 2 月 6 日），〈海政法規彙編（一）〉，《國防部史政編譯局》，檔案管理局藏，檔號：B5018230601/0011/011.23/3815。顧維翰，〈主政海道測量局十有二年憶述〉，《中國海軍之締造與發展》（臺北：海軍總司令部，1965），頁 109。

﹝註98﹞海道測量局，《民國十二年海道測量局報告書》，頁 9。

關巡船實習測量；隊員方面，從各艦中航海官或航海候補附中選派，計有陳
有根、葉可松、黃道炳、陳嘉楝、陳長熇、陳長棟、何傳永與林溥良等八員。
人員組建逐步完成後，米祿司先率隊長劉德浦等四人前往寧波、甬江等處試
行測量，而針對隊員訓練部份，則安排他們分段試測長江吳淞至漢口段水道。
〔註99〕請撥關餘一事，經外交部函問後，外交團於 1922 年 8 月 12 日同意動
支關餘，以支付海測局所需經費。〔註100〕因此，海測局歷經約半年多籌備，
人員、經費、儀器與艦船均在 1922 年 8 月間籌備完善，1922 年 9 月開辦測
量業務。〔註101〕

　　當時世界各國視測量工作為慈善事業，測量船比照紅十字會船隻，在戰
時中立時不得攻擊，通常會另懸掛旗幟，與一般軍艦作區別。〔註102〕1922 年
9 月中旬，海軍部將海道測量任務船旗設計完畢，另請外交部將圖樣分送駐
京各國公使，轉達各國政府。〔註103〕外交部遂於 9 月 28 日向駐京各國公使
發出照會，各檢送兩份任務旗圖說，供各使通報各國政府。〔註104〕測量船於

〔註99〕黃道炳，〈憶海軍海道測量局之創始〉，《海軍海道測量局建局三十八週年紀念
　　　　特刊》（左營：海軍海道測量局，1960），頁 13。海道測量局，《民國十二年海
　　　　道測量局報告書》，頁 8；《海軍大事記》，收入於殷夢霞、李強編，《國家圖書
　　　　館藏民國軍事檔案文獻初編》第 12 冊，頁 22，總頁 62。
〔註100〕「提撥關餘充緊急政費及海道測量局技術門經費並洋顧問薪水事經使團分
　　　　別贊同照撥由」，（1922 年 8 月 12 日），〈十一年關稅備撥各款案〉，《北洋政
　　　　府外交部檔案》，中研院近史所檔案館藏，檔號：03-19-008-02-001。
〔註101〕《海軍大事記》，收入於殷夢霞、李強編，《國家圖書館藏民國軍事檔案文獻
　　　　初編》第 12 冊，頁 30，總頁 70。
〔註102〕「解釋測量船性質暨任用職員辦法」（1924 年 9 月 9 日），〈海政法規彙編
　　　　（一）〉，《國防部史政編譯局》，檔案管理局藏，檔號：B5018230601/0011/
　　　　011.23/3815。20 世紀前，西方國家有一項國際法慣例是不得攻擊或拿捕敵國
　　　　從事科學研究的船舶，1907 年海牙保和會所議定的〈海戰中限制行使捕獲權
　　　　條約〉，其中第四條規定：「凡研究學問及奉行宗教或慈善事業各船隻亦免被
　　　　捕」，規範海戰不得攻擊的船隻範圍擴及有關宗教與慈善的船舶，參見杜蘅
　　　　之，《國際法大綱》（臺北：臺灣商務印書館，1971），頁 578。〈海戰中限制
　　　　行使捕獲權條約〉收入於薛典曾、郭子雄編，《中國參加之國際公約彙編》，
　　　　頁 67。
〔註103〕「咨送海道測量任務船旗圖說請存查并希分送駐京各國使轉達各該政府查
　　　　照」（1922 年 9 月 23 日），〈海道測量船旗圖說案〉，《北洋政府外交部檔案》，
　　　　中研院近史所檔案館藏，檔號：03-06-046-02-006。
〔註104〕「檢送海道測量任務船旗圖說希轉達」（1922 年 9 月 28 日），〈海道測量船旗
　　　　圖說案〉，《北洋政府外交部檔案》，中研院近史所檔案館藏，檔號：03-06-046-
　　　　02-007。

檣頂與船艑懸掛海道測量任務船旗，除了顯示其性質與戰鬥艦不同外，另有二項用意，一是與他國軍艦相遇不行禮節，〔註105〕遇商輪得令其停船，並要求助運郵件；另一是港口停泊時，若遇海軍艦隊，可不必隨隊行動，專行測量任務。〔註106〕

三、劃分測量職權

　　海測局是主管水道測量業務機關，局長許繼祥為節省國家經費起見，1922年7月中旬建議政府，除了參謀本部為測量軍港與要塞所需，可測量部分通商口岸與近港外，其餘測量公共航路、水道機關應予以裁撤，撙節國家支出；至於其他水利或疏浚機關，若有水道測量業務，可商請海測局協辦。〔註107〕海軍部將此意見上呈，國務會議決議，先與相關主管機關接洽後辦理，〔註108〕該部隨後詢問內務部與參謀本部意見。〔註109〕內務部對此事提出兩點抗議：一是因應各治水工程成立的測量機關，已舉辦日久，亦取得一定成績，難於猝然取消；二是1921年12月設立的揚子江水道討論會專責整治長江，其經費支出與技術

〔註105〕民國初年的海軍禮節規定，外艦與我國軍艦相遇，若外艦有賀礮，我方應予以答礮，參見「海軍部呈大總統文」（1913年2月15日），〈海軍軍務類〉，《海軍門檔案》，收入於殷夢霞、李強編，《國家圖書館藏民國軍事檔案文獻初編》第2冊（北京：國家圖書館出版社，2009），總頁285。海軍遇外艦禮節至國民政府期則有所更改，據國民政府頒布的《海軍禮節條例》，第44條載：「外國軍艦對於中國軍艦，如有衛兵站隊行舉槍禮，或是奏中國國歌致敬時，中國軍艦應行相當之答禮，如中國軍艦應先行禮者，以式行之」，參見「修正海軍禮節條例」，〈海軍禮節條例（二）〉，《國民政府檔案》，國史館藏，檔號：001-012307-0004。國民政府時期的禮節不再鳴礮致意，而是奏樂或以衛兵列隊行舉槍禮，或許北京政府末期已改為這種形式。至於測量船遇他國軍艦不行禮之因，筆者推測，可能是測量船進行任務，無法騰出人力行禮（艦上的測量員須兼負駕船與測量工作），因為行禮須派出衛兵站隊行舉槍，或是奏他國國歌，須該艦編制人員較多時方可行。因此，海軍才制定懸掛測量任務船旗者與軍艦區別，遇他國軍艦可不行禮。

〔註106〕〈測量隊分司其職之令知〉，《申報》，上海，1923年2月23日，版14。

〔註107〕「測量基礎已立請明定權限事」（1922年7月11日），〈領海界線劃定案（一）〉，《國防部史政編譯局》，檔案管理局藏，檔號：B5018230601/0010/621/8138。

〔註108〕「國務院公函」（1922年7月21日），〈領海界線劃定案（一）〉，《國防部史政編譯局》，檔案管理局藏，檔號：B5018230601/0010/621/8138。

〔註109〕「海軍部咨內務、參謀本部」（1922年7月28日），〈領海界線劃定案（一）〉，《國防部史政編譯局》，檔案管理局藏，檔號：B5018230601/0010/621/8138。

人員均已協調完畢，該會斷難裁撤。〔註110〕海測局則回覆，先前提出裁撤其他測量機關的提議，主要著眼測量業務的統一，而非要求取消水利機關；另一方面，工程專家進行的水準測量與海測局的水道測量各有其專業，互相配合方能收到功效，若工程專家兼做水道測量，則會顧此失彼。另外，與其花費兩筆經費進行水道測量，不如專由海測局執行，尚可節省靡費。〔註111〕

　　1922 年 8 月底，揚子江水道討論會設立技術委員會負責測量事宜，準備實施測量之際，該會聞悉海測局亦有相同計畫，為避免重複施測，便商請海測局專責測量長江水線與深度。〔註112〕對於職權劃分爭執，海軍部建議內河水道測量權責，可仿揚子江水道討論會所作的劃分，將地形與三角測量歸由海測局辦理，工程所需的水準測量則由水利機關主持。〔註113〕內務部同意後，〔註114〕這個爭議事件方於 9 月下旬落幕。另一方面，由於參謀本部轄下的水路測量所經費拮据，無法積極推行測量業務，該部對各部新設或是多於無用的測量機關，未便提出任何意見，因而不反對海測局的建議。〔註115〕

小　結

　　中國若要成功地籌辦西式海測業務，需具足兩項條件，一是認知到設置海測機構的必要性，另一是充裕經費支持。海測機構繪製海圖，出版海事相關圖表書冊，除了促進航行安全與利於軍事佈防之外，也與維護國家領海主權有關，一國唯有掌握領海界線，方能保障自身權利，並執行海上戰時中立國法權。

　　中國對海測的認知，最先是隨著發展海軍而認識更深，自 1860 年代起設校培養海軍軍官，認為海測是航海術之一，1880 年代又隨著籌建北洋海軍與

〔註110〕「內務部咨海軍部」（1922 年 8 月 8 日），〈領海界線劃定案（一）〉，《國防部史政編譯局》，檔案管理局藏，檔號：B5018230601/0010/621/8138。

〔註111〕「海道測量局呈海軍部文」（1922 年 8 月 23 日），〈領海界線劃定案（一）〉，《國防部史政編譯局》，檔案管理局藏，檔號：B5018230601/0010/621/8138。

〔註112〕「揚子江水道討論會公函」（1922 年 8 月 23 日），〈領海界線劃定案（一）〉，《國防部史政編譯局》，檔案管理局藏，檔號：B5018230601/0010/621/8138。

〔註113〕「海軍部咨內務部」（1922 年 9 月 9 日），〈領海界線劃定案（一）〉，《國防部史政編譯局》，檔案管理局藏，檔號：B5018230601/0010/621/8138。

〔註114〕「內務部咨海軍部」（1922 年 9 月 20 日），〈領海界線劃定案（一）〉，《國防部史政編譯局》，檔案管理局藏，檔號：B5018230601/0010/621/8138。

〔註115〕「參謀本部咨海軍部」（1922 年 10 月 3 日），〈領海界線劃定案（一）〉，《國防部史政編譯局》，檔案管理局藏，檔號：B5018230601/0010/621/8138。

旅順、威海兩基地，籌備過程中體認測量關係佈防，有海圖方能因地制宜地布置防務。約莫至 20 世紀初，方才認識海測關係國家主權。1908 年端方議設海圖局時，已提及海圖唯有自行繪製，方能作為國家行使與保護領海主權憑藉，中國須擁有自己的海測機構。至此，中國已具備認知方面的條件，但距離成功籌辦尚有最後一哩路的考驗，即是有無充足經費來設立機構。無論是詹事志銳於 1889 年議設水路測量局，或是清末海圖局的籌設，還是海軍於 1918 年著手的測量船建造計畫，皆因財源缺乏而胎死腹中。北京政府參謀本部轄下的水路測量所，雖於 1917 年勉強成立，但囿於經費拮据，僅能測製幾處重要港口以供軍用，無法提供完善的海測服務。

海道測量局籌辦時，北京外交團同意動支關餘作為該局技術費，方於 1922 年 9 月開辦。在充足的財政支持下，海測局得以推展海測工作，突破中國以往籌辦海測業務時，因財源困窘而未能順利推動的困境。海測局得以創辦，除了有充足的經費支援之外，海關亦是重要的推手。19 世紀中葉以來中國海圖多由英國海軍測繪，至於通商港口及其附近航道，則由海關測量，但英人自 1918 年起便不再進行複測，使航海者不得不使用過時海圖。海關有鑑於此，又因其無力擔負測量全國水域的工作，力勸中國海軍承辦此事。海軍籌備海測局期間，海關因其較早辦理測量事業，擁有專門測量人才，總稅務司安格聯大方借將，派海務副巡工司米祿司協助該局培訓人員、籌畫測量工作，而該員自此便在局內擔任顧問工作十餘年。可以說，海關促進中國在海道測量方面的現代化，有其貢獻。

第三章　抗戰前海道測量局的發展

　　1935 年 3 月 15、19 兩日，《字林西報》曾報導海道測量局工作成果。據該報統計，自 1922 至 1935 年海道測量局共刊行水道圖 60 種、各種專刊與潮汐表；而為維護航行安全所發的航船布告，1934 年發行數量高達 300,000 份。此外，《字林西報》也肯定海測局促進上海航運發展：「上海之所以能繼續保持為大輪舶之商埠，端賴中國海軍部海道測量局的指導完善，與浚浦局及海關海務科之工作優良」，評價其十四年來的發展概況：「中國海道測量局之埋頭工作，已有驚人之發展，局中人員均能於職責不遺餘力，其辦事之精神，實又令人欽佩無已」。[註1] 海測局贏得這樣的讚譽，並非一蹴可幾，本章擬簡述海測局自成立，迄至受抗戰影響而裁撤為止，該局發展概況。

第一節　組織沿革

　　1933 年底，時任代海測局局長的劉德浦（1896～1979），在年度工作報告書序文提到，該局自 1922 創立以來，經許繼祥（1872？～1942）、謝葆璋（1865～1940）與吳光宗（1872～1933）等三位局長慘澹經營之下，方有今日之規模。[註2] 海測局的組織編制，究竟歷經哪些沿革，才發展至 1930 年代劉氏所述規模，乃為本節探討重點。另一方面，1937 年中日戰爭爆發，對

〔註 1〕唐潤英譯，〈中國海道測量工作之猛進（譯自三月十五日及三月十八日字林西報）〉，《海軍雜誌》，第 7 卷第 11 期（1935 年），頁 2～3、6。

〔註 2〕海道測量局，《海軍部海道測量局民國二十二年報告書》（上海：海道測量局，1933），頁 3。

該局有何影響，亦為本節欲釐清的問題。

一、北京政府時期

　　1925 年，海測局已成立三年，因業務逐漸拓展，急需調整編制，局長許繼祥於 2 月提出〈修正編制條例草案〉。許氏此次修改編制的重點有三：更改股名、增訂各股執掌與新增海事股。當時的海圖製作方式已不採用銅板雕刻，而是先繪製數張小圖印出，攝影併成一圖，最後再刊行印刷，因而繪圖股應更名「製圖」方才適切。製圖股日後肩負印製軍用與一般水道圖，以及與國際海道測量會各會員國交換圖書，職掌應增加「保存秘密圖書與交換送與」與「管理印刷所」兩事；總務股掌管事務，新添統籌收支一項；自 1924 年起海測局已擁有自己的測量艦，測量股管理之事增添「調遣測量艦」與「修繕測量艦」兩項。

　　自 1924 年起，海測局開始測量沿海未開放外商貿易的港口，諸如福建的興化、泉州與江蘇的海州等港。許繼祥認為這些港口測量完成後，應進一步開放外商貿易，由本國政府設置港務機構自主管理，此種港口地位應與膠澳商埠相同。許氏進一步建議，自開口岸可由海測局來管理港政，提議該局編制內新增海事一股，該股負責事項有三：一是計畫新測港口行船，二是籌備新測港口管港，三是編輯各商口歷史與地理資料。〔註3〕許氏呈上的修改草案經臨時法制院審核後，自 1925 年 5 月 30 日公佈實施。〔註4〕

　　許氏除了送交〈編制條例修正草案〉外，又因應增設海事股，新闢自開商港須有港務管理機構與相關管理辦法，另於 2 月 19 日向海軍部呈上〈海事局暫行條例〉與〈自開商口引港暫行章程〉兩草案。〔註5〕海軍部於 5 月

〔註3〕 「擬將海道測量局暫行條例依法修正請提出公佈」（1925 年 2 月 6 日），〈海政法規彙編（一）〉，《國防部史政編譯局》，檔案管理局藏，檔號：B5018230601/0011/011.23/3815。海道測量局，《民國十三年海道測量局報告書》（上海：海道測量局，1924），頁 28。此報告書見於「海道測量局局長呈送第二屆報告書」（1925 年 3 月 12 日），〈海道測量案〉，《北洋政府外交部檔案》，近史所檔案館藏，檔號：03-06-047-02-001。

〔註4〕 「臨時法制院函海軍部」（1925 年 4 月 20 日），〈海政法規彙編（一）〉，《國防部史政編譯局》，檔案管理局藏，檔號：B5018230601/0011/011.23/3815。〈修正海道測量局條例〉，《政府公報》，第 3292 號（1924 年 5 月 31 日），頁 20～22。

〔註5〕 「擬訂海事局暫行條例併自開商口引港暫行章程」（1925 年 2 月 19 日），〈引水章程彙編（二）〉，《國防部史政編譯局》，檔案管理局藏，檔號：B5018230601/0010/625.1/1220。

中旬審議此案，大抵贊同許氏腹案，僅改「海事局」名稱為「港務所」，又認為該機關由海測局監督，毋須專定編制條例，以章程訂定即可。〔註6〕海軍部後於 1926 年 7 月 13 日以部令方式公佈這兩項章程。〔註7〕海測局另在浙江省三門灣與福建省涵江設置港務所，但因北京政府無法給予財政支持，此計畫便宣告中止。〔註8〕

二、政權轉移中的海測局

1926 年 7 月，國民政府開始北伐，1927 年 3 月 22 日控制上海，翌日進佔南京，4 月 18 日南京國民政府成立，〔註9〕同月任命吳光宗任海道測量局局長。〔註10〕針對國民政府已掌握海測局現狀，北京政府尚有爭回海測局的企圖。1927 年 9 月，北京政府海軍署次長溫樹德（1877～1959）向軍事部建議，因海測局與海岸巡防處位於上海，但因南北對立之故，難於監督與指揮，提議將這兩個單位轉移至天津或煙台。〔註11〕此案經軍事部轉呈國會會議，9 月 29 日獲得同意。〔註12〕北京政府軍事部為了爭回海測局，採取的方法是截斷海測局財源。當時總稅務司署仍在北京，全國海關仍聽命於該署，海測

〔註6〕「海軍參事廳移軍務司文」（1925 年 5 月 23 日），〈引水章程彙編（二）〉，《國防部史政編譯局》，檔案管理局藏，檔號：B5018230601/0010/625.1/1220。

〔註7〕〈港務所暫行章程〉規定，該機構受海道測量局監督，負責管理海口港務、試驗口內船員、檢定引港技能與檢查船舶。編制方面設所長一人，由中校或少校任；技正兩員，由少校或同等官擔任；港務官二至三員，由少校或上尉任；技士二至三員，由上尉、中尉或同等官任。〈自開商口引港暫行章程〉除了對鑑定引港技能與管理相關規定外，該章程最大特色，在於自開商口內任引港者須是中華民國人民，參見「港務所暫行章程」、「自開商口引港暫行章程」（1926 年 7 月 13 日），〈引水章程彙編（二）〉，《國防部史政編譯局》，檔案管理局藏，檔號：B5018230601/0010/625.1/1220。

〔註8〕顧維翰，〈主政海道測量局十有二年憶述〉，《中國海軍之締造與發展》（臺北：海軍總司令部，1965），頁 109。

〔註9〕郭廷以，《中華民國史事日誌（二）》（臺北：中央研究院近代史研究所，1984），頁 59、162、164、184。

〔註10〕蘇小東編，《中華民國海軍史事日誌》（北京：九洲圖書出版社，1999），頁 341。

〔註11〕「海軍署呈軍事部文」（1927 年 9 月 19 日），〈海測局海岸巡防處轉移天津案〉，《國防部史政編譯局》，檔案管理局藏，檔號：B5018230601/0016/581.4/3815.4。

〔註12〕「國務院致軍事部公函」（1927 年 9 月 30 日），〈海測局海岸巡防處轉移天津案〉，《國防部史政編譯局》，檔案管理局藏，檔號：B5018230601/0016/581.4/3815.4。

局的技術經費原由上海關按月直接撥發，軍事部商請稅務處命令總稅務司，10月起將這筆經費先撥至軍事部，待海測局北遷完畢，再將經費撥交該局。〔註13〕但代理海關總稅務司易紈士（A. H. F. Edwardes）認為，海測局的測量工作不能因經費改撥而中斷，況且改撥也不符 1922 年議定的撥付手續，予以拒絕。〔註14〕12月9日，北京政府改派海軍署軍械司姚葵常（1885～？）接替謝葆璋擔任海測局局長、〔註15〕海岸巡防處處長，而向海關交涉工作改由姚氏負責。〔註16〕

　　姚葵常接任至 1928 年 3 月間，先在天津籌設海測局總局，原先位於上海的海測局改為分局，並計畫派員至滬，拿回原先關防。〔註17〕另一方面，姚氏與代總稅務司易紈士再三交涉，但易紈士仍反對改變經費支付方式。直至姚葵常拿出遷移海測局進行大綱與未來改良計畫逐條與之商榷，並保證該局經費不移作他用，易紈士方才贊同北遷計畫。接著，姚葵常電約米祿司至北京商談遷移工作，但兩人常為此爭執，長達半個月，米祿司方才具函聲明，願服從姚氏指揮，在滬分局未遷至天津前，局務由米祿司督辦，〔註18〕並允諾將海測局關防親送總局啟用。但米祿司返滬後未送回印信，姚氏一再催促下，米祿司方於 1928 年 3 月 20 日回覆：因國民政府告誡不得將關防轉交，

〔註13〕「軍事部咨財政部文」（1927 年 10 月 13 日），〈海測局海岸巡防處轉移天津案〉，《國防部史政編譯局》，檔案管理局藏，檔號：B5018230601/0016/581.4/3815.4。陳詩啟，《中國近代海關史（民國部分）》（北京：人民出版社，1999），頁 172。

〔註14〕「國務院致軍事部公函抄件：照抄稅務處來函」（1927 年 10 月 17 日），〈海測局海岸巡防處轉移天津案〉，《國防部史政編譯局》，檔案管理局藏，檔號：B5018230601/0016/581.4/3815.4。

〔註15〕第一任局長許繼祥負責興建東沙島無線電臺與燈塔時，該項工程由王疇記營造廠承包，並招攬 107 名工人前往東沙島施工，但該商未能妥善照料工人生計，有 63 名工人因糧食與醫藥不足而殞命。許氏因此事而遭撤職，其職位則由謝葆璋接替，參見〈東沙島苦工慘死詳情〉，《申報》，上海，1925 年 11 月 25 日，版 14。〈海岸巡防處近況〉，《申報》，上海，1927 年 3 月 27 日，版 12。〈昨閣議准王寵惠給假〉，《申報》，上海，1927 年 3 月 26 日，版 4。

〔註16〕「軍事部訓令」（1927 年 12 月 9 日），〈海測局海岸巡防處轉移天津案〉，檔案管理局藏，檔號：B5018230601/0016/581.4/3815.4。劉傳標編，《中國近代海軍職官表》（福州：福建人民出版社，2004），頁 116。

〔註17〕「姚葵常呈海軍署文」（1928 年 2 月 15 日），〈海測局海岸巡防處轉移天津案〉，檔案管理局藏，檔號：B5018230601/0016/581.4/3815.4。

〔註18〕「姚葵常呈海軍署文」（1928 年 3 月 10 日），〈海測局海岸巡防處轉移天津案〉，檔案管理局藏，檔號：B5018230601/0016/581.4/3815.4。

無法啟程前往天津。〔註19〕從關防移送的最終結果觀之，有可能是國民政府早在1927年3月已控制上海及上海海關，在此形勢之下，米祿司只得遵從命令，而未配合姚氏。

事實上，姚葵常未能截斷上海海測局財源。據姚氏與易執士擬定的〈遷移海道測量局及全國海岸巡防處進行大綱〉，第一條雖聲稱局長有財政支配權，但另一條卻規定，無論是在北方新設的海測局總局，或是原在上海改為分局的海測局經費，均直接在上海支付，其經費只能用於該局局務，不能移作他用。〔註20〕此條有關經費支付的規定，實與原先逕由上海關撥付的方式無異。雖然姚氏曾諭令上海分局，除正常臨時支出之外，千元以上者應隨時請示核准，〔註21〕但南北相隔甚遠，復以國民革命軍早在1927年4月就攻下南京，當時北京政府掌握的海關僅全國的十分之三，而南京國民政府就掌握十分之七，姚氏似無法從海關手中奪回財政權。況且，易執士雖是北京政府於1927年2月任命的，但為了鞏固自己的地位，曾兩度南下與國民政府要人接觸，1927年10月國民政府亦任命他為代理總稅務司，〔註22〕1927年至1928年之際，國民政府與北京政府正爭奪中國政權，鹿死誰手未可知，易執士可能保持著觀望態度，未配合北京政府，來截留海測局的技術經費。

三、南京國民政府時期

1928年6月國民革命軍攻佔北京，〔註23〕7月南京國民政府任命謝葆璋擔任海道測量局局長。〔註24〕是年12月中旬，謝葆璋提出〈修改編制條例草案〉，在局內設置總務、測量製圖、推算、儀器、潮汐與會計六課，其中有四課是新增的，推算課專責三角測量、保管紀錄與三角點位置等事項；儀器課負責保管、維修測量與無線電儀器；潮汐課擔任編纂潮汐表、驗潮汐與收集氣象紀錄等工作；會計課專任全局支出事務。此案送交海政司審駁時，司長

〔註19〕「姚葵常呈海軍署文」（1928年3月25日），〈海測局海岸巡防處轉移天津案〉，檔案管理局藏，檔號：B5018230601/0016/581.4/3815.4。

〔註20〕「遷移海道測量局及全國海岸巡防處進行大綱」（1927年12月27日國務總理潘復核准），〈海測局海岸巡防處轉移天津案〉，檔案管理局藏，檔號：B5018230601/0016/581.4/3815.4。

〔註21〕「姚葵常呈海軍署文」（1928年3月10日），〈海測局海岸巡防處轉移天津案〉，檔案管理局藏，檔號：B5018230601/0016/581.4/3815.4。

〔註22〕陳詩啟，《中國近代海關史（民國部分）》，頁174～175。

〔註23〕郭廷以，《中華民國史事日誌（二）》，頁357。

〔註24〕蘇小東編，《中華民國海軍史事日誌》，頁371。

許繼祥認為推算課執掌事項，〔註25〕可分屬於測量、製圖兩課，又儀器課專責之事可歸入總務課，刪除推算、儀器兩課。〔註26〕海政司再將修改後的條例草案呈交海軍部，經該部第十三至十五次部務會議修正，局內編制取消潮汐與會計兩課，僅設製圖、測量與海務三課，〔註27〕後於 1929 年 11 月 1 日公佈實施〈海道測量局暫行條例〉。〔註28〕

　　1930 年 2 月 28 日，技術主任米祿司上呈〈增設編制意見書〉，〔註29〕認為海測局已開辦八載，若僅設製圖、測量與海務三課，恐無法因應逐漸擴張的業務，建議增設潮汛、推算兩課。米祿司在其意見書內提及潮汐關係諸多事項，諸如興建港口、建築鐵路、農田灌溉、水力建設、墾荒、海防軍事、航海安全與氣象等事項，美國與德國鑑於潮汐牽涉諸多領域，在其海測機構內皆設有潮汐課；第一次大戰後各國察覺潮汐與國防有密切關係，紛紛設立潮汐研究機構。他又提到，自 1928 年以來，各國政府或研究單位與本國機關，因研究或建設所需，常向海測局索取潮汐數據，局內並無人員專司此事，米祿司只好就其在中國從事測量二十六年的經驗，並參考私人對中國潮汐的記載，整合後給予。基於掌握潮汐有其必要性，以及各方對此資料的需求，海測局應增設潮汛一課。另外，推算課亦是測量局必設之編組，測量隊外出進行的三角測量、錘測水深與測繪地形，這些原始測量資料須有專人校正、調整，方能供應後續測量或製圖作業，此課應予以增設。〔註30〕

〔註25〕1928 年 11 月，南京國民政府頒布海軍署條例，該署屬軍政部，設正副署長各一人，內設總務處與軍衡、軍務、艦政、教育、海政等五司，其中海政司司長由許繼祥擔任。國民政府又於 1929 年 4 月撤銷海軍署，改設為海軍部，該部於 6 月 1 日正式成立，部內組織同海軍署編制，僅新增軍械司，海政司司長亦由許氏出任。參見蘇小東，《中華民國海軍史事日誌》，頁 374、388、392。

〔註26〕「呈送該局條例及各艦船各項薪俸表」（1928 年 12 月 15 日），〈海道測量局編制案（三）〉，《國防部史政編譯局》，檔案管理局藏，檔號：B5018230601/0010/581.4/3815.7。

〔註27〕原草擬的總務課更名為海務課。「海政司簽呈」（1929 年 10 月 29 日），〈海道測量局編制案（三）〉，《國防部史政編譯局》，檔案管理局藏，檔號：B5018230601/0010/581.4/3815.7。

〔註28〕「海軍部訓令」（1929 年 11 月 1 日），〈海道測量局編制案（三）〉，《國防部史政編譯局》，檔案管理局藏，檔號：B5018230601/0010/581.4/3815.7。

〔註29〕1929 年公布的海道測量局編制表，設有技術主任一職，米祿司應是自該年起擔任此職，參見「海道測量局暫行條例」，〈海道測量局編制案（三）〉，檔案管理局藏，檔號：B5018230601/0010/581.4/3815.7。

〔註30〕「擬請增設潮汛、推算兩課暨應行修改各項意見書」（1930 年 2 月 28 日），

　　4 月 1 日，海軍部於第四十五次部務會議時討論此案，會中海政司主張潮汛課可併入推算課，但是否定案，尚待米祿司列席下次會議說明後方能決定。4 月 8 日，米祿司列席第四十六次部務會議，經說明後，海軍部同意增設潮汛與推算兩課，〔註31〕並於 9 月 9 日公佈修正後的〈海道測量局條例〉。〔註32〕至此，海測局自 1930 年 9 月起，局內編制便有總務、製圖、測量、潮汛與推算五課。

四、抗戰爆發後海測局遭裁撤

　　1937 年「七七事變」爆發，海測局業務受戰火影響而停擺，海軍部為阻止日本海軍溯江而上，調遣海測局轄下艦艇，投入抗戰。8 月 10 日，海軍部派皦日、甘露與青天三艦艇，破壞長江下游的航行標誌，8 月 26 日皦日艦於通州一帶執行任務時，遭日本機艦擊沉，10 月 2 日青天艦泊於目魚沙時，受日機四波攻擊後沉毀，誠勝艇駐防山東羊角溝，自該區陷入敵佔區後於 12 月 26 日自沉。1938 年 1 月 1 日，政府為樽節經費，裁併機關，海軍部改編為海軍總司令部，該部轄下的海測局也遭裁撤，甘露艦改隸第一艦隊，而 1937 年內仍倖存的公勝艇加入廣州防務，後於 1938 年 10 月於容奇被敵機炸沉。1940 年 9 月 23 日甘露艦在巴東台子灣遭日機擊沉，至此測量艦艇全數覆滅。〔註33〕

　　海測局裁撤後，該局部分所屬官兵撥歸海軍各砲隊、特務隊或是佈雷隊。前局長劉德浦於 1939 年 11 月派為長江中游布雷游擊隊總隊長，1941 年 11 月因指揮佈雷有功，獲頒五等寶鼎勳章，1945 年 5 月升任閩江江防司令。前公勝測量艇艇長何傳永，1939 年 6 月擔任海軍特務隊第二分隊長，1940

　　　　〈海道測量局編制案（四）〉，《國防部史政編譯局》，檔案管理局藏，檔號：
　　　　B5018230601/0010/581.4/3815.7。

〔註31〕〈專件：海軍部四月份之工作〉，《海軍期刊》，第 2 卷第 9 期（1930 年 4 月），
　　　　頁 8～9。

〔註32〕商務印書館，《中華民國法規大全》第二冊：軍政（上海：商務印書館，1936），
　　　　頁 1992～1993。

〔註33〕海軍總司令部，《海軍年報（民國二十八年）》收入於殷夢霞、李強編，《國家圖
　　　　書館藏民國軍事檔案文獻初編》第 9 冊（北京：國家圖書館出版社，2009），頁
　　　　6～7、184～185。海軍總司令部，《海軍年報（民國二十七年）》，收入於殷夢霞、
　　　　李強編，《國家圖書館藏民國軍事檔案文獻初編》第 7 冊（北京：國家圖書館出
　　　　版社，2009），頁 1～2、15。海軍海洋測量局，〈六十年本局大事紀要〉，《海軍
　　　　海洋測量局建局六十週年紀念特刊》（左營：海軍海洋測量局，1981），頁 57。

年 1 月改任長江中游布雷游擊隊總隊隊附；前曒日艦艦長葉裕和於 1939 年
6 月派充海軍第一佈雷測量隊隊長。〔註 34〕前海測局少校課員陳長卿，則是
轉至砲隊服務的案例，該局停辦後，1939 年派任為巴萬要塞區第四總台第八
台台長。〔註 35〕戰前擔任總務課課長的顧維翰，該局裁撤後匿居於上海，負
責保護該局藏於法租界的圖書儀器，海軍從重慶每月匯 100 元補助費，由魚
雷艦隊司令王壽廷轉交。1940 年秋季，顧氏輾轉得到重慶海軍總司令部密令，
前赴江西鷹潭佈雷總隊部，報到後旋又奉令調至重慶海軍辦事處。〔註 36〕由
此可知，海測局裁撤後，該局人員星散各處。

第二節　測量艦、經費來源與人員培訓

　　第一節探討海道測量局的組織沿革，本節擬探討該局開辦後，其轄下測量
艦隊如何擴充，經費來源歷經北京政府與南京國民政府兩時期，有無變化，以
及該局測量及繪圖人才的培訓方式。

一、測量艦隊的組建

　　海測局成立初期，海軍部撥給楚有軍艦作為測量艦，〔註 37〕但戰艦與測量
艦的設計與設備大相逕庭，難以兼負測量工作。國際慣例規定，測量艦須與軍
事與商業無涉，船名亦多用技術名詞取名。因此，海測局向海軍部爭取撥船改
造，專供測量任務。海軍部後於 1924 年 6 月，將海防團轄下的海鷹、海鵬兩
砲艇撥予該局，兩艇經改造後，海鷹改名為「景星」，海鵬改為「慶雲」，〔註 38〕

〔註 34〕　海軍海洋測量局，《海測資訊（建局七十週年局慶特刊）》（左營：海軍海洋測
量局，1992），頁 26。

〔註 35〕　〈陳長卿自傳〉，海軍大氣海洋局隊史館藏。

〔註 36〕　顧維翰，〈主政海道測量局十有二年憶述〉，《中國海軍之締造與發展》，頁 109
～110。

〔註 37〕　楚有軍艦是清廷於 1907 年向日本所購砲艦，排水量 745 噸，參見海軍總司令
部，《海軍年報（民國二十八年）》，收入於殷夢霞、李強編，《國家圖書館藏民
國軍事檔案文獻初編》第 9 冊，頁 35、122。

〔註 38〕　海道測量局，《民國十二年海道測量局報告書》（上海：海道測量局，1923），
頁 9。此報告書見於，「海軍部函送海道測量局報告事」（1924 年 1 月 23 日），
〈海軍部函送海道測量局報告〉，《北洋政府外交部檔案》，近史所檔案館藏，
檔號：03-06-047-01-001。海鷹與海鵬均為淺水砲艇，海鷹艇由江南造船所承
造，於 1918 年完工，排水量 140 噸；海鵬艇則由大沽造船所承造，於 1921 年

其中慶雲艇卸下原先配裝的槍砲，景星艇移撥時即無軍械，毋須多加改造。在測量艦人員編制部分，皆以測量員充任艦長與船員。〔註39〕

　　景星與慶雲為近港測量艇，無法擔負外海測繪任務，許繼祥乃於 1924 年 6 月向英國船商洽購亞蘭大艦（Atlanta）。該艦排水量 1,398 噸，長 269 呎，吃水 14.5 呎，航速可達 16 海浬。英商原先開出的售價為 25,000 英鎊，經過幾次磋商後，降為 16,000 英鎊售出（約等於 87,431 關平兩）。〔註40〕海測局每月經費僅一萬餘兩，為籌措艦款，向匯豐銀行貸款。艦款付清後，亞蘭大艦於 1924 年 11 月由英國蘇山敦港（Southampton）駛返中國，1925 年初抵滬，並命名為「甘露」艦。〔註41〕

　　南京國民政府時期，海測局鑒於甘露艦返國後擔負起外海測量任務，但因船身較大，錘測海灣或港口時較不便，該局需一艘小於甘露艦又大於景星、慶雲兩艇的船。又因長江測量於 1929 年完成，該局往後測量工作將拓及沿海，但外海測量艦不敷調派，僅有甘露艦一艘，因而海軍署於 1929 年新購「青天艦」，該艦先送入江南造船所改造後再撥予海測局。青天艦頓數較大於景星、慶雲二艇，其容煤量與水櫃貯水量皆為兩艇的兩倍。〔註42〕

　　1930 年 11 月，海測局正籌備收回海關淞澄（吳淞至江陰）測量業務，因該段水道時常變遷，須有專艦專任測量，在此需求下，海軍部將聯鯨艦改名為

完工，排水量 120 噸，海軍總司令部，《海軍年報（民國二十八年）》，收入於殷夢霞、李強編，《國家圖書館藏民國軍事檔案文獻初編》第 9 冊，頁 107。

〔註39〕「解釋測量船性質暨任用職員辦法」（1924 年 9 月 9 日），〈海政法規彙編（一）〉，《國防部史政編譯局》，檔案管理局藏，檔號：B5018230601/0011/011.23/3815。

〔註40〕1924 年一關平銀折合英鎊幣值為 3 先令又 $7\frac{15}{16}$ 便士（$7\frac{15}{16}$ 便士約等於 7.93 便士，又 12 便士=1 先令，7.93 便士約等於 0.66 先令，因此 1924 年一關平銀兩約等於 3.66 先令）。亞歷山大艦售價為 16,000 英鎊，約等於 87,431 關平兩（1 英鎊＝20 先令，16,000 英鎊＝320,000 先令，再除以 3.66，故得之）。1924 年 3 月後海測局每月經費增為關平銀 27,500 兩，若不貸款購艦，便要挪用三個月的測量經費方能付清艦款，以上英國幣制換算見伊世敦著，蕭裕生節譯，〈英國幣制說略〉，《錢業月報》，第 4 卷第 1 期（1924 年），頁 11；1924 年一關平銀對英鎊匯率見《中華民國十三年通商海關華洋貿易全年總冊總論上卷》，收入於中國第二歷史檔案館、中國海關總署辦公廳合編，《中國舊海關史料（1859～1948）》第 96 冊（北京：京華出版社，2001），頁 4。

〔註41〕海道測量局，《民國十三年海道測量局報告書》，頁 21～22。

〔註42〕〈海軍署兩個月以來之工作〉，《海軍期刊》，第 1 卷第 8 期（1929 年 2 月），頁 20。

「曉日」，配予海測局使用，〔註43〕此後曉日艦便專責淞澄段的測量。〔註44〕
1933 年 4 月，海軍部因淺水砲艇不敷使用，曾將慶雲、景星兩艇暫改為砲
艇，1934 年 2 月，因新建砲艇次第完成，又將兩艦回復為測艇。〔註45〕1935
年 4 月，海軍部將慶雲、景星兩艇報廢，另撥公勝、誠勝兩砲艇改為測量艇。
〔註46〕因此，海測局的測量艦隊至 1935 年時共有五艘，分別為甘露、青天、
曉日三艦，以及公勝、誠勝兩艇。

二、經費來源變遷

　　北京政府時期，海測局經費分為技術與行政兩類，每月技術經費由關餘支
給，〔註47〕由米祿司支配管理，〔註48〕並且總稅務司安格聯限定，這筆經費
不能移作行政費用。〔註49〕1924 年 3 月，海測局已開辦兩年，隨著業務規模
日漸擴大，測量工作除了續測長江及兼測外海外，尚需購置外海測量艦以投入
測海工作，使得技術經費支出增多，因而提請稅務處依 1922 年議定辦法，增
加經費金額。〔註50〕稅務處即在月撥關平銀 15,000 兩外，另加撥 12,500 兩，

〔註43〕〈專件：十一月份海軍部之工作〉，《海軍期刊》，第 3 卷第 4 期（1930 年 12
　　　　月），頁 10～11。

〔註44〕海道測量局，《海軍部海道測量局民國二十一年工作報告書》（上海：海道測量
　　　　局，1932），頁 4a。

〔註45〕〈專件：海軍部二十三年二月份重要工作概況〉，《海軍雜誌》，第 6 卷第 7 期
　　　　（1934 年 3 月），頁 2。海軍海洋測量局，〈六十年本局大事紀要〉，《海軍海
　　　　洋測量局建局六十週年紀念特刊》，頁 57。

〔註46〕海軍總司令部，《海軍年報（民國二十八年）》，收入於殷夢霞、李強編，《國家
　　　　圖書館藏民國軍事檔案文獻初編》第 9 冊，頁 184。

〔註47〕關餘有兩種意義，一見於民國元年時，北京政府與公使團所訂稅款歸還債賠
　　　　各款辦法，提到關餘是「償付 1900 年前以關稅作為擔保品外債後所餘者」，
　　　　各國應得辛丑條約賠款再由關餘逐批償還。但自 1916 年起關稅收入增多，使
　　　　得關餘之義有所變化，變為「海關稅收淨數，扣除償還外債與賠款所得之餘
　　　　款」，參見海關總稅務司公署，《關稅紀實》，收入於劉輝等編，《中國舊海關稀
　　　　見文獻全編民國時期關稅史料》第 4 冊下卷（北京：中國海關出版社，2009），
　　　　頁 549～551，總頁 19～21。

〔註48〕「姚葵常呈海軍署文」（1928 年 3 月 10 日），〈海測局海岸巡防處轉移天津案〉，
　　　　《國防部史政編譯局》，檔案管理局藏，檔號：B5018230601/0016/581.4/3815.4。

〔註49〕「海測局呈海軍部文」（1926 年 6 月 8 日）、「國務院函」（1922 年 4 月 12 日），
　　　　〈海道測量局編制案（一）〉，《國防部史政編譯局》，檔案管理局藏，檔號：
　　　　B5018230601/0010/581.4/3815.7。

〔註50〕「海測局呈海軍部文」（1924 年 1 月 10 日），〈海道測量局編制案（一）〉，《國
　　　　防部史政編譯局》，檔案管理局藏，檔號：B5018230601/0010/581.4/3815.7。

總計每月技術經費增為關平銀 27,500 兩，一年為 330,000 兩。〔註51〕行政經費則由財政部撥款支出，每月 4,650 元。〔註52〕不過，行政費不似技術經費充裕，1922 年 4 月底，海軍部因經費支絀，〔註53〕將海測局行政費暫降為 3,000 元。〔註54〕7 月間，局長許繼祥極力爭取行政費按原額開支，〔註55〕海軍部仍堅持財政稍充裕時才回復原額。〔註56〕1923 年 7 月，海軍部又因經費不足，下令海測局刪減各項行政支出。〔註57〕可見，海測局的技術經費自關餘項下撥付，在充足的金源保障之下，測量經費不至於有斷炊之虞。〔註58〕

　　海測局推行的業務除測量外，尚有以下二事，一是成立引港傳習所培養本國引港人才，二是計畫在新開通商港口設立港務處管理港務，以防事權落於外國人手中。海測局推行這些事務需充足財源，原核定的行政費不足支應，技術經費雖充裕，卻不能移作他用，米祿司管理技術經費雖無故意刁難之事，但經費支配權掌握於洋員之手，局長許繼祥頗感不便。許氏為解決此一問題，曾計畫吸引僑資，開發本國沿海商港，並由海測局負責管理自開商港，以謀經濟獨

〔註51〕「稅務處咨海軍部文」（1924 年 3 月 29 日），〈海道測量局編制案（一）〉，《國防部史政編譯局》，檔案管理局藏，檔號：B5018230601/0010/581.4/3815.7。

〔註52〕「海測局呈海軍部文」（1922 年 3 月 31 日），〈海道測量局編制案（一）〉，《國防部史政編譯局》，檔案管理局藏，檔號：B5018230601/0010/581.4/3815.7。

〔註53〕北京政府時期，政府應撥予海軍部的經費時常未如期如數撥付，例如 1922 年 1 月初，因春節將近，但薪餉仍未撥下，海軍官士兵人心浮動，1 月 6 日海軍總司令蔣拯便調海籌、應瑞等艦駛往大通，另令楚泰、楚謙等砲艦駛往揚州十二圩（淮鹽集中地），截留鹽稅以充軍餉，參見海軍司令部《近代中國海軍》編輯部編著，《近代中國海軍》（北京：海潮出版社，1994），頁 756。

〔註54〕「海軍部訓令」（1922 年 4 月 26 日），〈海道測量局編制案（一）〉，《國防部史政編譯局》，檔案管理局藏，檔號：B5018230601/0010/581.4/3815.7。

〔註55〕「海測局呈海軍部文」（1922 年 7 月），〈海道測量局編制案（一）〉，《國防部史政編譯局》，檔案管理局藏，檔號：B5018230601/0010/581.4/3815.7。

〔註56〕「海軍部指令」（1922 年 7 月 29 日），〈海道測量局編制案（一）〉，《國防部史政編譯局》，檔案管理局藏，檔號：B5018230601/0010/581.4/3815.7。

〔註57〕「海軍部訓令」（1923 年 7 月 30 日），〈海道測量局編制案（一）〉，《國防部史政編譯局》，檔案管理局藏，檔號：B5018230601/0010/581.4/3815.7。

〔註58〕1917 年，中國拜國際銀價上揚之所賜，以及進出口貿易增長，海關關稅大為成長，使得關餘也逐步增多，當時北京政府為解決自身的財政問題，由外交部向北京外交團交涉，請求提領部分關餘，使團同意所請，兩方磋商後商定的提領程序為：由中國政府提請，使團同意後再由總稅務司自保管銀行提取，北京政府依此程序從 1917 至 1927 年共提領關平銀 137,040,983 兩，對其財政穩定助益甚多，參見黃文德，〈北京外交團與近代中國關係之研究——以關餘交涉案為中心〉（臺中：國立中興大學歷史學系碩士論文，1999），頁 187～188。

立，卻因北京政府財力不足而中止。自關財源不可行，1926 年 6 月許氏又請海軍部向國務會議提議，將該局行政費比照技術經費，定為每年關平銀 500,000 兩（銀元 750,000 元）。〔註59〕8 月中旬，國務會議同意此事，另將海測局行政經費列為國家預算。〔註60〕但是，依北京政府的實際財政能力來看，能否實際支付，尚是未知數。海測局行政費納入國家預算，並提高至關平銀 500,000 兩，可能宣示重視之義大於實質意義。

　　當時許繼祥雖不滿技術經費使用上的諸多不便，不過筆者認為，這筆經費若由國庫支出，又由許氏自行調配，看似局長財政權較為提升，但在北京政府財政時常困窘的情形下，難保經費能按時撥付或不被挪用，如此一來測量業務可能因財源不足而停滯。至於總稅務司安格聯為何規定技術費不得移作他用，其動機需另外探究，而安格聯的規定實是兩面刃，雖然損及局長財政權，但另一方面卻保障測量工作的經費來源。

　　回顧近代中國發展海測事業的過程中，無論是 1889 年測量水路局與清末海圖局的籌設，還是民初參謀本部水路測量所、海軍測量船購置計畫，皆囿於經費不足而未能開辦或是成效不彰，而北京政府時期的海測局之所以不為經費問題所困擾，源於其經費是由關餘穩定撥給，以及總稅務司嚴禁經費挪作他用，再由米祿司控管支出。

　　迨至南京國民政府時期，國府謀求關稅自主，逐步收回關稅支配權，對於海關逕由關稅項下支付部分機關經費一事，財政部為收回財政支配權，1928 年 10 月 27 日飭令海關：「凡海關收入項下撥付各機關經費有案可稽者，應仍照舊案，自本部接收前稅務處後，按月由該總稅務司將各該款解交本部國庫，不得直接撥付。」〔註61〕海測局的技術經費原由海關從關餘項下直接支付，但此命令下達後，其經費則改由財政部支付。

　　經費支付來源改變，對海測局有何影響？在於經費時常短發或未按時撥款，海軍軍需司評論海軍財政支出時常言：「向以國家財政不裕，未能照預算原額支付」，此話亦適用於海測局財政，例如 1934 年 6 月至 1935 年 3 月，海測局在此十個月內的經常與臨時費預算為 12,853,000 元，財政部實際撥付

〔註59〕「海測局呈海軍部文」（1926 年 6 月 8 日），〈海道測量局編制案（一）〉，《國防部史政編譯局》，檔案管理局藏，檔號：B5018230601/0010/581.4/3815.7。
〔註60〕「國務院公函」（1926 年 8 月 24 日），〈海道測量局編制案（一）〉，《國防部史政編譯局》，檔案管理局藏，檔號：B5018230601/0010/581.4/3815.7。
〔註61〕陳詩啟，《中國近代海關史（民國部分）》，頁 249。

426,800 元，僅實領百分之三十二的預算；〔註62〕1935 年 4 月至 1936 年 3 月間，此一時期應支出的經常費與臨時費預算為 1,809,300 元，但財政部實際給付的金額為 491,600 元，〔註63〕約僅支付百分之二十七預算額。財政部未按時撥付海測局經費時，海軍部次長陳紹寬（1932 年升任部長）曾數次致電財政部部長宋子文，請求撥款。〔註64〕由此可知，南京國民政府時期海測局的經費概況不如北京政府時期充裕。

三、人員培訓

（一）測量員

海關副巡工司米祿司是海道測量技術全能人才，通曉測量、製圖、潮汐與推算，因而海軍重金禮聘他擔任幫辦。海測局內中堅測量人才——劉德浦、陳志、謝為良與邵鍾四名測量隊長，皆由米祿司以學徒式方式一一教授，並著重培養測量員能「精確地」測量，而非一昧地追求時效、進度。

當時海軍並無專門科班培養測量員，海測局補充測量員時，由海軍部從海軍艦隊中的年輕軍官，或是練習艦隊中的練習生，調派部分人員作為「見習員」，到局實習測量後再從中選任。1922 年 7 月，海測局制定〈測量員見習規程〉，規定見習員學習期限為一年，分別由測量隊長考察其品行、勤務與技術三方面表現。其考察成績分為甲、乙、丙、丁四等，丙等以上為合格並可留用，丁等則要返回原單位。新進人員入局時，由米祿司負責訓練，劉德浦等四名隊長從旁協助。其時米祿司年齡已五十餘歲，但辦事仍認真，若發現測量員工作欠缺謹慎，便立即斥責，工作狀況不佳又情形嚴重者，則建議海軍部將該員調職，絕不因循。〔註65〕1924 年，海測局向海軍部反應，因測量人才不敷所用，希望能在海軍學校畢業生的練習艦課中增設測量科目，培

〔註62〕海軍部，《海軍部成立六週年紀念特刊》（南京：海軍部，1935），頁 105～107。

〔註63〕海軍部，《海軍年報（民國二十四年）》（南京：海軍部，1935），頁 115～116。

〔註64〕陳紹寬曾於 1929 年 9 月 14 日、1930 年 7 月 21 日與 1932 年 2 月 14 日致電宋子文，請求撥款，見高曉星編，《陳紹寬文集》（北京：海潮出版社，1994），頁 22、40、76。

〔註65〕海道測量局，《民國十二年海道測量局報告書》，頁 8。「擬定測量員見習規程懇予核准實施」（1922 年 7 月 31 日到藏），〈海政法規彙編（一）〉，《國防部史政編譯局》，檔案管理局藏，檔號：B5018230601/0011/011.23/3815。羅榕蔭，〈建局四十一週年感想〉，收入於海軍海道測量局，《海軍海道測量局建局四十一週年紀念特刊》（左營：海軍海道測量局，1963），頁 2。

養基礎人才，海軍部同意此議，依議實施。〔註66〕

　　海測局約在創局之初與1930年代兩時段補充測量員，例如陳長卿於1919年南京海校畢業後便派至應瑞練習艦見習，後調至海容軍艦擔任候補官，1924年改至海測局學習測量，1925年任甘露測量艦航海副，1930年調任青天測量艦，後於1936年任該艦副艦長；〔註67〕顧維翰則於1922年冬季，通濟練習艦見習期間調任海測局，他先實習內勤測算工作，1924年間派赴長江鎮江、南京、蕪湖等段與贛江等地進行測量；〔註68〕黃劍藩於1930年6月從海籌軍艦調至海測局，與黃氏一同調任的尚有軍艦上的航海見習生許奎昭、羅榮蔭、薛臻與謝為森等四人，黃氏等五人在測量局內各課學習半年後，才分配至各測量艦參加測量工作，他們隨艦上資深測量員實習時，多先從紀錄資料學習。但黃氏曾抱怨，見學期間若遇上保守的老測量員，上艦許久還接觸不到測量儀器，只好自行摸索，學習進度會較慢。〔註69〕1934年7月，海測局又需補充測量員，〔註70〕8月海軍部從應瑞練習艦上指派林斯昌、朱秉照與潘成棟三員，以及另派陳滬生、陳增麟與蔣亨升共6人至測量局，其中林氏至皦日測量艦見學，朱、潘二人則留該局服務。〔註71〕

（二）繪圖員生

　　繪圖員生的工作是協助製圖。北京政府時期，海道測量局配有七至八名的繪圖員生。1930年，海軍部參考海關制度，訂定繪圖員生任用及升級辦法，依序從繪圖練習生升轉為繪圖生、繪圖員。練習生對外招考，報名者須初中畢業，且年齡在16至18歲之間，考試合格者派任，服務滿三年，考試及格者晉升為繪圖生。繪圖生服務滿八年，經考試合格者方能升遷為繪圖員。繪

〔註66〕海軍總司令部，《海軍年報（民國二十八年）》，收入於殷夢霞、李強編，《國家圖書館藏民國軍事檔案文獻初編》第9冊，頁181。

〔註67〕〈陳長卿自傳〉，海軍大氣海洋局隊史館藏。劉傳標，《中國近代海軍職官表》，頁208。

〔註68〕顧維翰，〈主政海道測量局十有二年憶述〉，《中國海軍之締造與發展》，頁108。抗戰結束後，顧維翰於1946年任海道測量局復局第一任局長，至1958年卸任。

〔註69〕黃劍藩，〈我所了解的中國海道測量工作簡況〉，收入於文聞編，《舊中國海軍秘檔》（北京：中國文史出版社，2005），頁254。

〔註70〕〈專件：海軍部二十三年六月份重要工作概況〉，《海軍雜誌》，第6卷第11期（1934年7月），頁14。

〔註71〕〈專件：海軍部二十三年七月份重要工作概況〉，《海軍雜誌》，第6卷第12期（1934年8月），頁14。

圖員生每兩年進一級，薪俸也隨晉級而增加（參閱表 3-1）。〔註72〕

表 3-1 海道測量局繪圖員生年級薪俸

職　　稱	年　　級	薪　俸	備　　　註
繪圖員	九年級	180 元	編制名額 6 人。
	七年級	160 元	
	五年級	120 元	
	三年級	100 元	
	一年級	80 元	
繪圖生	七年級	70 元	編制名額 10 人。服務滿八年，考試合格者升為繪圖員。
	五年級	60 元	
	三年級	50 元	
	一年級	40 元	
繪圖練習生（無年級之分）		30 元	編制名額 4 人。服務滿三年，考試合格者升為繪圖生。

資料來源：海軍部，《海軍部成立二週年紀念專刊》（南京：海軍部，1931），頁 314～315。

第三節 長江測量

　　民國以來，長江貿易貨值常占全國三分之二，1926 年曾高達 84.6%。出口貿易方面，位在長江流域的省分藉此便利的水運，出口絲、茶、農副產品、鎢、銻與桐油等項，進口棉紡織品、煤油、木材、染料與五金製品。長江港埠之間，則是彼此流通日用品、農副產品與工業產物及其原料。〔註73〕由此可知，長江航運貿易的重要性，不言可喻。海測局對此重要水道曾進行的測量工作為何，乃為本節的探討重點。

一、測量漢澄水道

　　海測局籌備測量計畫時，原擬定長江與海岸線測量分頭並進，兩項工作

〔註72〕「海軍部第六十五次部務會議錄」（1930 年 8 月 20 日），〈海軍部部務會議紀錄（二）〉，《國防部史政編譯局》，檔案管理局藏，檔號：B5018230601/0018/003.9/3815。

〔註73〕江天風主編，《長江航運史》（北京：人民交通出版社，1992），頁 419～420、426。

預定 1922 年開辦，1928 年測竣長江，同年亦測畢珠江、汕頭、海壇、閩江、海州、海南與北直隸海灣等處。然而，1922 年 8 月底，揚子江水道討論會因整治長江，需該流域的水線與深度資料，商請該局協辦。海測局為協助此事，調整原先計畫，緩辦沿海測量，將工作重點置於長江，[註74] 1922 年所擬定的長江測量計畫中（參閱表 3-2），從本年開始，以南京為起點向上溯測 50 英里，1923 年續測 150 英里，自 1924 至 1928 年間每年測繪 150 英里，並於 1928 年推進至宜昌。[註75]

　　海測局執行長江測量計畫的實際進度（參閱表 3-3），自 1922 年開測以來，至 1929 年測竣為止，長江水道江陰至漢口段總測量水域面積為 3,270 平方哩，總工作日為 1,676 日，平均每一日測量 1.95 平方哩，總計繪製並出版長江水道圖共 26 幅。[註76] 1927 年的工作日驟降至 155 日，源於當年受到國民革命軍進攻長江地區戰事影響，測量工作因而停擺。戰火至 11 月間平息後，海測局停止測量工作，先搶修戰爭中損壞的測量標桿，以致當年的進度有所延遲。[註77] 此外，海測局除了測量長江水道外，1925 年中另代海關測繪黃浦江吳淞至龍華段，以及複測吳淞海口水道。[註78] 比較海測局測量長江的預定計畫與實際執行，可發現原先的測量計畫以宜昌為測量終點，但實際上長江測量工作止於漢口；其次，長江測量原預定於 1928 年完成，因受 1927 年長江流域北伐戰事影響，遲至 1929 年方才測竣。

　　長江測繪工作的困難在於上游水位變化，水位在三月以前較平淺，利於測量工作進行，但三月後水位逐漸上漲，不便於測繪工作。若延至當年冬季或是隔年春天再進行，原先所作預備工作皆須重新著手。海測局為避免事倍功半，

〔註74〕「海道測量局呈海軍部文」（1922 年 9 月 26 日），〈領海界線劃定案（一）〉，《國防部史政編譯局》，檔案管理局藏，檔號：B5018230601/0010/621/8138。

〔註75〕海道測量局，《民國十二年海道測量局報告書》，頁 6～7。

〔註76〕「駁復海務巡工司呈關務署文之意見書」（1930 年 1 月），〈海道測量案（四）〉，《國防部史政編譯局》，檔案管理局藏，檔號：B5018230601/0012/940.1/3815。

〔註77〕〈專件：海道測量局民國十六年進行之事蹟〉，《海軍期刊》，第 1 卷第 5 期（1928 年 8 月），頁 31～32。

〔註78〕海道測量局，《民國十四年海道測量局報告書》（上海：海道測量局，1925），頁 1。此報告書見於「函送海道測量局第三屆報告書」，〈海道測量案〉（1926 年 3 月 10 日），《北洋政府外交部檔案》，近史所檔案館藏，檔號：03-06-047-02-029。本年完成六圖分別是：連城洲至大沙、連城洲至永安洲、永安洲至大沙三幅，代海關測繪吳淞至龍華段共出版三張。

常飭令測量員兼程測量。例如，1924 年春季，海測局測量長江上游九江至漢口段共 170 英里，為趕在四月底前測畢，除投入景星、慶雲二艇外，另調集海關巡船一艘與民船數艘合力施測，最終趕在期限前完成。〔註79〕

　　海測局測量員幾乎是夜以繼日地執行任務，1929 年視察英國海軍測量香港的測量軍官葉裕和，曾比較英國與中國測量員的工作時數：

> 其工作時間，每日平均為六小時，每星期五午後五時回港休息，星期一上午九時半離港繼續工作。總之，英艦測量工作安詳漸進，全以天氣為標準，絲毫不勉強，不若吾國常兢兢於時間之不足，既無星期及星期六之休息，且每日工作有至十四小時者。〔註80〕

從葉氏的敘述中，可得知海測局測量員執行任務時，常與時間競賽而無週休，甚至一天工作十四小時。長江自江陰至漢口段的測量，海測局能在測量艦不足的條件下，七年內以 1,676 工作天完成，實賴測量員們任勞任怨的精神。

表 3-2　海道測量局測量長江計畫

年　分	長江測量計畫
1922	50 英里
1923	100 英里
1924	150 英里
1925	150 英里
1926	150 英里
1927	150 英里（本年達洞庭湖）
1928	本年測繪可達宜昌，完成長江測量工作

說明：海測局長江水道測量計畫以南京為起點，訂定每年上溯測繪里程。

資料來源：海道測量局，《民國十二年海道測量局報告書》（上海：海道測量局，1923），
　　　　　頁 6～7。

〔註79〕海道測量局，《民國十三年海道測量局報告書》，頁 11～12。海道測量局，《民國十四年海道測量局報告書》，頁 1。

〔註80〕「海道測量局呈海軍部文」（1930 年 2 月 7 日），〈視察英艦測量香港案〉，《國防部史政編譯局》，檔案管理局藏，檔號：B5018230/601/0018/940.7/3621。

表 3-3　海測局長江測量工作實際執行進度

年　分	測量工作日數	備　　註
1922	122	
1923	272	
1924	259	
1925	264	長江水道測量工作，測繪江陰至漢口段，測量水域總面積為 3,270 平方哩。總測量工作天為 1,676 天，平均每工作日測量 1.95 平方哩。
1926	242	
1927	155	
1928	212	
1929	150	

資料來源：「駁復海務巡工司呈關務署文之意見書」（1930 年 1 月），〈海道測量案（四）〉，《國防部史政編譯局》，檔案管理局藏，檔號：B5018230601/0012/940.1/3815。

二、接收海關淞澄測量業務

　　長江淞澄段（吳淞至江陰）因位近長江出海口處，在江水與潮汛交互作用下，〔註81〕該處水流湍急，江中灘地時常變遷。該水道毗鄰上海，乃為中外商船必經航道，須投入測量人員與艦船經常複測，方能掌握較新的水文狀況。〔註82〕海測局測量長江漢澄段期間，因無餘艦可專測淞澄水道，該段測務仍暫由海關負責。1929 年 6 月下旬，海測局第三任局長吳光宗向海軍部提議，從海關手中收回淞澄測務，其理由有二：（一）該局已完成長江測量工作，有餘力可接收此工作；（二）海測局的測量較海關所測更為精密，該局發現蕪湖附近的暗礁嶼暗灘，但海關卻一無所知。此外，海測局也建議取消海關發行警船告示的職權，統由該局發行航船布告。海軍部飭令該局，待部審核。〔註83〕1930 年初，海軍部指示海測局，籌備測量淞澄段，待收回計畫擬定完畢，再向中央呈明辦理。〔註84〕

〔註81〕原文用潮「汛」。
〔註82〕海道測量局，《海軍部海道測量局民國二十年工作報告書》（上海：海道測量局，1931），頁 4b。
〔註83〕「海道測量局呈海軍部文」（1929 年 6 月 26 日），〈海測局接收海關測繪業務案〉，《國防部史政編譯局》，檔案管理局藏，檔號：B5018230601/0018/107.3/3815.3。
〔註84〕「海軍部第三十五次部務會議錄」（1930 年 1 月 21 日），〈海軍部部務會議紀錄（一）〉，《國防部史政編譯局》，檔案管理局藏，檔號：B5018230601/0018/003.9/3815。

　　1930 年 9 月中旬，海軍部向行政院密呈，建議收回海關測量業務，其主張有二點。一為確立主管機關，依國際慣例，各國海測機構多隸屬海軍部，但中國海關仍兼行測繪業務，致使各國不清楚中國主管機關究竟是何者；其次，經海測局局長吳光宗密查，海關將其測量所得資料，交予英國海軍刊行海圖，未交予海測局，外人易掌握中國水道狀況，中國便無國防秘密。〔註85〕行政院同意此項提案，轉飭財政部辦理，海軍部得知後，即令海測局密籌收回工作。〔註86〕

　　海測局局長吳光宗為準備接手淞澄測量，先與海關巡工司奚里滿（H. E. Hillman）接洽，擬將海關轄下釐金、章條兩艘巡船，撥一艘予海測局，但奚里滿表示此事是否定案，尚待總稅務司呈覆關務署後方能決定。〔註87〕10 月 17 日，總稅務司梅樂和（Frederick William Maze）已將覆文上呈關務署，待財政部正式咨覆海軍部後，海關再行交接。至於撥交一艘海關巡船之事，因巡船已預派至廣東緝私，因而海關無法撥交。〔註88〕10 月 27 日，財政部向海軍部表示，關於收回海關測務一事，須待查明後再呈報行政院辦理，〔註89〕似有消極抵制之意。

　　另一方面，海測局向海關接洽收回測務之事，同時派青天艦測量通州至江陰，借自江南造船所的滬大艦，則測揚子江口頭樁至通州一段，10 月底兩艦已開始著手測量。該局另令技術主任米祿司，從吳淞上溯至江陰，沿途巡視海關原設標桿水尺是否適用，此項工作於 11 月 3 日完竣。海測局完成接管淞澄水道測務的準備工作後，要求海關盡速將測量儀器、紀錄與轄下測量船移交。〔註90〕

〔註85〕「海軍部密呈行政院文」（1930 年 9 月 11 日），〈海測局接收海關測繪業務案〉，《國防部史政編譯局》，檔案管理局藏，檔號：B5018230601/0018/107.3/3815.3。

〔註86〕「海軍部密訓令第 432 號」（1930 年 9 月 23 日）、「海軍部密訓令第 444 號」（1930 年 9 月 30 日），〈海道測量案（三）〉，《國防部史政編譯局》，檔案管理局藏，檔號：B5018230601/0012/940.1/3815。

〔註87〕「海道測量局箋」（1930 年 10 月 14 日），〈海道測量案（三）〉，《國防部史政編譯局》，檔案管理局藏，檔號：B5018230601/0012/940.1/3815。

〔註88〕「海道測量局箋」（1930 年 10 月 17 日），〈海道測量案（三）〉，《國防部史政編譯局》，檔案管理局藏，檔號：B5018230601/0012/940.1/3815。

〔註89〕「財政部咨海軍部文」（1930 年 10 月 27 日），〈海道測量案（三）〉，《國防部史政編譯局》，檔案管理局藏，檔號：B5018230601/0012/940.1/3815。

〔註90〕「海道測量局呈文」（1930 年 11 月 5 日），〈海道測量案（三）〉，《國防部史政編譯局》，檔案管理局藏，檔號：B5018230601/0012/940.1/3815。

　　12 月下旬，財政部長宋子文統合海關方面意見後，向行政院建議，應暫緩由海測局接收海關測務一事，其提出理由有三：（一）海關辦理測量業務範圍，長江自江陰至宜昌、洞庭湖及其支流，沿海自營口至閩粵，海測局驟然接手後，是否有能力維持海關原先的測量業務；（二）設置航行標誌須進行測量後方能進行，若海關停止測量業務，海測局測量設備不精密，恐影響航安；（三）海關關船除巡視、測量外，尚擔負緝私工作，因此淞澄段關船萬難移交海測局，海軍急著要求海關移交關船，海測局是否未有足夠艦船擔負全國測量業務。〔註91〕行政院方面接到財政部意見後准予緩辦。〔註92〕

　　對於行政院決議暫緩收回，海軍部聽取海測局意見，1931 年 1 月下旬予以反駁：（一）海測局未成立前，海關並未擔負全國測量業務，沿海部分是由英國海軍測量，海關僅就英海軍所製之圖予以複測海深，再將更正紀錄送交英海軍；（二）由海軍海道測量局統籌全國水道測量業務，乃為國際慣例，1919 年國際海道測量會成立時，大會中協定各會員國不得擅測他國水道，並明定各國測量職權由其海軍辦理；（三）海測局擁有測量全國江海能力，人員方面，自軍官中選任測量員，曾先後派遣軍官至歐美日等地學習測量，其專業較海關負責測量的職員來得堅實；〔註93〕測量艦方面，該局擁有甘露、皦日、武勝、慶雲、景星與青天共五艘，足供測量工作所用；出版水道圖均經各國認可，並由海關代售，足以證明其圖之精確；（四）水道測量業務應統由一個機關來負責，方能「一事權而明職責」，若國內有兩機關專責測量，並各自為政，不但責任未明、耗費公帑，又不符合各國慣例與國際海道測量會規定，極力建議行政院，維持原議，由海測局接收海關測繪業務。此外，海關

〔註91〕「國民政府秘書處箋附件：抄宋子文原呈」（1930 年 12 月 23 日），〈海道測量案（三）〉，《國防部史政編譯局》，檔案管理局藏，檔號：B5018230601/0012/940.1/3815。

〔註92〕「財政部咨海軍部文」（1931 年 1 月 7 日），〈海道測量案（四）〉，《國防部史政編譯局》，檔案管理局藏，檔號：B5018230601/0012/940.1/3815。

〔註93〕海關負責測量的職員，多由國外商船界召集而來，並無測量專業，且多屬年少之輩，這些人自在海關服務後，才有測量經驗。海道測量局技術主任米祿司，曾任海關海務副巡工司，他也指出海關職員大半體高祿厚，只求安適，若有失職之處，財政部也常庇護，因此怠忽成習。參見「駁復海務巡工司呈關務署文之意見書」（1930 年 1 月），〈海道測量案（四）〉，《國防部史政編譯局》，檔案管理局藏，檔號：B5018230601/0012/940.1/3815。「海軍部第四十六次部務會議錄」（1930 年 4 月 8 日），〈海軍部部務會議紀錄（二）〉，《國防部史政編譯局》，檔案管理局藏，檔號：B5018230601/0018/003.9/3815。

為設航行標誌，須從事的測量工作，此事准予兼辦，但須受海測局指揮，至於海關關船尚須執行緝私工作，毋須移交海測局。〔註94〕

海軍部等待行政院裁決期間，海關仍反對交出淞澄測務，以及近來海軍所訂造艦材料多遭海關扣留，6月19日次長陳紹寬遂令大同軍艦扣留江海關巡輪。30日，大同艦偕逸仙艦出口時，在黃浦江中遇見海關關船流星號，立即扣留該船，並押返海軍造船所高昌廟港。當大同艦停泊瑞鎔造船前時，正好關船鏡輝、鏡海與鏡光三輪駛過，撞見該艦泊於船隻往來繁盛處，按例上前通知，並詢問流星輪被扣經過，順靠大同艦旁時亦遭扣留。

7月2日早晨，陳紹寬受記者採訪時表示，此次海軍扣留海關關輪之因，係為抗議海關侵犯海測局測量權，以及扣留海軍材料兩事。〔註95〕5日，陳紹寬訪宋子文，兩人商談此事，有關海軍材料被扣一事，陳氏表示：向來海軍江南造船所購料時，屬商用品皆按規定納稅，軍用者毋須繳納。宋氏則回應：此事係為海關人員混淆海軍所購軍用、商用兩類材料，將軍用材料誤認為商用而扣留，並保證嗣後不再發生此事，至於海關測量業務是否交出，仍候中央命令。〔註96〕

不過，關輪被扣事件發生後，財政部方面的立場似有鬆動。宋子文予陳紹寬的公函中，贊成海測局接收淞澄測務，惟要求該局將最新測量狀況轉知海關，以利航標設置，〔註97〕海軍接到宋氏函後允諾所請。〔註98〕因海測局並無電臺，可供傳遞水道變遷消息，海軍部另令海岸巡防處轄下的上海警報臺，協助該局發送電報。〔註99〕另一方面，海軍部為求慎重，發函向財政部提醒，海關應交出的淞澄段測務範圍，即頭椿至江陰，自東經122°9'30"北緯31°0'36"至東經122°0'12"北緯31°59'24"之間。〔註100〕8月中旬，行政院決議

〔註94〕 「海軍部密呈行政院文」（1931年1月22日），〈海道測量案（四）〉，《國防部史政編譯局》，檔案管理局藏，檔號：B5018230601/0012/940.1/3815。

〔註95〕 〈海軍扣留關輪〉，《申報》，上海，1931年7月2日，版14。

〔註96〕 〈海軍與海關交涉昨日全解決〉，《申報》，上海，1931年7月5日，版17。

〔註97〕 「財政部函」（1931年7月14日），〈海測局接收海關測繪業務案〉，《國防部史政編譯局》，檔案管理局藏，檔號：B5018230601/0018/107.3/3815.3。

〔註98〕 「海軍部咨財政部」（1931年7月15日），〈海測局接收海關測繪業務案〉，《國防部史政編譯局》，檔案管理局藏，檔號：B5018230601/0018/107.3/3815.3。

〔註99〕 「海軍部訓令第477號」（1931年7月20日），〈海測局接收海關測繪業務案〉，《國防部史政編譯局》，檔案管理局藏，檔號：B5018230601/0018/107.3/3815.3。

〔註100〕 「海軍部咨財政部」（1931年7月25日），〈海測局接收海關測繪業務案〉，《國防部史政編譯局》，檔案管理局藏，檔號：B5018230601/0018/107.3/3815.3。

淞澄測務撥歸海測局辦理，並同意財政、海軍兩部擬定的交接辦法。〔註101〕8 月底，財政部請海測局逕與海關巡工司辦理交接。〔註102〕海測局擬派皦日、景星二艦專測淞澄水道，估算每年應支出費用約為 200,000 元，但金額頗大，希望財政部照數移撥測量費。〔註103〕接著，海軍部又於 9 月初請財政部飭令海關，轉交淞澄水道測量儀器與紀錄案卷。〔註104〕

海關巡工司奚里滿同意於 9 月 15 日進行交接，〔註105〕但總稅務司梅樂和 14 日的來函聲稱：接到財政部關務署令，海關應交出的淞澄測務範圍係為東經 121°30'北緯 31°23"至東經 120°15'北緯 31°56'之間，海測局發現此與先前海軍部所開經緯度不符，若予以接管，恐海關會以此案已了結，而不修正測務交接範圍，決定暫不交接。〔註106〕16 日，財政部據總稅務司意見，回覆海軍部有關交接事宜，接收區域方面，其經緯度應由海關所開為準，似與海軍部所開經緯度不符，財政部建議海部查明並呈報行政院後，再辦理交接；測量記錄部分，海關海務科保存各測量記錄時皆彙集成冊，無法單獨取出淞澄測量記錄來移交，若海測局有需要，可至海關抄錄紀錄；移交儀器一節，海關須先測量後，方能設置標識，因而無法撥交；至於移撥經費金額，以 1930 年海關測量淞澄水道的花費為準（84,442 元），財政部每年以此數額撥予海測局。〔註107〕

〔註101〕「行政院訓令第 3993 號」（1931 年 8 月 14 日），〈海測局接收海關測繪業務案〉，《國防部史政編譯局》，檔案管理局藏，檔號：B5018230601/0018/107.3/3815.3。

〔註102〕「財政部咨海軍部文」（1931 年 8 月 26 日），〈海測局接收海關測繪業務案〉，《國防部史政編譯局》，檔案管理局藏，檔號：B5018230601/0018/107.3/3815.3。

〔註103〕「海道測量局呈文」（1931 年 8 月 25 日），〈海測局接收海關測繪業務案〉，《國防部史政編譯局》，檔案管理局藏，檔號：B5018230601/0018/107.3/3815.3。

〔註104〕「海軍部函宋子文」（1931 年 9 月 1 日），〈海測局接收海關測繪業務案〉，《國防部史政編譯局》，檔案管理局藏，檔號：B5018230601/0018/107.3/3815.3。

〔註105〕「海道測量局電海軍部」（1931 年 9 月 5 日），〈海測局接收海關測繪業務案〉，《國防部史政編譯局》，檔案管理局藏，檔號：B5018230601/0018/107.3/3815.3。

〔註106〕「海道測量局電海軍部」（1931 年 9 月 15 日），〈海測局接收海關測繪業務案〉，《國防部史政編譯局》，檔案管理局藏，檔號：B5018230601/0018/107.3/3815.3。

〔註107〕「宋子文函陳紹寬」（1931 年 9 月 16 日），〈海測局接收海關測繪業務案〉，《國

　　海軍方面接到此函後，一面由次長陳紹寬去函宋子文，重申交接區經緯度，以海軍部所開為準，至於淞澄經費年撥 80,000 元，似與事實不符，海測局所估之預算，以及詢問巡工司奚里滿所得資訊，實際開銷均為約 200,000 元上下，請財政部照此數撥付；〔註108〕另一面呈文行政院，說明海關應交接淞澄水道業務，起訖為吳淞口之頭椿至江陰之連城洲，長 140 海里，但海關將淞澄起迄，曲解為「淞」為「吳淞口」，「澄」為「江陰縣地」，將淞澄首尾兩端共截去 70 海里，因而該部請行政院飭令財政部，由財部令海關，仍依海軍所列地點交接。〔註109〕

　　10 月 22 日，行政院對此事作出裁定，同意海軍部所陳，海關須遵照海軍部意見來辦理交接。〔註110〕海測局得到此項命令後，再與海關巡工司接洽交接事宜，商定由雙方各自登報，對外通告淞澄測務自 11 月 1 日起由海道測量局接辦。至於移撥經費，財政部仍堅持原額，因而海測局只得請求海軍部編列預算，以補不足額。〔註111〕

三、複測長江水道

　　1929 年 4 月，長江水道漢澄段全線測畢，〔註112〕1930 年 3 月，海測局著手整理長江沿岸三角測量標誌，將先前所設石標改用六寸水門汀圓柱，再以四腳柱為基座，以備來日複測，先由慶雲艇負責江陰至南京段，青天艦擔負南京至蕪湖段。〔註113〕1930 年 11 月底，海測局準備接手海關淞澄測務，

〔註108〕「陳紹寬函宋子文」（1931 年 9 月 19 日），〈海測局接收海關測繪業務案〉，《國防部史政編譯局》，檔案管理局藏，檔號：B5018230601/0018/107.3/3815.3。

〔註109〕「海軍部呈行政院文」（1931 年 9 月 22 日），〈海測局接收海關測繪業務案〉，《國防部史政編譯局》，檔案管理局藏，檔號：B5018230601/0018/107.3/3815.3。海軍部，《海軍部成立三週年紀念特刊》（南京：海軍部，1932），頁 124。

〔註110〕「行政院指令第 4083 號」（1931 年 10 月 22 日），〈海測局接收海關測繪業務案〉，《國防部史政編譯局》，檔案管理局藏，檔號：B5018230601/0018/107.3/3815.3。

〔註111〕「海道測量局呈海軍部文」（1931 年 11 月 9 日），〈海測局接收海關測繪業務案〉，《國防部史政編譯局》，檔案管理局藏，檔號：B5018230601/0018/107.3/3815.3。

〔註112〕〈長江測量已竣工〉，《申報》，上海，1929 年 4 月 11 日，版 14。

〔註113〕〈專件：海軍部三月份之工作〉，《海軍期刊》，第 2 卷第 8 期（1930 年 3 月），頁 3。

向江南造船所租借滬大艦測量頭樁至通州一帶，青天艦任通州至江陰段測務，旋又改派景星、皦日兩船專測該段水道，〔註114〕至 1931 年 5 月止，吳淞至連成洲水道測畢，共製成「寶山至白茆沙」、「通州水道」、「狼山至龍潭港」與「龍潭港至連成洲」四圖，其中通州至龍潭港一段因水道變遷甚速，再測繪新圖，至於吳淞至長江出海口一段，海測局亦於 5 月間調遣甘露、景星與皦日三艦開測此區。〔註115〕海測局自 1931 年 11 月 1 日正式接辦海關淞澄測務，由皦日艦專任此段測量工作，每年於長江水漲後即開始複測，並刊發新圖，又於江水低落時再行複測，年中將淞澄水道複測兩次。〔註116〕1931 年秋季長江大水後，沿江堤岸沙灘均遭沖動，急需重測水道，由於蕪湖以上尚待江水退至 10 至 12 英尺方能施測，迨至該年冬季至 1932 年春季，海測局方才複測。〔註117〕

　　1932 年 6 月，江陰連成洲至蕪湖複測完畢。〔註118〕1933 年，海測局將長江水道劃分為六段進行複測：（一）連成洲至鎮江；（二）鎮江至南京；（三）南京至蕪湖；（四）蕪湖至安慶；（五）安慶至九江；（六）九江至漢口，而揚子江口至江陰連成洲已由皦日艦常川測量，故不劃入複測分段內，該年完成第一至第三段重測工作，另指派青天艦進行第四段測繪作業，〔註119〕1934 年完畢安慶至吉陽段，1935 年測竣第五段安慶至九江，〔註120〕1936 年始測九江至漢口段，〔註121〕並於 1937 年完成，至此漢澄水道全線複測竣工。〔註122〕

　　總計海道測量局自 1922 至 1937 年進行的長江測量工作，其成果可分兩方面來談，一是長江水道漢澄段，該段於 1922 年開測，1929 年測畢，而複測工作亦從 1929 年開始，並於 1937 年完成第二次測繪，甚至有些河段已有

〔註114〕海道測量局，《海軍部海道測量局民國二十年工作報告書》，頁 4b。
〔註115〕〈專件：海軍部五月份重要工作〉，《海軍期刊》，第 3 卷第 10 期（1931 年 6 月），頁 11～12。
〔註116〕海道測量局，《海軍部海道測量局民國二十一年工作報告書》，頁 3b～4a。
〔註117〕海軍部，《海軍部成立三週年紀念特刊》，頁 129。
〔註118〕海道測量局，《海軍部海道測量局民國二十一年工作報告書》，頁 4b。
〔註119〕海道測量局，《海軍部海道測量局民國二十二年報告書》，頁 31。
〔註120〕海道測量局，《海軍部海道測量局民國二十四年工作報告書》（上海：海道測量局，1935），頁 8。
〔註121〕海道測量局，《海軍部海道測量局民國二十五年工作報告書》（上海：海道測量局，1936），頁 10b～11a。
〔註122〕海軍總司令部，《海軍年報（民國二十七年）》，收入於殷夢霞、李強編，《國家圖書館藏民國軍事檔案文獻初編》第 7 冊，頁 129，總頁 262。

第三、四次複測；二是長江淞澄段測量，由於該段水道位於駛往長江中上游與入滬港要道，因而航運繁盛。另因東流江水與潮水在此交會，江中灘地時常變化，若非指派專艦常川測量，難以掌握最新水道狀況，因此海測局自 1931 年 11 月 1 日接管此淞澄測務後，指派曒日艦專測此處，時常更新水道圖，大致變化較不劇處一年更新一版，變遷較劇處則是一年更新二至三版，（參閱表 3-4），以增進輪船航行安全。例如，長江水道狼山至吳淞段毗鄰上海，乃為中外商輪航行孔道，但水文變化甚劇，其變遷之轉彎處短且曲，偶有不慎，便有擱淺之虞，故商輪於夜間駛抵該處時便先停航，待天明後才開航，其險可見一斑。但該處因海測局常川派艦測量之故，未聞事故發生。〔註 123〕

表 3-4　海道測量局出版淞澄段水道圖一覽表

圖　名	初版（年／月）	複測再版
寶山至白茆沙	1931 / 5	1931 年出第 2 版；1932 年 8 月 10 日第 3 版；1934 年 2 月 1 日第 4 版；1935 年 2 月 11 日第 5 版；1936 年 4 月 25 日第 6 版，並更圖名為「吳淞至白茆沙」，同年出第 7 版。
通州水道	1931 / 5	1931 年出第 2、3 版；1932 年第 4 版，8 月 20 日第 5 版；1933 年 1 月 20 日第 6 版，6 月 15 日第 7 版；1934 年 6 月 5 日第 8 版；1935 年 2 月 27 日第 9 版；1936 年 4 月 1 日第 10 版，並更圖名為「白茆沙至狼山」；1937 年 4 月 1 日第 11 版。
狼山至龍潭港	1931 / 5	1931 出第 2、3、4 版；1932 年 8 月 20 日第 5 版；1933 年 1 月第 6 版，7 月 18 日第 7 版，12 月 30 日第 8 版；1934 年 6 月 20 日第 9 版；1935 年 2 月 27 日第 10 版；1936 年 5 月 10 日第 11 版；1937 年 5 月 1 日第 12 版。
龍潭港至連成洲	1931 / 5	1932 年 12 月 15 日第 2 版；1933 年 12 月 30 日第 3 版；1936 年 6 月 10 日第 4 版；1937 年 5 月 10 日第 5 版。

資料來源：初版時間，參見〈海軍部五月份重要工作〉，《海軍期刊》，第 3 卷第 10 期（1931 年 6 月），頁 11～12。複測再版時間整理自本論文附錄：海道測量局繪製江海圖及其出版品目錄一覽表（1922～1937）。

〔註 123〕〈趙志游談整理水道〉，《申報》（上海），1934 年 5 月 18 日，第 7 版。海道測量局，《海軍部海道測量局民國二十年工作報告書》，頁 3～4。

第四節　沿海測量

　　自 19 世紀中葉以來，中國海圖泰半由英國海軍測量，共繪製 160 餘幅海圖，美、德、法與日四國所製海圖則以英圖為本，再略為修正。中國海圖由外人代測的缺點有三，一是英人所繪製的海圖區域，著重輪船航線必經之海域，而中國民船航路則未受其注重；〔註 124〕復次英人複測中國海域工作，時有中斷，使得航海者不得不使用過時海圖；再者，英人進行測量時較為簡略而未詳盡，海測局就其存有的 1840 至 1900 年英海軍測量記錄，經英國測量專家審視後，發現其測量採速測，宜用最新測量術重測全海岸線及其外邊島嶼。海關亦有相同看法，亦認為英海軍從未徹底測量部分海岸。〔註 125〕本節簡述海測局開辦之後，沿海測量實施情形，以及探討自製海圖的效益。

一、初期的進展

　　海測局在 1922 年擬定的沿海測量規劃中，預於 1936 年測畢全國海岸線與要港（參閱表 3-5），1923 年先從福建海壇開測。1923 年 9 月間，廈門太古輪船公司、廈門總商會與北郊黃建豐等號來函請求，希望該局先行測繪興化航線，正好該局定於 1923 至 1924 年測繪鄰近興化的海壇，因而接受此要求。但海測局購自英國的外海測量艦——甘露艦，1925 年初方才駛返國門，隨即派遣該艦勘查東沙島，以利建設氣象臺工程。4 月底竣事後，該艦才赴興化，在海壇至涵江之間設立測量標竿，並在橫山島與塔嶼設置水尺與測繪兩地岸堤線。〔註 126〕

　　1926 年，海測局續測興化灣水域，該灣面積總計為 1,800 平方里，灣內小島、礁石嶼海灣頗多，該區潮差達 27 至 28 尺，沿岸淤泥沒踝，漲潮時方能登陸，進行岸上作業，若碰上風浪大時，常停止工作，因而測務進度遲滯。涵江方面，因海測局計畫本年開浚，測量員便先搶測，此處已先行測竣。同年，海測局開測海州與灌河水道，該局決定測繪海州原因，在於當時隴海鐵

〔註 124〕海道測量局，《民國十二年海道測量報告書》頁 5～6。
〔註 125〕〈海關總稅務司通令第 3339 號〉，收入於海關總稅務署舊中國海關總稅務司通令選編編譯委員會編，《舊中國海關總稅務司通令選編（第二卷）》（北京：中國海關出版社，2003），頁 352。「海軍部密呈行政院文附件：駁覆海務巡工司呈關務署意見書」（1931 年 1 月 22 日），〈海道測量案（四）〉，《國防部史政編譯局》，檔案管理局藏，檔號：B5018230601/0012/940.1/3815。
〔註 126〕海道測量局，《民國十四年海道測量局報告書》，頁 9。

路已達海州的大浦，該處商業日漸繁盛，為中國自闢商口首要之地，同時海州也是產鹽區，運鹽船往來十二圩與海州一帶，因該口水道淺灘橫阻，無航行標誌又無精確海圖，船隻常發生擱淺，急需測製海圖。海測局派股長邵鍾先勘查該區，8 月抽調景星艇前去作業，但入冬後因東北季風強勁，測量船駛泊皆難，僅在老黃河口至青島口間與灌河口至陳家灣二段，布設三角測量標杆。〔註 127〕

　　1926 年，因受北伐戰事影響，興化與海洲兩地測務完全停頓。1927 年海測局曾四度派遣甘露艦赴興化測量，仍因興化一帶情勢不穩而未完成測繪；海州方面也是相同情形，夏季曾派景星艇前往測量，但受戰火影響而折回。不過，寧波一帶未受戰爭影響，1927 年 5 月海測局得以派出景星、慶雲兩艇測量杭州灣，10 月結束這項任務，總計此次測量杭州灣東南部暨甬江水域面積為 650 平方哩，歷時 160 日竣工，平均每日測量 4 平方哩。11 月，再調景星艇測量漁山至韮山段海岸（包含三門灣與石浦）。〔註 128〕

表 3-5　海道測量局沿海測量計畫（1922 擬）

年　分	沿海測繪計畫
1923	測繪海壇岸線
1924	1. 劃定海壇三角總線與岸線標準
	2. 複測珠江
1925	1. 海壇段測繪完成
	2. 劃定海州三角總線與岸線
1926	1. 珠江測繪完畢
	2. 劃定海南三角總線與岸線
1927	1. 海州測繪工作完成
	2. 測量海州至余山海岸線、汕頭港、閩江出海口至羅星塔與北直隸海灣

〔註 127〕　海道測量局，《民國十五年海道測量局報告書》（上海：海道測量局，1926），頁 2～3。
〔註 128〕　〈專件：海道測量局民國十六年進行之事蹟〉，《海軍期刊》，第 1 卷第 5 期（1928 年 9 月），頁 32。「海軍部密呈行政院文附件：駁覆海務巡工司呈關務署意見書」（1931 年 1 月 22 日），〈海道測量案（四）〉，《國防部史政編譯局》，檔案管理局藏，檔號：B5018230601/0012/940.1/3815。

1928	1. 完成海南、海州至余山岸線、閩江與北直隸海灣測量。
	2. 開始測繪自江蘇茶山島至閩江海岸線
1929	測廈門口、溫州口、北直隸海股、遼東港道與甬江近港
1930～1931	1930 年溫州測竣，1930 至 1931 續測茶山島至閩江海岸線、廈門近港、北直隸海灣與遼東港道
1932～1936	1932 至 1936 年內，全國海岸線與各要港測繪完成

說明：測繪三角總線是屬於測量工作中的第一步——控制測量，測繪岸線則是第二個步驟。

資料來源：海道測量局，《民國十二年海道測量局報告書》（上海：海道測量局，1923），頁 6～7。

迨至南京國民政府時期，海測局自 1928 年 7 月起，派甘露艦赴浙江象山至溫州一帶海面，從事為期 11 個月的測量工作，期間除設置 128 處的三角標點外，另測繪沿海與島嶼山形 206 平方英里，陸地與島嶼海岸線 200 英里，錘測 7,000 個海深點，觀測 6 個月潮汐，探得未發現礁石 50 處。1929 年 1 至 3 月，海測局在趕測長江之餘，另派測量隊至石浦，測繪山形與岸線、測深，〔註 129〕石浦及其附近水道後於年底測畢；〔註 130〕另一方面，該局將本年測繪重點置於象山至溫州，並接續上年（1928）工作，另新測三山灣與呂浦港兩處。〔註 131〕

二、測量閩浙沿海

1930 年春季，海測局更改沿海測量計畫，先著重浙江、福建兩省海灣與水道、海南島與廣東珠江等地測量。〔註 132〕本年新開測之處有台州與溫州兩地，由於台州是島嶼夾峙的形勢，較海門港更適合輪船避風；溫州位居輪船

〔註 129〕 〈專件：海道測量局十八年一月至三月間長江石浦兩測量隊工作概況〉，《海軍期刊》，第 1 卷第 10 期（1929 年 4 月），頁 13～14。

〔註 130〕 陳紹寬，〈特載：一年來海軍工作之實紀及訓政時期之規劃〉，《海軍期刊》，第 2 卷第 5 期（1929 年 12 月），頁 16。

〔註 131〕 〈海軍署兩個月以來之工作〉，《海軍期刊》，第 1 卷第 8 期（1929 年 2 月），頁 20～21。

〔註 132〕 本年更定的沿海測量計畫，預計測繪水域：（一）在浙江方面，三門灣至乍浦、台州灣並海門、韭山列島至溫州及甌江；（二）閩浙之交界方面，甌江至三都澳；（三）福建方面，三都澳及其附近、海壇海峽、興化水道、湄州水道、泉州；（四）廣東方面，珠江至廣州；（五）海南海峽與海南島，見〈專件：海軍部三月份之工作〉《海軍期刊》，第 2 卷第 8 期（1930 年 3 月），頁 3。

往來必經之地，其入口航線有二，一由小門港經磐石，由甌江北口至溫州城，但因港內泥沙淤積，水深不及 10 尺，另一從大門港入溫州，該航道水深較深，輪船多由此進出溫州，但航路較為曲折，若無精密海圖較易失事，因而海測局認為兩地亟待繪製海圖。

1930 年 9 月中旬，海測局派員出測台州，因甘露艦正維修中而無法開航，另租用滬大輪以供急用。甘露艦長劉德浦率官兵共 43 員於 17 日出發，19 日晚抵石浦口，20 日於抬頭山設置水尺，並派人駐該處驗潮汐。21 日早駛往海門，到達風尾地方，預備下錨時，忽見岸上海盜五、六百人乘船而來，並向滬大輪開槍射擊，所幸該船早有警備，一面開砲還擊，一面折回三門灣，方才化險為夷。冬季另開測溫州及甌江附近，由甘露、景星兩艦艇先後前往，合力三角測量，旋因景星艇別有任務而他調，僅留甘露艦獨自作業。〔註 133〕

1931 年夏季，海測局派隊前往乍浦測量，此項工作係為建設委員會於上年提請，因該會預將乍浦闢為東方大港，商請該局先行測繪乍浦。〔註 134〕海測局於去年 10 月中旬先派測量課課長謝為良視察東方大港港址，由於該處沙灘廣闊，潮漲灘沒，潮落灘現，大船不易測量水淺之處，又海中多礁石而不易碇泊，謝氏建議測量作業使用小汽艇為佳，一來可從上海經內河駛往乍浦，省去運艇之勞，二來潮落時可駛上沙灘，潮沒可擱置於灘上。〔註 135〕本年海測局測量乍浦的方式，大體上是依謝氏建議，5 月初派上尉劉學樞率隊執行此項任務，並由甘露艦運送汽艇至乍浦。因測量員以小艇實行任務，無法宿於測量艦上，只能寄宿於岸上，每日出測時須帶足乾糧，夜間再駛回岸上，朝暮間的往返需費三至四小時，頗為勞苦。乍浦一地晴少雨多，5 至 6 月間除去雨天無法施測外，測量隊工作日數僅 24 日，但在全體官兵搶測下，6 月底完成此項工作。〔註 136〕接續上年測量工作方面，甘露艦自去年冬季測量溫州，至本年 4 月底為止，共測竣三角點 32 處，岸線 186 海里，錘測縱橫線 520 海里，並安設水尺 2 處。5 月開始甘露艦返滬添加設備，旋又支援皦日艦測量長江口，

〔註 133〕海道測量局，《海軍部海道測量局民國二十年工作報告書》，頁 5b～6a。〈九月份海軍部之工作〉，《海軍期刊》，第 3 卷第 2 期（1930 年 10 月），頁 7。

〔註 134〕「建設委員會咨海軍部」（1930 年 4 月 4 日），〈東方大港籌測案〉，《國防部史政編譯局》，檔案管理局藏，檔號：B5018230601/0019/940.1/5090。

〔註 135〕「海道測量局呈海軍部文」（1930 年 10 月 17 日），〈東方大港籌測案〉，《國防部史政編譯局》，檔案管理局藏，檔號：B5018230601/0019/940.1/5090。

〔註 136〕海道測量局，《海軍部海道測量局民國二十年工作報告書》，頁 5b。

9 月間才與慶雲艇轉赴溫州續測，10 月完成。溫州測竣後，甘露艦緊接著再續測台州，並於 11 月底竣工。〔註 137〕

　　1932 年的測量成果主要有三，一是測畢百勞港及其附近，由於該港水深而水流又不急，颱風季節可供輪船碇泊避風，鄰近的太北列島，冬天東北季風強盛時，亦適於船隻避風，該區自上年冬季開測，本年 6 月完竣；二是測量甌江口至溫州口岸間，該段水道長 20 餘里，係屬通航要道，輪船往來頻繁，但因江內泥沙淤積又時有變遷，須精測後方能保障航行安全，該區測務於 1 月底完成；三是開測閩省羅源灣，該灣位於三都澳之南，為輪船避颱風之港，但因入口處潮流湍急，灣內又淤泥堵塞，急需測繪並加以疏濬，頗利航商，因而海測局自 4 月始開測至年底測畢。〔註 138〕

　　1933 年，測量浙江沿海方面，向由甘露艦負責外海區，景星艇則任港灣測繪作業，自 1 月 5 日起景星艇測量海門水道（台州灣至椒江一帶），5 月底測畢，而甘露艦自年初起即在樂清灣的坎門作業。嗣因景星艇測畢海門，另有他調而未能支援樂清灣測務，海測局抽調該艇官兵，另組「浙洋測量隊」，協助甘露艦，由中校葉裕和任隊長，並暫撥長風艇予以使用。6 月，葉氏率隊員，從海門前往樂清灣，該灣於年底測畢。〔註 139〕閩省方面，因近年來修濬閩江工程局已著手挖濬工程，閩江航道頗有變遷，因而海測局決定開測此處，組建「閩江測量隊」專責此項工作，由甫升任測量課課長的陳嘉樑兼任隊長。該局將閩江分成四段來測量：（一）馬祖澳至長門金牌；（二）川石至馬尾；（三）馬尾至南台；（四）閩江支流。3 月 10 日陳嘉樑率隊赴閩，先行訂購標桿，雇用舢舨，4 月先開測川石至馬尾段，陳氏後因病請假，隊長一職改由陳甡歡代理。7 月，海軍部派慶雲艇協助，該段測務將要竣工時，適逢「閩變」發生，便於 11 月 18 日停止工作。〔註 140〕

　　1934 年的沿海測量進展有三方面，一是閩變落幕後，2 月海測局復派艦艇重啟閩江測量工作，完成馬祖澳至馬尾段測量；二是 11 月擬定開測長江口東

〔註 137〕海道測量局，《海軍部海道測量局民國二十年工作報告書》，頁 5b～6a。

〔註 138〕〈專件：海軍部二月份之工作〉，《海軍期刊》，第 4 卷第 7 期（1932 年 2 月），頁 10～11。海道測量局，《海軍部海道測量局民國二十一年報告書》，頁 1～3。

〔註 139〕海道測量局，《海軍部海道測量局民國二十二年報告書》，頁 22a、33～34。〈專件：海軍部二十三年一月份重要工作概況〉，《海軍雜誌》，第 6 卷第 6 期（1934 年 2 月），頁 10。

〔註 140〕海道測量局，《海軍部海道測量局民國二十二年報告書》，頁 22b、35～36。

至海州灣口岸計畫；三是應上海航業公會所請，自 12 月起派甘露艦測繪泉州。1935 年的工作則是接續閩江、海州與泉州測務，5 月底閩江支流一段測繪完畢。8 月，海測局組織「海州測量隊」，從啟東海豐鎮向北測繪沿岸岸線 23 浬與沿海淺沙，並設置標架，因海州一帶海上既無島嶼，陸上又為平原，鮮有高顯目標可供觀測，該局購備 100 尺鋼管標架，由測量員自行架設；泉州方面則由甘露、慶雲兩艦艇合力續測。〔註 141〕

1936 年，海測局賡續上年泉州與海州測務。泉州部分，去年已大致測畢，因該處水道異常險阻，淺灘與暗礁廣布，海測局為求軍艦與商船航安，再派艦複測以免遺漏，後於 4 月告終；海州方面，測繪啟東縣屬至如皋縣屬海岸岸線與水深，並在呂四、范公堤、九門閘、上東林與環港等處設大標架，以及觀測標點。本年新開測之區有三處—黃河口、龍口附近與珠江水道。黃河水利委員會於 6 月商請海測局測量黃河口深度，該局指派甘露艦護送誠勝艇前去勘查，測量員發現河口泥沙淤塞，沿海岸地勢頗低，幾乎無法區別海陸而難於施測，其解決方法，乃是雇用大小民船數艘，組測量隊駐紮於民船上，循小清河口向北測量，誠勝艇則負責接濟與保護工作，11 月初旬誠勝艇駛往煙臺避凍，因而測量隊停止作業。另一方面，海軍部於 5 月 22 日令海測局探測龍口附近暗礁，適逢甘露艦護送誠勝艇北上，令該艦順道執行此項任務，後探得暗礁 5 處，並測驗該處附近水深與潮汐。珠江測務方面，因黃埔開埠督辦公署預計疏濬珠江水道伶仃島至獅子洋段，商請海測局測量該處，以利其工程，該局擬具測量計畫，備妥特製汽艇與儀器，11 月指派公勝艇南下測繪。〔註 142〕

1937 年的上半年間，公勝艇續測珠江，甘露艦入船塢維修，修理完畢即前往鳳尾島與斗門山測量，誠勝艇在龍口附近施測，海州測量隊則在東台進行岸上工作，〔註 143〕但自七七事變發生後，海測局沿海測量工作便宣告中止，總計該局成立以來，自行測繪的海圖計有 16 幅（參閱表 3-6），測繪區域集中於浙江、閩省海域。

〔註 141〕海軍部，《海軍部成立六週年紀念特刊》，頁 183。海道測量局，《海軍部海道測量局民國二十四年工作報告書》，頁 10～12。
〔註 142〕海道測量局，《海軍部海道測量局民國二十五年工作報告書》，頁 9～11。
〔註 143〕〈海測局派艦錘測航路〉，《申報》，上海，1937 年 2 月 21 日，版 14。海軍總司令部，《海軍年報（民國二十七年）》，收入於殷夢霞、李強編，《國家圖書館藏民國軍事檔案文獻初編》第 7 冊，頁 129，總頁 261。

　　值得一提的是，測量沿海艱辛之處，在於補給困難。一般進行測量時，常編制一艘補給船，隨測量隊行動。海測局無額外經費設置補給船，測量員執行測量任務時，每遇補給需要，不願虛耗時間，折回大口岸採辦給養品，而選擇就近上岸採買，甚至為補充淡水，常冒險登岸並深入內地數里，以桶運水至海岸處，方可飲水。若在治安不佳的海岸，此種補給方式有相當風險。〔註 144〕另一方面，該局測量隊赴外出測，有時須進入盜匪的勢力範圍，常有生命危險之虞，諸如浙江三門灣、福建興化灣等處，盜匪勢盛，若有闖入者，恆遭毀屍滅跡。至賊仔澳施測時，當地匪徒曾俘虜測量員。但測量員完成工作的意志，不會被這些風險動搖，反而盡力達成使命。例如，在浙江大坑山設立測量標，全隊武裝前進，致使當地匪首感動，佩服其英勇，而設宴款待。〔註 145〕

表 3-6　海道測量局繪製沿海海圖

地　　區	圖　　號	圖　　名	初版時間
浙江	第 501 號	甬江分圖由海至寧波	19280701
浙江	第 1001 號	杭州灣東南部暨甬江附近	19281101
浙江	第 498 號	石浦港石浦口岸林門港道	19301201
浙江	第 490 號	甌江附近	19310000
浙江	第 990 號	三門灣及石浦港	19310415
浙江	第 495 號	台州列島及其附近台州列島碇泊圖	19320410
浙江	第 1120 號	魚山列島至韭山列島	19320610
浙江	第 491 號	甌江由江口至溫州口岸	19320704
浙江	第 489 號	東瓜嶼至三盤門暨黑牛灣（百勞港）	19330701
浙江	第 496 號	台州灣暨椒江海門口岸	19331001
浙江	第 492 號	樂清灣及其附近暨坎門港	19340801
福建	第 980 號	閩江口附近	19341101
福建	第 471 號	福州口岸馬尾至南台	19350215
福建	第 460 號	廈門口岸內港圖	19350520
福建	第 472 號	閩江馬尾至陽岐	19351101

〔註 144〕唐潤英譯，〈中國海道測量工作之猛進（譯自三月十五日及三月十八日字林西報）〉，《海軍雜誌》第 7 卷第 11 期（1935 年 6 月），頁 5。

〔註 145〕王希哲，〈測政溯源〉，《海軍海道測量局建局三十八週年紀念特刊》（左營：海道測量局，1960），頁 14。

福建	第 975 號	泉州灣附近及其附近暨晉江口岸	19370115
福建	第 470 號	閩江由海至羅星塔碇泊處	
總計：浙江區域 11 幅，福建區域 6 幅，共 17 幅海圖。扣除第 471 號為閩江工程委員會測量，海測局自行繪製者共 16 幅。			

資料來源：整理自本文章附錄。

備註：海圖第 490 號「甌江附近」1935 年 7 月 1 日第 2 版；海圖第 505 號「揚子江口南港由海至吳淞」1935 年 2 月 1 日第 2 版；海圖第 1011 號「揚子江口附近白節山至佘山」1935 年 3 月 24 日第 2 版；海圖第 471 號「福州口岸馬尾至南台」由閩江工程委員會測量；海圖第 470 號「閩江由海至羅星塔碇泊處」，1933 年第 3 版，1934 年 11 月 1 日第 4 版，圖名改為「福州口岸金牌門至馬尾」，至於第一、二版時間目前暫無資料可考，故初版時間以「——」標示。

三、海測局的測量效益

　　海測局開辦後稍能改善外人代測缺點，1920 年代所使用的興化海圖，係英海軍於 1886 年所繪製，圖中所繪海岸線有誤處頗多，又港道已有變化卻未更新，因而如前所述，1924 年太古輪船公司、廈門總商會與北郊黃建豐等號，曾商請海測局儘速測量此處。[註 146] 海測局開辦後則著重測繪中國民船所經航路，1930 年制定測量計畫時，自浙江為起點，依序向南測繪至廣州，尤以閩浙海域為重點區，[註 147] 從表 3-7 來看，閩浙海域的航線幾乎全是華籍輪船在此區行駛。海測局著重測繪閩浙沿海，頗能增進中國船隻航安，以滬泉航路而言，船至泉州外港時須從四個暗礁中穿航，方能駛抵內港，但這些暗礁處又無設置航行標誌，歷年觸礁船隻不下十艘，航商與保險界受商船失事而損失金額已達數百萬，1934 年上海市航業公會商請海測局測繪泉州灣。1936 年 4 月海測局測竣該處，另規劃駛入內港的新航路。舊線原從港心礁與三藏礁間穿過，此航道寬約近 100 公尺，最危險的港心礁於漲潮時沒入水中 6.3 公尺，潮落時離水約 0.3 公尺，至於三藏礁則在潮退時離水面僅有 1.3 公尺，行船若有不慎，極易遇險；而該局新規劃航路則從小墜島與大墜島間駛過，此航道寬約 200～233 公尺，水深甚深，在最淺處滿潮時約有 9.1 公尺，潮落時有 4.5 公尺，即使是吃水極深的船，半潮時亦可安全通過。經航商請海關設立航行標示後，1937 年 3 月長奉輪成功試航此新航線，航商與保險行對此非常滿意。[註 148]

〔註 146〕 海道測量局，《民國十四年海道測量局報告書》，頁 9。

〔註 147〕 〈本部三月份工作概況〉，《海軍公報》，第 10 期（1930 年），頁 253。

〔註 148〕 海道測量局，《海軍部海道測量局民國二十四年工作報告書》（上海：海道測量局，1935），頁 11a。〈泉州老航道廢棄，新航路已測竣〉，《申報》，上海，

表 3-7　滬粵間沿海航線由華籍輪船佔優勢航段

航　　線	航線起訖	中外輪船比（中：外）
滬甬	上海經鎮海至寧波	4:1
滬甌	上海至溫州	2:0
滬閩	上海直達福州	4:0
滬廈	上海經福州至廈門	2:0
滬台	上海經定海、穿石、石浦等處至浙江台州	6:0
滬瑞平	上海經楚門、樂清與沙埕等處，至瑞安平陽	5:0
滬興泉	上海經興化至泉州	5:0
甬定象台甌	寧波至定海、象山、台州、溫州	16:0
甌泉汕港粵沿海及南北洋長江段	溫州至泉州、汕頭、香港、廣州及鄰近海岸、北洋與長江	35:0

資料來源：〈調查：二十四年我國各航線中外輪船行駛概況〉，《航業月刊》，第 3 卷第 12 期（1936 年），頁 11～19。

第五節　維護領海權及發行海事刊物

　　1923 年 3 月，海測局對外發布宣言，提及一國在其領土實施管轄，即是領土主權，而領水亦同，若不知自身領界，管轄無從著手。民國以來，中國不自行測繪，領海界線無從明定，只得任憑外人自由論斷。海軍當局有鑑於此，乃設立海測局，命該局測繪領海圖，俾能收回主權。〔註149〕由此可知，海測局尚有維護領海權的使命。本節除了簡述海測局維護領海權的作為之外，另探討該局的海事出版品。

一、維護領海權

（一）繪製領海圖

　　海測局成立最初使命是測繪領海界線。1921 年 11 月 23 日，海界委員會進行第十次會議，許繼祥在會中提出測量海界的經費概算，依許氏籌畫，若派兩艘淺水軍艦，指派有測量經驗的軍官專責此事，約兩年即可完成，測量與製

1936 年 12 月 11 日，版 10。〈滬泉間新航線試航成功〉，《申報》，上海，1937 年 3 月 19 日，版 14。

〔註149〕〈海道測量局之宣言〉，《申報》，上海，1923 年 3 月 2 日，版 13。

圖費用估計為 300,000 元。〔註150〕但負責執行的海軍總司令部向該委員會反應：該司令部無額外經費可支應，希望能以關餘充作工作經費，借調海關巡工司的洋員協同辦理。對此，海界委員會同意協助解決，〔註151〕1922 年 1 月經海軍部與稅務處協調，領海測繪工作由海測局與海關巡工司共同辦理，經費則由海關支付。〔註152〕

　　海測局執行領海劃界，劃界方法是依循海界委員會所議決方式。領海範圍須從沿岸潮落最低處作為起點，向外延伸三英里，因此這項工作須實測後方能完成。實測時，海測局以舊圖為基礎，如遇岸線與沙線變化較鉅處，再仔細地復測。〔註153〕這項工作歷時約一年，1923 年 3 月間完成，共成圖 11 幅、海界說略 1 件。〔註154〕海測局將領海圖呈交中央，國務院將此案備案存查。〔註155〕不過，海軍部內的軍事科認為，海測局未劃出各租界地界線，這是最重要的工作，也是當初海測局成立的動機之一。〔註156〕於是，海測局隨即進行補救，另將日屬朝鮮、法屬安南與各國在中國租借地的交界，標示於圖中，領海圖經重新修正後增為 14 幅，加上原有海界說略 1 件，領海圖及說明共 15 件。〔註157〕

　　北京政府時期，由於中央政府未明定中國領海範圍，因而此圖並未公布，僅備案存查。南京國民政府時期，1931 年 6 月 24 日公布《中華民國領海範圍定為三海里令》，明定領海範圍為三海里，緝私範圍為十二海里。〔註158〕自此

〔註150〕「海界委員會第十次會議紀錄」（1921 年 11 月 23 日），〈海界討論〉，《北洋政府外交部檔案》，中研院近史所檔案館藏，檔號：03-06-063-02-015。

〔註151〕「海界委員會第十一次會議紀錄」（1921 年 11 月 29 日），〈海界討論〉，《北洋政府外交部檔案》，中研院近史所檔案館藏，檔號：03-06-063-02-015。

〔註152〕「海界委員會第十四次會議紀錄」（1922 年 1 月 21 日），〈日船越界捕魚案〉，《北洋外交部檔案》，中研院近史所檔案館藏，檔號：03-33-075-01-014。

〔註153〕「海軍部呈大總統文」（1924 年 3 月 5 日），〈領海界線劃定案（二）〉，《國防部史政編譯局》，檔案管理局藏，檔號：B5018230601/0010/621/8138。

〔註154〕「海道測量局呈文」（1923 年 3 月 14 日），〈領海界線劃定案（二）〉，《國防部史政編譯局》，檔案管理局藏，檔號：B5018230601/0010/621/8138。

〔註155〕「國務院公函」（1923 年 3 月 14 日），〈領海界線劃定案（二）〉，《國防部史政編譯局》，檔案管理局藏，檔號：B5018230601/0010/621/8138。

〔註156〕「軍事科呈文」，〈領海界線劃定案（二）〉，《國防部史政編譯局》，檔案管理局藏，檔號：B5018230601/0010/621/8138。

〔註157〕「海道測量局呈海軍部文」（1923 年 6 月 6 日），〈領海界線劃定案（二）〉，《國防部史政編譯局》，檔案管理局藏，檔號：B5018230601/0010/621/8138。

〔註158〕陳冠任，《萌動、遞嬗與突破：中華民國漁權發展史（1912～1982）》（臺北：

之後，海測局於 1923 年完成的領海圖即可派上用場。1932 年，行政院訓令海軍部將該局原先繪製的領海圖印製 200 份，但該部認為原圖中與他國領海或是租借地的界線，僅由中國單方面劃定，並考量中國與英、法、日三國尚未達成領海界線劃界共識，不便將領海圖對外宣告，故而僅將領海圖印行 20 份送交行政院備案。〔註 159〕

海測局繪製的領海圖，可謂晚清以來中國第一份經實測後的領海圖。清末時軍諮處為繪製地圖，預於圖中標上中國東南部領海界線，曾詢問外務部有無領海圖可供參考，外務部卻回覆：「本部所存中國東南部輿圖並未明定領海界線，無從檢送」。〔註 160〕民國成立後，若中國已有領海圖，那麼海軍部則毋須請設海界討論會討論領海劃界事宜，因此可判斷至海測局成立前中國從未有過領海圖。

（二）禁止他國擅測

海測局成立之初，透過外交部照會各國駐華公使，禁止外人私測中國領海。〔註 161〕1923 年，英國海軍鑒於近來輪船噸位增大，香港以西舊海圖已不適用，擬重測此海域，惟需借用中國所屬群島，設立測量標柱以利作業，經英公使麻克類（James Ronald Macleay）向中國詢問借用事宜，海軍部接獲此事後交由許繼祥研擬，由其負責與英方接洽。許氏以英方測量計畫係為增進航安，應予以准許，惟英人此次測量區域包含中國領土與領海，為維護主權起見，海測局須派兩名軍官隨英艦測量，作為中國測政代表。英海軍於 1924 年 11 月正式開測香港以西海域之時，即依許氏所擬辦法，由海測局派員隨艦。至此，中英雙方形成慣例，英海軍在 1924 至 1931 年期間續測香港以西海域時，即依 1923 年的處理方式行事（參閱表 3-8）。

除了英國尊重中國的測量主權之外，美國與法國亦有相同舉動。1923 年，美商大來洋行曾請美國駐華公使舒爾曼（Jacob Gould Schurman）代其詢問中國政府，可否自行測量長江水道，中國政府則回覆，國內已設有海道測量局，該

國立政治大學歷史學系，2013），頁 57。

〔註 159〕海軍部，《海軍部成立三週年紀念特刊》，頁 137。

〔註 160〕「本部並無領海界線圖無從檢送由」（1911 年 1 月 7 日），〈中俄新疆界務〉，《外務部檔案》，中研院近史所檔案館藏，檔號：02-10-018-03-017。

〔註 161〕全國海岸巡防處校刊，《海界委員會會議筆錄》（上海：全國海岸巡防處，出版時間不詳），頁 124。此會議筆錄見於「海界委員會會議筆錄」，〈日船越界捕魚案〉，《北洋政府外交部》，中研院近史所檔案館藏，檔號：03-33-075-01-014。

局正在進行長江測量，以此否決美商請求。〔註162〕法國公使瑪德（Damien de Martel）曾在 1926 年建議海測局先行測繪瓊州海峽。〔註163〕此處值得注意的是，美、法兩國遇有測量中國領水的活動，仍可採取晚清時期的作法──逕自測量，兩國卻是事先向海測局接洽，適可證明各國逐漸尊重中國的測量主權。

　　海測局禁止他國擅測，何以奏效又能維護中國主權？如前所述，19 世紀中葉以來，外國擅測中國海域的「正當」理由，乃是中國無力製圖，可供中外使用，即使國際慣例是不得擅測他國領海，但各國為航安起見，代中國測製海圖。海測局開辦，標誌著中國擁有自己的測量機構，並由該局負責測量、製圖，該局的成立正是以釜底抽薪方式，杜絕他國擅測中國海域的藉口。中國透過自立的海道測量機構，維護測量主權，並不是東亞國家首度成功的案例，日本早於 1880 年代以相同模式完成這個目標。日本進行沿海測量始於 1870 年，當年英國海軍派遣賽比亞測量艦（HMS Sylvia）會同日本海軍軍官，共同勘測日本南部各口岸，並助其訓練測量人才。另一方面，各國在 1870 年代間開始擅測日本沿海，直至 1882 年日本創立測量機構──水路部，並宣告各國停止擅測後，才收回測量主權。〔註164〕

表 3-8　海測局派任視察英艦測量軍官

年　　份	英人測量工作時間	中國視察軍官
1924	11 月間	陳嘉樑
1925	10/24～10/30	陳嘉樑
1929	10/22～11/30	葉裕和
1930	10/20～11/27	葉可松
1931	10/17～12/05	陳紹弓

資料來源：「海道測量局呈報海軍部文」（1924 年 10 月 17 日），〈海道測量案（二）〉，
　　　　　《國防部史政編譯局》，檔案管理局藏，檔號：B5018230601/0012/940.1/3815。
　　　　　海道測量局，《民國十四年海道測量局報告書》，頁 7～8。「海道測量局呈

〔註162〕　〈美商請測長江水道之不准，海軍測量局已在測量〉，《申報》，上海，1923 年 11 月 23 日，版 13。
〔註163〕　《海軍大事記》，收入於殷夢霞、李強編，《國家圖書館藏民國軍事檔案文獻初編》第 12 冊（北京：國家圖書館出版社，2009），頁 43，總頁 83。
〔註164〕　海道測量局編，《考察日本海道測量委員報告書》（上海：海道測量局，1926），頁 18。見於〈劉德浦赴歐美考察海道測繪案〉，《國防部史政編譯局》，國家發展委員會檔案管理局藏，檔號：B5018230601/0014/411.1/7210。

文」（1930 年 2 月 7 日）、「海道測量局呈文」（1930 年 12 月 11 日）、「海道測量局呈文」（海軍部 1932 年 1 月 6 日收文）、〈視察英艦測量香港案〉，《國防部史政編譯局》，檔案管理局藏，檔號：B5018230601/0018/940.7/3621。

二、發行海事刊物

（一）航船布告

航船布告是通報水道變遷情形的文件，中國最初由海關負責此項工作，各口海關若發現暗礁、沙漲、沉船或有礙航行之事故，就近布告週知。1930 年，海道測量局鑒於各國通例，該項事務均歸該國海測局辦理，函令各口海關，嗣後航船布告一律送該局檢定，再由其布告，以一事權。〔註 165〕海測局將航船布告區分為六區（參閱表 3-9），俾使通告上所指涉地點不易混淆，1930 年 1 月開始刊行，〔註 166〕布告內容亦刊登於《交通公報》，該局又為使航船布告普及，凡來函索取者皆免費寄閱。〔註 167〕

表 3-9 海道測量局航船布告區劃分

區　域	起　訖
南海岸區	自與法屬安南交界起至厓門及廣東之西江口
東南海岸區	自厓門及廣東之西江口起至福建平海
東海岸區	自福建平海至江蘇海門嘴
東北海岸區	自江蘇海門嘴至山東角
北海岸區	自山東角起至與高麗交界，含渤海灣與遼東灣
揚子江	長江水道

資料來源：海軍總司令部，《海軍年報（民國二十七年）》，收入於殷夢霞、李強編，《國家圖書館藏民國軍事檔案文獻初編》第 7 冊（北京：國家圖書館出版社，2009），頁 169，總頁 301。

〔註 165〕海道測量局，《民國十五年海道測量局報告書》，頁 15。〈航海布告權劃歸海道測量局〉，《山東建設月刊》，第 1 卷第 2 期（1931 年），頁 70。
〔註 166〕〈專件：二十年一月份海軍部之工作〉，《海軍期刊》，第 3 卷第 6 期（1931年 2 月），頁 6～7。海軍總司令部，《海軍年報（民國二十七年）》，收入於殷夢霞、李強編，《國家圖書館藏民國軍事檔案文獻初編》第 7 冊，頁 169，總頁 301。
〔註 167〕〈海軍部海道測量局航船布告第 1 號〉，《交通公報》，第 633 號（1935 年），頁 133。

海測局發布的航海布告，其內容有發見新礁石、水深更正、沉船相關資訊與助航標誌及設備之變動等事項，上述這些變化透過布告方式來修正海圖，此手續稱為「海圖改正」。〔註 168〕例如，1934 年 8 月 25 日所發的第 115 號布告，通報慶雲測量艇於閩江金牌門附近發現新礁石（命名為「李石」約位於東經 119°34'北緯 26°8'），並請航海者在海軍部水道圖第 470 號上載入此礁石名稱及其深度。〔註 169〕通告沉船資訊方面，1933 年 10 月 13 日第 122 號布告，慶雲測量艇於長江水道湖口處（東經 116°14'北緯 29°45'）發現沉船，該船在江水平面位於測深基準面上 8 英尺以內即會露出水面，應在第 169 號水道圖上該處以露出水面沉船符號載入圖內；〔註 170〕1934 年 10 月 4 日第 133 號布告，上海港務長通報黃浦江第七段內的肇興號沉船已拆除，海測局便公告第 509 號水道圖上該處沉船符號應予以刪去。〔註 171〕至於助行設備之更動亦是即時公告的重要事項，1937 年 1 月 25 日第 31 號布告，江漢關巡江事務處已移動安慶至九江段上的張家洲漲水燈樁，新位置即位於第 163 號水道圖東經 116°8'北緯 29°50'之處。〔註 172〕此外，海測局為能立即修正水道圖，若航海者發現新航行障礙、航路標誌邊動或損壞，歡迎告知，以便立即公布周知。〔註 173〕由此可知，已出版水道圖或海圖若要維持其準確性，須依賴航船布告作更新。

（二）潮汐表與燈塔表

海水上下漲落曰「潮汐」，若能掌握此項數據，有利於諸多事務，例如航海者方能制定航程；軍事家可推算武器射程，戰時軍艦方能布置水雷與魚雷；工程師設立水上助航航設備或是建築海堤時，不至於漏算潮汐，致使漲潮時建物遭淹沒；經濟方面，鹽場製鹽與漁民出海捕魚亦須知潮汐，方能著

〔註 168〕 吳寅譯，〈海圖之修正與應用〉，《海軍雜誌》，第 5 卷第 5 期（1933 年），頁 29～30。

〔註 169〕 〈海軍部海道測量局航船布告第 115 號〉，《交通公報》，第 598 號（1934 年），頁 41。

〔註 170〕 〈海軍部海道測量局航船布告第 122 號〉，《交通公報》，第 504 號（1933 年），頁 18。

〔註 171〕 〈海軍部海道測量局航船布告第 133 號〉，《交通公報》，第 611 號（1934 年），頁 24。

〔註 172〕 〈海軍部海道測量局航船布告第 31 號〉，《交通公報》，第 848 號（1937 年），頁 12。

〔註 173〕 〈海軍部海道測量局航船布告第 2 號〉，《交通公報》，第 633 號（1935 年），頁 133。

手工作。〔註174〕中國編纂潮汐表源於海關，1922年起，上海海關逐年編纂《長江口潮汐表》。1928年開始，海道測局才接手此項業務，最初僅出版綠華山與吳淞兩地潮汐表，1930年增石浦，1933年又添青島一處。〔註175〕

潮汐須設驗潮所記錄資料，1930年代中國各重要港埠多已設置，或由海測局管轄，或由海關及港務局派人測驗，未由該局直轄者則定期派員巡視並匯集其記錄。除了永久驗潮所外，測量隊所測之處亦會設置臨時驗潮所，以取得該區域潮信資料。當時所用儀器有三種，分別為：（一）木製或鐵製水尺，但須雇人看守與紀錄；（二）水壓自動驗潮器，透過水壓測得深度；（三）水平自動驗潮器，可自動記載水平面升降，其中重要口岸大半使用自動驗測儀器，〔註176〕測量隊出測某地時則是設立水尺再派人驗測。〔註177〕海測局取得各處紀錄後，先以數學「調和解析法」取得常數後，再編成綠華山、吳淞、石浦與青島等地潮汐表。〔註178〕海測局於1928至1937年期間皆有刊行各年份潮汐表，〔註179〕至於為何僅編纂吳淞等四處的潮信而未擴及他處，是因為人力不足，無法推算各口潮汐預測。〔註180〕

燈塔表記有燈塔之光可達距離與光力強弱等數據，因海圖上畫出燈塔的燈光圓弧，並非表示該燈塔光力可達之距離，而是此燈光於各方向所顯現的性質與顏色，若要確實明瞭各燈塔性質，須參考該表。〔註181〕1935年，海測局

〔註174〕海道測量局，《海軍部海道測量局民國二十一年工作報告書》，頁7a。

〔註175〕向士禮，〈潮汐表編纂前言〉，《中華民國五十三年潮汐表》，頁1，轉引自崔怡楓主編，《海軍大氣海洋局90周年局慶特刊》（左營：海軍大氣海洋局，2012），頁62。

〔註176〕海道測量局，《海軍部海道測量局民國二十年工作報告書》，頁17。海道測量局，《海軍部海道測量局民國二十一年工作報告書》，頁7b～8a。

〔註177〕例如海測局於1932年測量甌江口至溫洲口岸，在甌江江心與單崑山設置水尺，並歷時三個月測驗，見海道測量局，《海軍部海道測量局民國二十一年工作報告書》，頁2。

〔註178〕海道測量局，《海軍部海道測量局民國二十二年報告書》，頁54b。

〔註179〕出版時間詳見本文附錄。

〔註180〕海道測量局在民國二十一年份的工作報告書中談及編纂潮汐表工作時，因當年外勤測量工作較繁重，在局專任推算潮汐工作者僅一、二人，又須辦理其他關係潮汐之事項，來年的潮汐表至9月方才完成，經校對三次後於10月底發行，並希望日後人員添設、紀錄豐富，應逐漸增編各重要港埠之潮訊，以資航行參考之用，見海道測量局，《海軍部海道測量局民國二十一年工作報告書》，頁18a。

〔註181〕吳寅譯，〈海圖修正及其應用（續）〉，《海軍雜誌》，第5卷第7期（1933年3月），頁33。

才編纂出版《中華民國沿海燈塔表（附燈船燈椿霧號）》，〔註182〕1936 年發行
《中華民國沿海燈塔表（附燈船燈椿霧號）第一版補編》。〔註183〕

小　結

　　海道測量局自開辦以來，隨著業務範圍與規模擴大，局內編制從原先的
總務處、製圖與測量二股，1930 年時已擴增為總務、製圖、測量、推算與潮
汐五課。測量艦隊方面，該局轄下測量艦艇也逐漸擴充，從最初的景星艇、
慶雲艇與甘露艦三艘，1929 年新添青天艦，1930 年為預備接手海關淞澄測
務再增礮日艦一艘，1935 年因應景星、慶雲兩艇報廢，海軍部另撥公勝、誠
勝兩砲艇予海測局改裝後使用。

　　海測局自設立至第二次中日戰爭爆發後而裁撤，十五年來的工作成果有
四，分別是完成近代中國史上第一幅經實測的領海圖，再次為測量長江、繪製
沿海海圖，以及刊行航船布告與潮汐表。長江測量方面，自 1922 年起開測漢
（漢口）澄（江陰）間水道，1929 年全線測竣。1931 年 11 月自海關手中收回
淞（吳淞）澄（江陰）測務，由於該段水道地處江水與潮汐交會處，江中沙灘
時有變遷，又臨近滬港而航運興盛，因而該局指派礮日艦常駐此處，每年長江
水漲與水落之時各複測一次，以便更新水道圖，至此長江水道由漢至淞全線皆
由該局測繪。另一方面，1929 年後海測局著手複測漢澄水道，至 1937 年 7 月
時已完成複測工作，甚至有些河段已進行第三或第四次測量。

　　沿海測量部分，海測局於 1922 年所定的測量計畫，全國海岸原擬分頭
測量，預於 1936 年測畢。實際上，海測局在建局初期僅有一艘近海測量艦——
——甘露艦，無法消化大量測繪任務，加上沿海海域治安不佳，時有海盜出沒，
或受戰事波及，進而影響測務，該局在北洋時期僅完成杭州灣與甬江一帶的
測量。迨至南京國民政府時期，海測局增添測量艦後，1930 年修正測量計畫，
將測繪重點改為東南海岸，至 1937 年為止，先後繪製杭州灣、三門灣、台州
灣、樂清灣、溫州灣、閩江、廈門內港與泉州灣等處，自行測製海圖總計 16
幅，集中於浙江、福建兩省。

〔註182〕海道測量局，《海軍部海道測量局民國二十四年報告書》（上海：海道測量局，
　　　　　1935），頁 22b。
〔註183〕〈海軍部海道測量航船布告第 39 號〉，《交通公報》，第 751 號（1936 年），
　　　　　頁 26。

　　此外，海測局另刊行航船布告與潮汐表以利航行。當水道圖或海圖出版後，若該水域有任何新變遷，諸如發見新礁石、沉船或是助航設備有所更動，需由航船布告通告週知，以便航海者在相關海圖上進行修正。中國最早由各地海關刊發各口航行布告，海測局鑒於各國通例，此項事務皆由該國海測機構負責，自 1930 年 1 月起要求各海關的航船布告先送該局檢定再統一發布。該局又為使布告內容廣為周知，除了刊登於《交通公報》之外，另歡迎有需求者來函免費索取。因此，海測局透過刊行航船布告，向航海者更新各水域資訊，維持已出版海圖與水道圖準確性。中國的潮汐表最初由海關發行，自 1928 年起海測局著手編纂，最初僅出版綠華山、吳淞兩地潮汐表，1930 年新增石浦，1933 年再添青島一地，至 1937 年止均刊行各年份潮汐表。

　　海道測量局的成立及其工作成果，意義有二，一是近代中國發展海測事業的過程中，海測局是首度成功地辦理海測事業的機構，從 1889 年水路測量局與清末海圖局的籌設，還是北京政府時期的參謀本部水路測量所與海軍購製測量船計畫，皆因經費拮据，不是未能付諸實行，就是測量僅限於軍港而未及於他處，但海測局建局初期在海關派員代訓人才，並撥付關餘支付經費協助下，該局逐步測量長江與沿海，並製圖予航海者使用；另一是中國自晚清起接觸西式海道測量以來，至 1920 年代後已有自辦海測事業的能力，晚清時期委由海關擔負的工作，諸如測繪、發布航行布告與編纂潮汐表，該局也逐一自行辦理。

第四章　抗戰後海道測量局的重建

　　1958 年，海道測量局曾編纂出版《海道測量局沿革史》，書中將局史依時間順序劃分為戰前、抗戰、復員與遷臺等四個階段。該書述及抗戰期間，海測局工作停止，人員或調其他軍職，或予以遣散。迨至抗戰結束，海軍恢復該局建制，復員於滬，並利用接收敵偽之測繪器材及船隻，展開工作。〔註1〕由該局沿革史可知，戰後海測局能順利復員，實立於敵偽機構的基礎之上。此處的敵偽機構即是「汪政府水路測量局」。海測局修其沿革史時，可能受限於當時的意識形態，未述及水路測量局發展。但平心而論，水路測量局在海道測量局歷史中，屬於「承先啟後」的地位，一方面該局在海測局裁撤後延續測量工作；另一方面，該局又是戰後海測局復局根基之一。因此，本章第一節先簡述水路測量局的成立及其業務推展，第二節再談及戰後海道測量局復員，迄至遷臺前發展。

第一節　戰時汪政府水路測量局的工作拓展

　　本節先簡述汪政府水路測量局成立背景，再從組織沿革、人才培訓、測量艦艇擴充與工作推展等四個方面，勾勒其工作推展，俾使吾人認識該局歷史，補白中國海道測量發展史中缺少的片段。

一、設立背景

　　第二次中日戰爭爆發後，日軍於 1937 年 12 月上旬攻陷南京。日本原預期於 1938 年結束戰事，發動武漢與廣州進攻作戰，意圖迫使中國投降，但沒

〔註1〕海道測量局，《海軍海道測量局沿革史》（左營：海道測量局，1958），無頁碼。

料到攻下武漢後，中國仍不為所屈。其大本營考量接連發動大規模戰役，已消耗不少國力，將方針改為維持佔領地治安及從事建設。其支那方面艦隊因應此命令，〔註2〕通令所屬單位，除了以航空與封鎖戰，運用長期戰方式對付中國軍隊，尚要控制長江自岳陽以下流域，維持交通安全。〔註3〕何以日人重視維持長江航安？戰前中國海關擔負長江航道測量及設置航路標識工作，〔註4〕海道測量局則是測製長江水道圖，供航行船隻使用。中日開戰之後，海測局受戰火影響而停止局務，長江測量工作也隨之中斷；江陰至漢口間的長江航標隨戰事進展而拆除，海關航道工作人員與船艇則逐步西撤至川江巫山。〔註5〕因此，當中日戰爭走向持久戰，日人因其作戰及治理需要，須自行填補長江航安工作的空缺。

　　日人維護長江航安的安排，由第一港務部接手海關業務。該部設立於1937年8月中旬，附屬於在華海軍第三艦隊，乃為日方應付戰爭需要，強化海軍作戰體制而設置的。〔註6〕該單位從事上海、江陰、鎮江、南京與蕪湖等港處港務，以及整備航道標識、航道測量與掃雷，1939年11月改為「上海港務部」。〔註7〕測量業務部分，日本發動對外戰爭期間，由其海軍水路部

〔註2〕 1937年中日戰爭爆發後，日本為統一指揮中國方面的海軍作戰及保護日僑，於是年10月20日將原在華第三艦隊與新編第四艦隊，編成為支那方面艦隊，參見国立公文書館アジア歴史資料センター編，〈支那方面艦隊〉，收入於「アジ歴グロッサリー検索」：https://www.jacar.go.jp/glossary/term/0100-0040-0080-0020-0010.html。（2017/2/18 點閱）

〔註3〕 吳玉貴譯，《盧溝橋事變後之海軍作戰》，收入於國防部史政編譯局編，《日軍對華作戰紀要叢書》（臺北：國防部史政編譯局，1987），頁119～121。

〔註4〕 航道測量是利用岸上設置的測量標桿來定出測點，再測量該點水深，繪出洲灘岸線，稱為「航道測圖」。此圖有兩項功用，一是海關巡工司可據此圖設置助航標識，另一是海關刊行航道測圖，向航商提供航道情況，以彌補標誌之不足。長江中下航路標識分為岸上與水上標誌兩種：（一）岸上標誌部分，標樁、燈樁與燈臺供船舶確定方向，以及引導船舶駛過攔江沙或進入內河港口；（二）水上標誌則有浮標、燈船、標誌船等項，其功用為指示航道航行方向、淺灘、沙灘、險礁。參見王軾剛主編，《長江航道史》（北京：人民交通出版社，1993），頁170～171、198。俞銘鑣，〈海政局記略〉，《海關華員聯合會月刊》，第1卷第9期（1928年），頁4。

〔註5〕 王軾剛主編，《長江航道史》，頁238～239。

〔註6〕 「第4章海軍の全面作戦体制樹立の促進」，〈大東亜戦争海軍戦史本紀卷1〉，《防衛省防衛研究所》，JACAR（アジア歴史資料センター）Ref.C16120701600。

〔註7〕 第一港務部屬於支那方面艦隊轄下部隊，負責上海港港內警戒，上海、鎮江、南京與蕪湖等港港務，以及整備黃浦江與長江的航路標識，參見国立公文書

供應海軍作戰需要的水文與氣象資訊，但該部沒有駐外分支機構，最初以派遣測量艦至各地作業方式，進行海岸、港灣與海洋測量，並收集海象與氣象觀測所需資料。中國戰場方面，水路部在華特設測量隊辦理長江測務。〔註8〕

其後，水路部認為從東京派艦至中國測量的效率不佳，乃於 1939 年 5 月 1 日設置上海航路部，將原先特設測量隊員派為部員。該單位在技術方面由水路部長領導，但編組上屬於支那方面艦隊附屬機關。隔年（1940）改為「上海海軍航路部」，肩負軍事上所需的測量與氣象觀測業務、海圖製作。編制有士官及高等文官 18 員、准士官 3 員、下士官 20 員、特務士官 3 員、判任文官 19 員與士兵 25 員。〔註9〕1941 年 1 月 6 日，日本海軍調整上海港務部執掌，該部不再進行測量作業，而轄下測量船艇改配至航路部。〔註10〕

值得思索的是，若日人在中國佔領區，軍事上所需的測量業務是由航路部進行，那麼民船必需的測量服務由何機構擔當？關於此問題，吾人可從航路部的另一項任務得到線索：即是指導汪政府海軍部水路測量局，並協助培

館アジア歴史資料センター編，〈上海港務部〉，收入於「アジ歴グロッサリー検索」：https://www.jacar.go.jp/glossary/term/0100-0040-0080-0020-0010-0030-0010.html。（2017/2/18 點閱）方志祿譯，《盧溝橋事變前之海軍作戰》，收入於國防部史政編譯局編，《日軍對華作戰紀要叢書》（臺北：國防部史政編譯局，1987），頁 765。

〔註 8〕海上保安廳水路部編，《日本水路史（1871～1971）》（東京：日本水路協會，1971），頁 213。今井健三，〈昭和初期から終戰までに水路部が作製した機密海図について〉，收入於立教大学アジア地域研究所編，《21 世紀海域学の創成——「南洋」から南シナ海・インド洋・太平洋の現代的ビジョンへ》研究報告書 2（東京：立教大学アジア地域研究所，2015），頁 26、28。特設測量隊有三，其測量區域劃分如下，第一測量隊負責江陰下游與黃浦江，第二測量隊執掌江陰至湖口、湖口至南昌測務，第三測量則為湖口至漢口，見「揚子江に於ける第 1 線作戰狀況昭和 15 年 1 月 23 日佐世保海軍工廠に於て講演草稿（別図各作戰用図参照）村尾大佐（1）」，〈漢口港務部関係資料其の 2（捕獲軍艦関係等）〉，《防衛省防衛研究所》，JACAR（アジア歴史資料センター）Ref.C14120607000。

〔註 9〕海上保安廳水路部編，《日本水路史（1871～1971）》，頁 213～214。今井健三，〈昭和初期から終戰までに水路部が作製した機密海図について〉，頁 28。

〔註10〕「上海港務部支那事変第 9 回功績概見表」，〈自昭和 15 年 11 月至昭和 16 年 5 月支那事変功績概見表〉，《防衛省防衛研究所》，JACAR（アジア歴史資料センター）Ref.C14121041000。「上海港務部支那事変第 10 回功績概見表」，〈自昭和 16 年 6 月至昭和 16 年 11 月支那事変功績概見表〉，《防衛省防衛研究所》，JACAR（アジア歴史資料センター）Ref.C14121047700。

育局員及其測量員。〔註11〕據此，在日人協助之下的水路測量局究竟分擔何項工作？下文將考察該局的組織沿革與發展，即可釐清此問題。

二、組織沿革

水路測量局最初由維新政府綏靖部所創。該部鑒於南京國民政府原設有海道測量局，由該單位進行測量、出版圖誌等工作以維航安，但受中日戰爭影響而遭裁撤。綏靖部為謀水上安全起見，1939 年 8 月 1 日成立水路局，承接原海測局業務。〔註12〕水路局設少將局長、上校副局長各一人，內有總務、測量、航路與圖誌等四科。總務科掌文書、會計、人事與編制統計報告；測量科負責測量、觀測潮汛與海象；航路科管理航路標識設置、航路疏濬、引水考覆與頒布水路告示（即原海測局的航船布告）；圖誌科則是編纂水路圖誌及其修正，各科科長皆為中校編階，少校或尉級科員 16 人。技術人員方面，中校技正主任一人，督率人員辦理業務，另編制少校或尉級技士 36 人。〔註13〕水路局設立後三個月，與日本顧問下坊定吉大佐商討施政大綱，將該局工作分為兩期，第一期為測量長江流域及其沿江湖沼，第二期再擴及沿海。又為因應日後業務，另訂定三年補充計畫（1939～1941），逐年將人員增至編制滿額，並添增測量艦艇、儀器、印刷機器與局舍（參閱表 4-1）。〔註14〕

未幾，日人合併原有的維新政府與臨時政府，另扶助汪精衛於 1940 年 3 月底成立「國民政府」。〔註15〕汪政府海軍部將「綏靖部水路局」改組，成立「海軍部水路測量局」（簡稱為水測局），任命葉可松為少將局長，〔註16〕原水

〔註11〕「上海航路部支那事變第 8 回功績概見表」，〈自昭和 15 年 4 月至昭和 15 年 11 月支那事變功績概見表〉，《防衛省防衛研究所》，JACAR（アジア歷史資料センター）Ref.C14121011200。

〔註12〕「綏靖部呈行政院文」（1939 年 8 月 30 日），〈汪偽海軍部暨所屬編制案（一）〉，《國防部史政編譯局》，檔案管理局藏，檔號：B5018230601/0028/581/3111.2。

〔註13〕〈綏靖部水路局組織條例〉，《綏靖部公報》，第 9 期（1939 年 7 月），頁 18～19。

〔註14〕「綏靖部水路局施政大綱」，〈汪偽海軍部暨所屬編制案（一）〉，《國防部史政編譯局》，檔案管理局藏，檔號：B5018230601/0028/581/3111.2。

〔註15〕郭廷以編著，《中華民國史事日記》第四冊（臺北：中央研究院近代史研究所，1985），頁 132。

〔註16〕葉可松係海道測量局軍官，該局組建測量隊之際，派任為上尉測量員，入局之初從事繪圖員之職，1925 年 10 月與陳志、梁同怡、陳紹弓等人，奉派前往日本考察海道測量事業，並入日本水路部實習。此後歷任慶雲測量艇艇長、潮汐課課長（1933 年）。抗戰爆發後，海測局業務受戰火影響而停頓，並於 1938

路局附屬技士訓練所改為「水路測量局士官技術養成所」。〔註17〕組織編制方面，據 1940 年 7 月 8 日公布的〈水路測量局組織條例〉，〔註18〕局中下設總務、測量、航路、製圖與推算等五課，若與綏靖部水路局相較（參閱表 4-2），其中推算課是新設的，該課擔負大地測量與天文觀測標點推算工作，計算並審定潮汐各項基數，以及編纂天文曆書、航海年表與潮汐表等出版品；另外四課執掌並無大變動，各課僅是負責事項增多且劃分較細，以及原圖誌科改為「製圖課」；而該局人員編制部分，其滿額人數也多於前綏靖部水路局。〔註19〕

表 4-1　綏靖部水路局補充測量艦艇與儀器計畫

年分	測量艦 （100～500 噸）	大測量艇 （10～40 噸）	小測量艇 （3～5 噸）	測量儀器 （組）	製圖儀器 （組）
1939	1	2	——	1	1
1940	2	2	6	2	2
1941	3	2	9	2	1
總計	6	6	15	5	4

資料來源：「綏靖部水路局施政大綱」，〈汪偽海軍部暨所屬編制案（一）〉，《國防部史政編譯局》，檔案管理局藏，檔號：B5018230601/0028/581/3111.2。

年遭裁撤，葉氏失去軍職，而成為中校候補員，參見海道測量局，《民國十二年海道測量局報告書》（上海：海道測量局，1923），頁 8。此報告見於「海軍部函送海道測量局報告事」（1924 年 1 月 23 日），〈海道測量〉，《北洋政府外交部》，中研院近史所檔案館藏，檔號：03-06-047-01-001。海道測量局，《民國十四年海道測量局報告書》（上海：海道測量局，1925），頁 3。此報告見於「函送海道測量局第三屆報告書」（1926 年 3 月 9 日），〈海道測量案〉，《北洋政府外交部》，中研院近史所檔案館藏，檔號：03-06-047-02-029。劉傳標，《中國近代海軍職官表》（福州：福建人民出版社，2004），頁 115、209-208、221。目前未見葉可松的自白資料，無法得知葉氏的出任動機。原海道測量局總務課課長顧維翰，在海測局裁撤後也成為候補員，曾匿於上海一段時日，負責保管密儲於法租界的儀器與文件紀錄。據顧氏的說法，葉氏在日人脅迫下才擔任水路測量局局長，見顧維翰，〈主政海道測量局十有二年憶述〉，收入於海軍總司令部編，《中國海軍之締造與發展》（臺北：海軍總司令部，1965），頁 109。

〔註17〕〈海軍部呈行政院文〉（海總字第 9 號，1940 年 4 月 12 日），《海軍公報》，第 1 號（1940 年 6 月 1 日），頁 28。〈海軍部委任令〉（海總字第 16 號，1940 年 4 月 13 日），《海軍公報》，第 1 號（1940 年 6 月 1 日），頁 7。〈軍事委員會指令〉（會字第 196 號，1940 年 6 月 8 日），《海軍公報》，第 2 號（1940 年 7 月 1 日），頁 4。

〔註18〕〈海軍部令〉（1940 年 7 月 8 日），《海軍公報》，第 3 號（1940 年 8 月 1 日），頁 8。

〔註19〕〈水路測量局組織條例〉，收入於「中國國家圖書館・中國國家數字圖書館民國法律資料庫」：http://mylib.nlc.gov.cn/web/guest/minguofalv。（2017/1/26 點閱）

表 4-2　綏靖部水路局與水路測量局組織及人員編制比較

局內編制	綏靖部水路局（1939） 總務、航路、測量、圖誌等四科	海軍部水路測量局（1940） 總務、航路、測量、製圖、推算等五課
局長	1	1
副局長	1	1
秘書	1	2
科／課長	4	5
科／課員	16	20～40
技正	1	2～6
技士	技士組長 3 技士 36	40～80

資料來源：〈綏靖部水路局組織條例〉，《綏靖部公報》，第 9 期（1939 年 7 月），頁 18
　　　　　～19。〈水路測量局組織條例〉，收入於「中國國家圖書館‧中國國家數字
　　　　　圖書館民國法律」資料庫：http://mylib.nlc.gov.cn/web/guest/minguofalv。
　　　　　（2017 年 1 月 26 日查詢）

　　綏靖部水路局位在上海保定路 325 號，但其局舍狹隘，配置辦公室後，已
無空間布置製圖、製版與印刷等三室，以及士官技術養成所教室。〔註20〕葉可
松為解決此問題，8 月向日方接洽，收回位於上海楓林橋舊海道測量局房舍，12
月修葺完成，是月 11 日局本部與養成所遷入該處辦公。〔註21〕另一方面，早在
1937 年 8 月淞滬會戰開打之際，國府海軍部下令海道測量局，將儀器、水道圖、
文件與測量記錄，商請法租界國際圖書館代為密藏，隨後葉可松得到日人協助，
日方施壓法租界當局，1941 年 3 月順利地取得此批密儲器械與圖資。〔註22〕

〔註20〕〈綏靖部水路局技士訓練所招生簡章〉，《綏靖公報》，第 14 期（1939 年 12
　　　　月），頁 34。「綏靖部水路局施政大綱」，〈汪偽海軍部暨所屬編制案（一）〉，
　　　　《國防部史政編譯局》，檔案管理局藏，檔號：B5018230601/0028/581/3111.2。
〔註21〕原上海楓林橋海道測量局房舍位於華界，日軍攻佔上海後，該處房舍推測由
　　　　日方管轄，因未見葉可松呈文原件，又受限汪政府《海軍公報》所刊載指令，
　　　　僅提及「經接洽收回」等語，故無法得知葉氏向日方何人或機構洽談收回房舍
　　　　事宜，見〈海軍部指令〉（海總字第 524 號，1940 年 8 月 17 日），《海軍公報》，
　　　　第 4 號（1940 年 9 月 1 日），頁 23。〈海軍部指令〉（海總字第 162 號，1940
　　　　年 12 月 13 日），《海軍公報》，第 8 號（1941 年 1 月 1 日），頁 11。
〔註22〕顧維瀚，〈主政海道測量局十有二年憶述〉，收入於海軍總司令部編，《中國海
　　　　軍之締造與發展》，頁 109。〈海軍部指令〉（務字第 42 號，1941 年 3 月 15 日），
　　　　《海軍公報》，第 11 號（1941 年 4 月 1 日），頁 12。

　　1941年底，水路測量局創設將近兩年，原有編制並未完善，隨著業務發展也與現狀不符，局長葉可松參照日本水路部組織架構，草擬修正組織條例，並請海軍部轉呈軍事委員會核准，〔註23〕經該會與行政院研商，1942年4月准予照辦，並由海軍部公布修正條例。〔註24〕此次修正之處有三，將先前附設局內的無線電臺，以及負責該臺事務的兩員尉級電官列入條例中，而該臺工作為播送水路告示訊息，收發海軍部及各艦艇的通訊訊息；次為課員員額上限增為25至80人；再次為新增局長權限，諸如以局長名義發行航路通告與外國水路測量機關聯絡，因事離職得令局內資深職員代理其職務，水路圖誌部分改正或增補時可逕行實施。〔註25〕1944年再度修訂組織條例，局中原有五課之外，將所屬士官技術養成所裁併為「技術養成課」，仍負責教育訓練事項；推算課執掌事項增列磁氣研查及編纂磁圖誌；課員員額更擴編為36至100人；另因該局測量艇停泊於自建的龍華碼頭，為管理這些船隻，另設龍華港測量基地隊。〔註26〕迨至日本戰敗，國府軍政部海軍處派顧維翰接收該機構，顧氏訝異該局與戰前的海道測量局相較（編制滿額為50人），其組織更為龐大，〔註27〕水路測量局規模之大，可見一斑。

　　此外，回到前文曾提及的問題，究竟水路測量局在日人心目中是擔當何種角色？筆者認為該局與日人上海海軍航路部應有業務分工。自中日戰爭走向持久戰，日在華海軍須維持長江交通，由轄下港務部整備長江航道標識，航路部供軍用所需測量、氣象觀測方面的資訊，而一般民用船隻所需的測量服務，則

〔註23〕　「水路測量局呈海軍部文」（1941年12月6日），〈汪偽海軍部暨所屬編制案（六）〉，《國防部史政編譯局》，檔案管理局藏，檔號：B5018230601/0028/581/3111.2。

〔註24〕　〈海軍部訓令水路測量局〉（務字第124號，1942年4月29日），《海軍公報》，第24號（1942年5月1日），頁12。

〔註25〕　「行政院指令行字7422號，附件：水路測量局暫行組織條例」（1942年4月16日），〈汪偽海軍部暨所屬編制案（六）〉，《國防部史政編譯局》，檔案管理局藏，檔號：B5018230601/0028/581/3111.2。

〔註26〕　〈修正水路測量局暫行組織條例〉，收入於「中國國家圖書館‧中國國家數字圖書館民國法律資料庫」：http://mylib.nlc.gov.cn/web/guest/minguofalv。（2017年1月27日查詢）「中華民國三十三年三月份海軍部工作報告」、「中華民國三十三年四月份海軍部工作報告」，〈汪偽海軍部工作報告（三）〉，《國防部史政編譯局》，檔案管理局藏，檔號：B5018230601/0031/109.1/3111。

〔註27〕　顧維翰，〈主政海道測量局十有二年憶述〉，收入於海軍總司令部編，《中國海軍之締造與發展》，頁110。〈海道測量局編制表〉，收入於海軍部編，《海軍部成立二週年紀念專刊》（南京：海軍部，1931），頁313～314。

由水路測量局擔當。另一方面，當時日人為掌控汪政府海軍部，在該部中設置顧問室，由日本海軍將佐任顧問，部務須經顧問同意方能實施。〔註28〕汪海軍各艦艇、基地與學校也有日籍輔導官監控。〔註29〕水路測量局內亦設有顧問部，該局前身綏靖部水路局的施政大綱，是與顧問下坊定吉大佐商討後擬定的。水路局改組後，1940 年 8 月日海軍讓渡遠甯號輪船，該局接受讓渡代表亦為下坊。〔註30〕1941 年 11 月該局欲添置印刷機械，其顧問部派專門人才共同會商籌辦。〔註31〕從上述事例，可知日籍顧問對局務決策有影響力。另一方面，1941年 2 月汪政府海軍部認為，水路測量局設立近一年，業務逐日擴張，測量艦艇增多，養成所積極培養技術人才，教務亦日漸繁劇，進而為該所及各測量艇聘請日本輔導官一人、輔導員二人，〔註32〕日人勢力更深入該局轄下各單位。

三、人才培訓

　　水路測量局士官技術養成所（簡稱養成所）為該局人才培訓機構，所內分設測量、航路與圖誌三班，對外招收學員入所修業。報考者須高中畢業，年齡須在 18 至 25 歲之間。該局為鼓勵報考，學員修學期間學膳宿費、制服、書籍與課業用品均由其供給，每月給與津貼 20 元。最初所方制定學制僅一年，〔註33〕首屆學員於 1940 年 3 月入學，1941 年 2 月下旬修業完畢（稱初級班），〔註34〕另從中擇優組成高級班，再授以一年課程，〔註35〕完成初級班

〔註28〕 王玉麒，〈海癡——細說佘振興老海軍（五）〉，《傳記文學》，第 95 卷第 5 期（2009 年 11 月），頁 96。

〔註29〕 張紹甫，〈我所知道的汪偽海軍——「細說汪偽」之七〉，《傳記文學》，第 63 卷第 3 期（1993 年 9 月），頁 98。

〔註30〕 〈海軍部呈行政院、軍事委員會文〉（海總字第 508 號，1940 年 8 月 15 日），《海軍公報》，第 4 號（1940 年 9 月 1 日），頁 34～35。

〔註31〕 〈海軍部軍事委員會文〉（需字第 483 號，1941 年 11 月 25 日），《海軍公報》，第 19 號（1941 年 12 月 1 日），頁 24。

〔註32〕 〈海軍部軍事委員會文〉（需字第 67 號，1941 年 2 月 26 日），《海軍公報》，第 10 號（1941 年 3 月 1 日），頁 20。

〔註33〕 〈綏靖部水路局技士訓練所章程〉，《綏靖公報》，第 14 期（1939 年 12 月），頁 32～33。〈綏靖部水路局技士訓練所招生簡章〉，《綏靖公報》，第 14 期（1939 年 12 月），頁 33～35。

〔註34〕 〈海軍部指令〉（學字第 103 號，1941 年 2 月 17 日），《海軍公報》，第 10 號（1941 年 3 月 1 日），頁 13。

〔註35〕 「水路測量局呈海軍部文，附件：水路測量局士官技術養成所高級班教育實施標準」（海軍部收文 1941 年 2 月 12 日），〈汪偽海軍學校教育計畫（一）〉，《國防部史政編譯局》，檔案管理局藏，檔號：B5018230601/0029/422/3111。

者則進行見習。1942 年 3 月高級班學生畢業，見習生亦實習期滿，均授予少尉候補員。〔註36〕第二期學生在 1942 年 2 月入所，並定於 1944 年 1 月卒業。完成養成所學業者稱為「測量官」，總計該所共培育 63 人。〔註37〕

　　養成所招生第二期學生，始確立兩年學制。依此規劃，第一學年著重普通學與日語，前期課程結束時，依學員學科成績、品性、體格及其意願，分為測量、航路與圖誌三班，後期實施初步的技術教育，第二學年以專業技術教育為主。技術教育重點為實習測量、製圖、製版與印刷等事務，普通學為各技術所需學識，而日語教育則希望學員畢業後具備簡單流利的會話能力。另在授業期間，施以軍事訓練，包含陸戰、手旗、體技、劍道與海軍常識等學習內容；每年 7、8 月間安排 20 日，每日至青陽港進行 4 小時游泳訓練，並輔以日語、軍訓、體操等其他日課。學期終了舉行全科考試，平時各授課教官可抽考。學員作息方面，平日上課，星期六午後進行大掃除、運動，當日夜間隨意自修，星期日早餐後進行服儀檢查，即可自由外出，晚餐前回所。每年暑假自 8 月 20 日至 30 日，寒假則自 12 月 29 日至明年 1 月 6 日。〔註38〕

　　養成所的兩年學制值得注意之處有三。首先，1945 年之前曾設有教育機構或以開班方式培植專才的，一為北京政府中央測量學校，曾招收一屆的水路測量班，另一為水路測量局養成所。可惜的是，前者的課程資料均已亡佚。所

〔註36〕 〈海軍部指令〉（學字第 43 號，1942 年 3 月 17 日），《海軍公報》，第 23 號（1942 年 4 月 1 日），頁 15。〈海軍部指令〉（需字第 145 號，1942 年 4 月 1 日），《海軍公報》第 24 號（1942 年 5 月 1 日），頁 13。「海軍部呈行政院、軍事委員會文，附件：海軍會議提案」，〈汪偽海軍部會議記錄（二）〉（1942 年 5 月 12 日），《國防部史政編譯局》，檔案管理局藏，檔號：B5018230601/0030/003.9/3111。

〔註37〕 「海軍部函宣傳部，附件：近年來中國海軍事業概況」（1943 年 7 月 10 日），〈汪偽海軍部工作報告（三）〉，《國防部史政編譯局》，檔案管理局藏，檔號：B5018230601/0031/109.1/3111。

〔註38〕 「水路測量局呈海軍部文，附件：士官技術養成所第一期學員後期分班教育計畫」（1940 年 9 月 3 日）、「水路測量局呈海軍部文，附件：士官技術養成所軍事訓練實施計畫」（1940 年 9 月 3 日），〈汪偽海軍學校教育計劃（一）〉，《國防部史政編譯局》，檔案管理局藏，檔號：B5018230601/0029/422/3111。「水路測量局呈海軍部文，附件：海軍部水路測量局士官技術養成所第二期水路學生教育實施方針」（1942 年 2 月 3 日）、「水路測量局呈海軍部文，附件：第二期水路學生教育實施計畫（另附日課表）」（1942 年 3 月 25 日）、「水路測量局呈海軍部文，附件：海軍部水路測量局士官技術養成所民國卅一年夏季游泳計畫書」（1942 年 7 月 20 日），〈汪偽海軍學校教育計劃（三）〉，《國防部史政編譯局》，檔案管理局藏，檔號：B5018230601/0029/422/3111。

幸養成所設計的兩年學制，均有留下課程規劃（參閱表 4-3、4-4、4-5），可供吾人從中知悉，當時測繪人員須具備的專業知識，有其史料價值。

其次，該所人才培訓頗為完善。誠如本論文第三章所述，海道測量局育才方式是「做中學」。測量員部分，由海軍部調派年輕軍官，或是練習艦隊中的練習生隨測量員習作，一年後從中擇優留任。製圖方面，則是招收初中畢業生入局，隨課員學習繪製圖表。相較而言，養成所的教育有次序，規劃較周延。該所學員前半年修習數理與國文等普通學科，餘下一年半的時間皆在研習專科。專業課程著重知行並進，如第一學年後期課程一面修習初步的技術知識，同時安排實習課程，另有為期一月的分科實作。第二學年除了主修專門技術，七、八月亦規劃實習活動。在此訓練下，養成所培養人才，其專業可謂堅實。再者，養成所授課者多為日籍教員，以及學員未來任職後須支援航路部作業，為利於學習與溝通，因而日語教育在兩年的課程中均有相當比例。

第三，回顧中國發展海道測量的歷史，海道測量局建局之初，由英人米祿司負責培訓測量員，又於 1929 年派員留美，學習製圖。可以推斷，海測局的測量及製圖作業方式是採英、美系統。相對於此，水路測量局則受日本影響較深，該局養成所的課程教授者多為日人，上海航路部的技師與技手負責教授測量、圖誌兩班的專業科目，〔註39〕航路班的航海主科則由日本海軍軍官負責教學，促使部分的中國測量人員，1940 年代系統性地接受日式測量與製圖觀念。

至於水路測量局所需士兵，從各期練兵〔註40〕挑選，送入養成所訓練，使其具備基礎測量作業能力，結業後為該局「水路特修兵」。訓期為 6 個月，授以本科及普通科（表 4-6），奠定測量工作必要的基礎知識，後期課程始至該局測量艇或日本海軍測量艦實習，如該所曾安排第一期水路特修兵，至日軍鄱陽、華星兩測艦實習一個月，從中應用所習技術，以及熟悉水兵應知艦務。〔註41〕由上所述，可見水測局頗重視人才培育，不只注重測量員的訓練，

〔註39〕 如前文所述，日人上海海軍航路部要務之一是指導培育水路測量局人才，因而在養成所中教授測量與製圖專業的日籍技師、技手，可推斷他們是任職於航路部。

〔註40〕 汪政府海軍士兵由轄下的中央海軍學校訓練所教練，學員須受訓六個月，在此期間稱為「練兵」，結訓後任三等兵，參見「海軍部函宣傳部，附件：近年來中國海軍事業概況」（1943 年 7 月 10 日），〈汪偽海軍部工作報告（三）〉，《國防部史政編譯局》，檔案管理局藏，檔號：B5018230601/0031/109.1/3111。

〔註41〕 「水路測量局呈海軍部文，附件：水路測量局第一期測量兵第一次實習教育實施要領」（1940 年 10 月 4 日），〈汪偽海軍學校教育計劃（一）〉，《國防部史

也擴及從事測量業務的士兵。總計養成水路特修兵共 85 名。〔註42〕

表4-3　士官技術養成所學生第一學年前期課程

科　目		時數	科　目		時數
修身		10	教練	陸戰	70	
數理	代數	130		短艇	10	140
	平面三角	70		日本手旗	30	
	平面幾何	80		體育	30	
	立體幾何	45	460	總計課程時數：805（3、4、5、6、7月合計）		
	物理	60		教練體育	水泳	80	
	化學	75		劍道	10	110
語文	國文	30	40		陸戰	10	
	國語	10			體育	10	
			修身		5	

政編譯局》，檔案管理局藏，檔號：B5018230601/0029/422/3111。「水路測量局呈海軍部文，附件：海軍部水路測量局士官技術養成所第三期水路特修兵教育要領」（1942 年 5 月 22 日），〈汪偽海軍學校教育計劃（三）〉，《國防部史政編譯局》，檔案管理局藏，檔號：B5018230601/0029/422/3111。

〔註42〕據筆者不完全統計，士官技術養成所培訓水路特修兵人數，分別為第一批 25 人（1940 年），但未詳自何期練兵畢業生挑選；第二批 20 人（1941 年），自第五期練兵畢業生挑選；第三批 10 人（1942 年 5 月），自第六期練兵畢業生挑選；第四批 15 人（1942 年 10 月），自第七期練兵畢業生挑選；第五批 15 人（1943 年 5 月），自第八期練兵畢業生挑選，總計 85 人。參見〈海軍部指令〉（學字第 215 號，1941 年 7 月 14 日），《海軍公報》第 15 號（1941 年 8 月 1 日），頁 18。〈海軍部指令〉（學字第 111 號，1942 年 6 月 18 日），《海軍公報》，第 26 號（1942 年 7 月 1 日），頁 15。「水路測量局呈海軍部文，附件：水路測量局第一期測量兵第一次實習教育實施要領」（1940 年 10 月 4 日），〈汪偽海軍學校教育計劃（一）〉，《國防部史政編譯局》，檔案管理局藏，檔號：B5018230601/0029/422/3111。「水路測量局呈海軍部文及其附件：海軍部水路測量局士官技術養成所第三期水路特修兵教育要領」（1942 年 5 月 22 日），〈汪偽海軍學校教育計劃（三）〉，《國防部史政編譯局》，檔案管理局藏，檔號：B5018230601/0031/109.1/3111。「民國三十一年四月份海軍部工作報告」、「海軍部三十一年度十月份工作報告」，〈汪偽海軍部工作報告（一）〉，《國防部史政編譯局》，檔案管理局藏，檔號：B5018230601/0031/109.1/3111。「海軍部工作報告民國三十二年五月份」、「海軍部函宣傳部，附件：近年來中國海軍事業概況」（1943 年 7 月 10 日），〈汪偽海軍部工作報告（三）〉，《國防部史政編譯局》，檔案管理局藏，檔號：B5018230601/0031/109.1/3111。

日語	120	軍事學	20
地理	35	日本語	20
		總計課程時數：145（8/1～8/20 合計）	

說明：本表依〈第二期水路學生教育實施計畫（另附日課表）〉中的「第一學年前其教育實施細目」整理而成。

資料來源：「水路測量局呈海軍部文，附件：第二期水路學生教育實施計畫（另附日課表）」（1942 年 3 月 25 日），〈汪偽海軍學校教育計劃（三）〉，《國防部史政編譯局》，檔案管理局藏，檔號：B5018230601/0029/422/3111。

表 4-4　士官技術養成所學生第一學年後期課程

測量班							
科　目		時數	教授者	科　目		時數	教授者
水路測量術	潮汐	20	關根技師後部技手	海上氣象學		40	林田預備少尉
	真方位測量	20		數學		80	任教官
	天文學概要	10		國文		20	柯教官
	時辰測量	10		實習	測量（實習30日）		關根技師
	圖法	20			製圖	75	田中技手
	音響測量	15	156		信號（手旗）	30	戶島一等兵曹
	經緯度測量	30				137	
	磁氣測量	20			操艇	32	林一等兵曹
	海洋氣象觀測概要	5					
	水路記事	6					
日語	會話發音	89	134	軍事訓練		64	小西指導官
	文法作文	45	上森教官				
特別講義	航路標識設置法	12	伊賀上特務中尉	特別講義	揚子江及河川航海	6	麻田中尉
	海洋學	16	速水囑託		其他	10	上海航路部部員
	揚子江航路維持作業	12	上海航路部部員	週會		19	所長
				總計課程時數：706			

航路班

科　目		時數	教授者	科　目		時數	教授者
航海學	地文航海	91	111	佐藤預備中尉	水路告示關係		9	福島技手
	天文航海				應用力學		36	徐教務主任
	航用測器	20		航路課長	數學		54	
運用學		30	蘇教官	實習	航海術（實習30日）			佐藤預備中尉
海上氣象學		40	林田預備少尉		初步運用術	35		佐藤預備中尉
								林一等兵曹
造船學		20	未定		操艇	32	111	戶島一等兵曹
法規	海法	20	航路課長		信號	44		佐藤預備中尉
	海上衝突預防法	20	40	蘇教官				蘇教官
日語	會話發音	89	134	小西指導官	軍事訓練		64	小西指導官
	文法作文	45			特別講義	揚子江及河川航海	6	麻田中尉
特別講義	航路標識設置法	12	伊賀上特務中尉		其他	10	上海航路部部員
	海洋學	16	速水囑託	週會		19	所長
	揚子江航路維持作業	12	上海航路部部員	總計課程時數：724			

圖誌班

科　目		時數	教授者	科　目		時數	教授者
海圖編纂法		76	田中技手	數學		44	顧教官
水路告示		9	福島技手	國文		23	柯教官
製版術概要		12	棚橋技師	實習	淨書練習	376	405	田中技手
印刷術概要		12			操艇	29		林一等兵曹
日語	會話發音	89	134	陳助理教官	特別講義	海洋學	16	速水囑託
	文法作文	45				揚子江航路維持作業	16	——

軍事訓練	72	小西 指導官		其他	10	上海航路 部部員
週會	22	所長	總計課程時數：851			

說明：本表據〈士官技術養成所第一期學員後期分班教育計畫〉整理而成。教授者部
分，原件僅列其姓氏與職銜而未有全名；未定（原件如此），即是水路測量局向
海軍部呈上計畫時尚未確定授課者；「──」為原件該欄空白。

資料來源：「水路測量局呈海軍部文附件：士官技術養成所第一期學員後期分班教育
計畫」（1940 年 9 月 3 日），〈汪偽海軍學校教育計劃（一）〉，《國防部史政
編譯局》，檔案管理局藏，檔號：B5018230601/0029/422/3111。

表 4-5　士官技術養成所學生第二學年課程

測量班						
科　目		時數	教授者	科　目	時數	教授者
週會		40	局長	真方位測量	20	
編纂	海圖編纂	40	田中技手	水路 測量	經緯度測量	40	關根技手
	水路書誌編 纂法	80	安藤書記	磁氣測量	40	
水路告示		20	福島技手	音響測量	20	
實用物理學		40	任技正	日語	譯讀	80	上森教官
誤差學		40		會話發音	80	
氣象學		80	種村技師	文法作文	80	
天文學		40	徐教務 主任	軍事	軍事學	60	小西 指導官
潮汐學		40	關根技師	軍事訓練	80	
國文		80	柯秘書	手旗信號	60	林教官
淨書實習		80	田中技手	法制	法學通論	40	未定
寫真學		40	阿部技手	國際公法	40	
水路 測量	基線測量	20	關根技手	特別 講義	河川航法	40	擬請航路部 部員擔任
	三角測量	20		海洋學	40	擬請航路部 囑託擔任
	地形測量	20		其他	40	未定
	海岸測量	20		總計授課時數：1460		

航路班							
科　目		時數	教授者	科　目		時數	教授者
週會		40	局長	法制	海上衝突預防法	20	佐藤預備大尉
					艦內衛生	20	擬請航路部部員擔任
航海學	地文航法	40	佐藤大尉	日語	譯讀	80	上森教官
	天文航法	60			會話發音	80	
	航用測器	60	常科長		文法及作文	80	
運用學		60	蘇教官	軍事	軍事學	60	小西指導官
氣象學		80	種村技師		軍事訓練	80	
機關學		40	未定	室內實習	手旗信號	40	林教官
電氣工學		40			旗旒信號	60	蘇教官
應用力學		80	徐教務主任		無線電信	40	擬請航路部部員擔任
實用物理學		60	任技正		運用術	80	林教官
造船學		80	未定（擬另聘）	特別講義	河川航行	40	擬請航路部囑託擔任
無線電信	無線電信學	40	擬請航路部電信員擔任		海洋學	40	
	法規	20	未定		其他	40	
法制	法學通論	40		總計授課時數：1540			
	國際公法	40					

圖誌班							
科　目		時數	教授者	科　目		時數	教授者
週會		40	局長	日語	會話發音	80	上森教官
編纂	海圖編纂法	40	田中技手		文法及作文	80	
	水路書誌編纂法	80	安藤書記	軍事	軍事學	60	小西指導官
水路告示		20	福島技手		軍事訓練	80	
製版學		40	棚橋技師	法制	法學通論	40	擬聘請專家擔任
印刷學		40	佐藤技手		國際公法	40	
寫真學		40	阿部技手	理化		40	顧教官

國文	80	柯秘書	特別講義	河川航行	40	——
地形學	80	擬聘請專家擔任	特別講義	海洋學	40	
地文航法	40	佐藤預備大尉		其他	40	——
淨書實習	280	田中技手	總計授課時數：1400			
日語 譯讀	80	上森教官				

說明：本表依〈水路測量局士官技術養成所高級班教育實施標準〉整理而成，各科目
時數以上課十個月、每月四星期計算，七、八月實習、放假不列入計算。教授
者部分，原件僅列其姓氏與職銜而未有全名；未定（原件如此），即是水路測量
局向海軍部呈上計畫時尚未確定授課者；「——」為原件該欄空白。

資料來源：「水路測量局呈海軍部文附件：水路測量局士官技術養成所高級班教育實
施標準」（海軍部收文 1941 年 2 月 12 日），〈汪偽海軍學校教育計劃（一）〉，
《國防部史政編譯局》，檔案管理局藏，檔號：B5018230601/0029/422/3111。

表 4-6　水路特修兵課程

科　目			每月時數	教授者	科　目		每月時數	教授者
精神教育			4	所長隊長	本科	軍事訓練及信號術	12	新邨兵曹
本科	測量學	座學	16	趙逢三教官	普通科	日語	20	謝蓉誠教官
		實習	24	——		國語	8	陶金麟教官
						數學（算代數）	8	王恂教官
	初步航海學		8	陳定官教官		英語	8	朱光華教官
	運用術實習		24	竹本兵曹	總計每月課程時數：132			

說明：本表依「海軍部水路測量局士官技術養成所第三期水路特修兵教育要編」整理
而成。

資料來源：「水路測量局呈海軍部文，附件：海軍部水路測量局士官技術養成所第三期
水路特修兵教育要編」（1942 年 5 月 22 日），〈汪偽海軍學校教育計劃（三）〉，
《國防部史政編譯局》，檔案管理局藏，檔號：B5018230601/0029/422/3111。

四、測量艦艇之擴充

水路測量局測量艦艇來源有二，一為日人讓渡船隻，另一為汪海軍自建
測量艇。該局成立之初僅有接收自綏靖部水路局的兩艘船——靖平與綏和，

但艇身均過小，僅能供測量差船之用。水路測量局有鑑於此，商請日本海軍撥船供其所用，日海軍於 1940 年 7 月 11 日將其捕獲的遠甯號輪船（160 噸）無償贈與，9 月再續贈江風輪船（80 噸），該局承領後先由江南造船修繕改造，遠甯改名為「和風」，江風維持原名。10 月底和風測量艇修理竣工，配備員兵，而江風艇修繕進度較慢，遲至 1941 年 4 月方才修畢。〔註 43〕

　　另一方面，該局依海軍二十九年度造艦計畫，向江南造船所訂造 6 艘小型測量艇（排水量 4 噸，長 10 公尺），1941 年 3 月底頭兩艘先行完工，餘四艘於 6 月建成，其艇名自量一號依序命名。〔註 44〕同年 9 月，汪政府海軍部提出建設海軍五年計畫，預計建造各式艦艇共 200 艘，其中包括水路測量局所需測量艇。據此規劃，從 1941 年 7 月開始，在五年內建畢 F 型大型測量艇 10 艘，以及 G 型小型測量艇 20 艘（參閱表 4-7）。〔註 45〕水路測量局為因應測量艇陸續成軍，乃於是年 11 月向海軍部提出籌建龍華港碼頭及附屬設施計畫，但該部 1941 下半年度預算早已支配用途，無法支應全數經費，因而下令建設最要者兩項，分別為碼頭修理，以及新建倉庫及工廠一座。〔註 46〕

　　1942 年 6 月 15 日龍華港碼頭工程告成，7 月 1 日舉行啟用典禮。〔註 47〕造艇方面則不如預期，僅完成第一年度數量。G 型艇 6 艘依序由量七定名至量十二，囿於史料闕如，無法得知這批艇的確切製造時間，各何時竣工服役，僅知定於 1942 下半年下水成軍。〔註 48〕至於 F 型艇，則於 1941 年 12 月向

〔註 43〕〈海軍部呈行政院、軍事委員會文〉（海總字第 508 號，1940 年 8 月 15 日），《海軍公報》，第 4 號（1940 年 9 月 1 日），頁 34～35。〈海軍部指令〉（務字第 141 號，1940 年 9 月 13 日），《海軍公報》，第 5 號（1940 年 9 月 1 日），頁 19。〈海軍部訓令〉（衡字第 268 號，1940 年 10 月 21 日），《海軍公報》，第 6 號（1940 年 11 月 1 日），頁 16。〈海軍部呈行政院、軍事委員會文〉（務字第 61 號，1941 年 4 月），《海軍公報》，第 12 號（1941 年 5 月 1 日），頁 26。

〔註 44〕〈海軍部呈行政院、軍事委員會文〉（務字第 49 號，1941 年 3 月 20 日），《海軍公報》，第 11 號（1941 年 4 月 1 日），頁 17。

〔註 45〕「海軍部呈軍事委員會文，附件：海軍部建設新海軍五年計畫」（1941 年 9 月 10 日），〈汪偽海軍部建設新海軍五年計劃案〉，《國防部史政編譯局》，檔案管理局藏，檔號：B5018230601/0030/570.32/3111。

〔註 46〕〈海軍部指令〉（務字第 345 號，1941 年 11 月 22 日），《海軍公報》，第 19 號（1941 年 12 月 1 日），頁 16。

〔註 47〕「民國三十一年六月份海軍部工作報告」，〈汪偽海軍部工作報告（一）〉，《國防部史政編譯局》，檔案管理局藏，檔號：B5018230601/0031/109.1/3111。

〔註 48〕依筆者所能掌握資料，僅知量七至量十二，定於 1942 年下半年下水成軍，並於是年 10 月公布編制表，見「民國三十一年七月份海軍部工作報告」、「民國

江南造船所訂造 2 艘，[註49] 1943 年年初竣工，配備官兵就役，各取名為「開明」、「平治」。[註50] 此外，新造測量艇陸續加入後，原有江風、靖平改為預備艇，[註51] 拆卸其零件供該局或其他部隊使用，[註52] 而綏和艇推測是另調他用。[註53]

表 4-7　汪政府海軍部建設海軍五年計畫（測量艇部分）

型　號	計畫規格	單價（日圓）	建造計畫（1941 年 7 月至 1946 年 6 月）					
			第一年度	第二年度	第三年度	第四年度	第五年度	總計
大型測量艇（F 型）	排水量 15 噸最高航速 8 節	18 萬	2	2	2	2	2	10
小型測量艇（G 型）	排水量 5 噸最高航速 8 節	5 萬	6	5	2	3	4	20

資料來源：「海軍部呈軍事委員會文，附件：海軍部建設新海軍五年計畫」（1941 年 9月 10 日），〈汪偽海軍部建設新海軍五年計劃案〉，《國防部史政編譯局》，檔案管理局藏，檔號：B5018230601/0030/570.32/3111。

三十一年十月份海軍部工作報告」，〈汪偽海軍部工作報告（一）〉，《國防部史政編譯局》，檔案管理局藏，檔號：B5018230601/0031/109.1/3111。

〔註49〕〈海軍部指令〉（艦字第 304 號，1941 年 12 月 8 日），《海軍公報》，第 20 號（1942 年 1 月 1 日），頁 16。「艦政司最近六個月處理主要事項報告」，〈汪偽海軍部工作報告（一）〉，《國防部史政編譯局》，檔案管理局藏，檔號：B5018230601/0031/109.1/3111。

〔註50〕「民國三十二年一月份海軍部工作報告」、「民國三十二年二月份海軍部工作報告」，〈汪偽海軍部工作報告（二）〉，《國防部史政編譯局》，檔案管理局藏，檔號：B5018230601/0031/109.1/3111。

〔註51〕「民國三十一年七月份海軍部工作報告」，〈汪偽海軍部工作報告（一）〉，《國防部史政編譯局》，檔案管理局藏，檔號：B5018230601/0031/109.1/3111。

〔註52〕1942 年 9 月該局核准拆卸靖平艇，並將其機器零件列冊妥善保管。1943 年 5月將江風艇之無線電設備卸下，連同備用及附屬零件，交由海興艦運回南京，再轉發漢口基地部使用。見「民國三十一年九月份海軍部工作報告」，〈汪偽海軍部工作報告（一）〉，《國防部史政編譯局》，檔案管理局藏，檔號：B5018230601/0031/109.1/3111。「民國三十二年五月份海軍部工作報告」，〈汪偽海軍部工作報告（三）〉，《國防部史政編譯局》，檔案管理局藏，檔號：B5018230601/0031/109.1/3111。

〔註53〕據 1943 年 7 月撰成的〈近年來中國海軍事業概況〉草稿，在「測量現狀」一節中，水路測量局轄下船艦，未列出綏和艇，見「海軍部函宣傳部，附件：近年來中國海軍事業概況」（1943 年 7 月 10 日），〈汪偽海軍部工作報告（三）〉，《國防部史政編譯局》，檔案管理局藏，檔號：B5018230601/0031/109.1/3111。

　　從上所述，吾人可得知水路測量局的測量船隊，至 1943 年已有 15 艘的規模。〔註 54〕但多為小型船隻，最大的和風艇也不過 160 噸，其餘皆在十幾噸以下，若出測沿海恐力有未逮。該局深知此缺陷，早自 1941 年起即極力爭取大型測量艦。1941 年 3 月 25 日，汪政府軍事委員會於南京舉行軍事會議，海軍部在會中提出建軍計畫，除了自建艦艇之外，也規劃向日方爭取讓渡軍艦，其中包含 600 噸的鄱陽艦，〔註 55〕欲以該艦充作大型測量艦。〔註 56〕海軍部這樣的籌畫，應是水路測量局曾向該部提出需求。不過，此提案之後便無下文，似乎日方不願轉讓這些船艦。

　　1942 年 4 月 1、2 日，汪政府海軍部為檢討往年施政，策畫來年發展起見，召集該部各附屬機關及各艦主管，舉行全國海軍會議。〔註 57〕會議期間水路測量局局長葉可松曾提出添造測量艦一案。葉氏提到以該局現有艇隊測量長江自江陰以上，尚可勝任，若測務擴及至長江口及沿海，則無法適用。因此，他提議建造大型測量艦，性能須適航於江海，配有長距離耐航設備、測量應用儀器，排水量約 500 至 600 噸。〔註 58〕大會雖同意其提案，但其決議辦法，不是自建測量艦，仍是商請日海軍讓渡鄱陽艦，交由該部軍令處軍務司先與部中日籍顧問接洽。〔註 59〕日方對此需求則未有進一步回應，直至

〔註 54〕扣除掉已轉為預備艇的江風、靖平，以及可能移作他用的綏和艇，其餘 15 艘分別為和風、開明、平治與量字號十二艘。

〔註 55〕當時鄱陽艦配屬於上海海軍航路部第一測量隊轄下，見「上海海軍航路部第 9 回支那事變功績概見表」，〈自昭和 15 年 11 月至昭和 16 年 5 月支那事變功績概見表〉，《防衛省防衛研究所》，JACAR（アジア歷史資料センター）Ref.C14121041100。

〔註 56〕汪政府海軍部想從日海軍手上得到的讓渡艦，除了鄱陽艦之外，尚有由原國府海軍寧海艦改修的「御藏」、平海艦改裝的「見島」，以及竹生砲艇共四艘，見「海軍部建設新海軍五年計畫（海軍部部長任援道提案）」，〈汪偽海軍部會議記錄（一）〉，《國防部史政編譯局》，檔案管理局藏，檔號：B5018230601/0030/003.9/3111。

〔註 57〕「海軍部呈行政院、軍事委員會文」，〈汪偽海軍部會議記錄（二）〉（1942 年 5 月 12 日），《國防部史政編譯局》，檔案管理局藏，檔號：B5018230601/0030/003.9/3111。

〔註 58〕「海軍部呈行政院、軍事委員會文，附件：海軍會議提案」，〈汪偽海軍部會議記錄（二）〉（1942 年 5 月 12 日），《國防部史政編譯局》，檔案管理局藏，檔號：B5018230601/0030/003.9/3111。

〔註 59〕「海軍部呈行政院、軍事委員會文，附件：審查意見與決議紀錄」，〈汪偽海軍部會議記錄（二）〉（1942 年 5 月 12 日），《國防部史政編譯局》，檔案管理局藏，檔號：B5018230601/0030/003.9/3111。

1943 年底才將原海關沿岸監視船——海晏艦，無償借與水路測量局使用，該局將此艦取名為惠風，1944 年 1 月 23 日舉辦命名典禮。該艦排水量 505 噸，艦長 41.9 公尺，常備吃水 2.27 公尺。另一方面，可能是進入戰爭後期，物資缺乏之故，該艦應配置兵器、無線電與回音測深機均未備齊。〔註60〕至此，水路測量局才取得較大型的測量艦。

五、業務推展及成果

　　1939 年 11 月，綏靖部水路局制定的施政大綱，其中有測量作業計畫，預計 1943 年測畢長江水道。1940 年先測繪黃浦江，長江水道部分，自長江口開始，逐步向上游測量。1941 年測務推進到蕪湖，1942 年達九江，1943 年抵漢口。〔註61〕水路測量局的測量工作是否依此規劃推展？欲釐清此問題，須重建該局工作概況，方能得知。汪政府海軍部檔案中的海軍部工作報告，雖有記述水路測量局測量活動，但多未指明確切測量區域，常以「出測揚子江一帶」一語帶過，所幸尚可以另一途徑來探明。由於新測製海圖較貼近該水域水文情況，〔註62〕成立於 1921 年的海測國際組織——國際海道測量大會，為便於使用者判斷海圖參考價值，建議各國海圖標題記事須載明測量時間，〔註63〕而水路測量局的水道圖記事有依此規範來刊載。

　　水路測量局刊行的水道圖，可見於中央研究院近代史檔案館，總計有 36 幅（參見表 4-8），其中只有一幅為軍用圖，其餘皆為一般水道圖。仔細審視這些水道圖的標題記事，可得知該局的測量工作內容及其進展。首先，水路測量局的測務是立於海測局基礎之上。許多水道圖標題記事提及「原圖為海道測量局某年測量，加添至某年之資料」，其中的「加添」應是「複測」，表

〔註60〕「民國三十一年十二月份海軍部工作報告〔按：應為民國三十二年〕」，〈汪偽海軍部工作報告（三）〉，《國防部史政編譯局》，檔案管理局藏，檔號：B5018230601/0031/109.1/3111。〈惠風測量艦舉行命名典禮〉，《申報》，上海，1944 年 1 月 23 日，版3。

〔註61〕「綏靖部水路局施政大綱」，〈汪偽海軍部暨所屬編制案（一）〉，《國防部史政編譯局》，檔案管理局藏，檔號：B5018230601/0028/581/3111.2。

〔註62〕吳寅譯，〈海圖之修正及應用（續）〉，《海軍雜誌》，第 5 卷第 6 期（1933 年），頁 12。

〔註63〕水路部，《千九百十九年國際水路會議決議事項及水路部意見》（東京：水路部，1920），頁 13。此文件見於「国際水路会議／分割 1」，〈万国航海会議一件附水路会議第三巻〉，《外務省外交史料館》，JACAR（アジア歴史資料センター）Ref.B07080466900。

示該段水道是據海測局原圖進行複測。只有少部區域是由水路測量局重測製圖，例如黃浦江（圖號 507～510）、天河口至南京（圖號 148）、南京港（圖號 149）與雞頭山至黃洲新灘（圖號 151）。

　　其次，水路測量局依施政大綱進行測務，只是執行進度比原規劃來得快。1940 年完成黃浦江、長江口至鎮江焦山段，1941 年測畢南京至九江八里江口。1942 年測至漢口，較原計畫提早一年完成長江測量。1943 年補測鎮江至南京附近水道。1944 年的工作概況較為模糊，僅能從汪政府海軍部工作報告中略知一二。該年水路測量局派遣惠風測量艇，出測通州、崇明島、梅子洲、福姜沙、扁擔沙與江心洲一帶，以及檢測長江瀏河口水道。〔註64〕1945 年的情形，因史料付之闕如，無法明瞭。值得一提的是，該局亦曾支援上海航路部作業，例如 1943 年 11 月派員協助測量雞頭山至黃州新灘一帶，1944 年 1月襄助蕪湖一帶測務。〔註65〕這樣的事例顯示，當日人的航路部需要人手時，則由水路測量局供給人員，可見兩機關有密切關係。

　　航船布告亦為重要業務。此通告文件主要為傳布航安最新資訊，諸如導航標誌變動、礙航危險物、重要新測水深更正與新版圖書之刊行。〔註66〕從表 4-9 來看，可知水路測量局發行航船布告號數有逐年增加之趨勢，代表著該局致力將水道最新變動狀況公佈於眾，以維航行安全。航船布告除了印製紙本流布之外，當時各國亦有設置無線電臺，廣播告示內容，俾使船舶航行時也能掌握資訊。水路測量局比照此作法，在局內附設無線電臺，播送布告。在刊行方面，囿於經費問題，該局無印刷設備，因而印製海圖及航船布告之事，商請航路部代印。〔註67〕另因其測製之圖僅限於長江水道，至於沿海部分，則是校正海測

〔註64〕「民國三十三年海軍部七月份工作報告」、「民國三十三年海軍部八月份工作報告」、「民國三十三年九月份海軍部工作報告」、「民國三十三年十月份海軍部工作報告」，〈汪偽海軍部工作報告（三）〉，《國防部史政編譯局》，檔案管理局藏，檔號：B5018230601/0031/109.1/3111。

〔註65〕「海軍部工作報告三十二年十月份」、「中華民國三十三年一月份海軍部工作報告」，〈汪偽海軍部工作報告（三）〉，《國防部史政編譯局》，檔案管理局藏，檔號：B5018230601/0031/109.1/3111。

〔註66〕張芝生、張元旭與曾正雄等編著，《測繪學辭典》（臺北：國立編譯館，2003），頁 427。

〔註67〕〈海軍部軍事委員會文〉（需字第 483 號，1941 年 11 月 25 日），《海軍公報》，第 19 號（1941 年 12 月 1 日），頁 24。無線電臺確切設置時間無法得知，但可從一些線索推估。1941 年底，水路測量局鑒於業務擴展，該局現狀與 1940 年的組織條例已有諸多不符之處，因而請海軍部呈行政院與軍事委員會准予修

局發行的二十五幅海岸圖後，再刊行發售。〔註68〕

　　此外，若依水路測量局組織條例來看，該局在製圖與發佈航船布告之外，尚有其他業務，如管理航路設施與編纂潮汐表。〔註69〕但是，從汪政府《海軍公報》及其留下的檔案，似乎未見該局有推展這兩項事務，而僅止於籌畫。前文提及的施政大綱曾談到，航路標識所用船艇器材，應盡快補充，但此事「茲事體大」，應視發展狀況，另再詳為規劃。此處的茲事體大，可能是船艇組建、器材採購所費不貲。況且，水路測量局初始的工作重心是測量長江，〔註70〕當擴充設備時，首重測量所用艦艇及儀器。因而在測量業務優先的方針之下，履行管理航路設施之責的日程，可能也隨之延後。

　　至於編纂潮汐表一事，戰前海測局原設有驗潮站數處，收集數據，以便推算潮汐，但自中日戰爭開始後，多數毀壞。局長葉可松認為查驗潮汐有助於測量、航海及漁業水產。囿於無法立即全數恢復，他曾在 1942 年的海軍會議中提議，只須重建綠華山驗潮站即可，乃因該站數據可推算長江口與江蘇各口岸潮汐。大會原則上同意其提案，要求葉氏詳擬計畫，由海軍部審核。〔註71〕不

訂，其後層峰於 1942 年 4 月同意。其中，即有增列一條，附設無線電臺播送水路告示（即航船布告），表示該臺可能因業務需要而先設置，因而此次修正組織條例時增列。據此，推測該無線電臺可能在 1940 至 1941 年間設立。另據 1943 年 7 月汪政府海軍部所編的近年來中國海軍事業概況，在無線電臺設立一節中，即有列出水路測量局無線電臺，顯示該臺是有成立、運作。參見「水路測量局呈海軍部文」（1941 年 12 月 6 日），〈汪偽海軍部暨所屬編制案（六）〉，《國防部史政編譯局》，檔案管理局藏，檔號：B5018230601/0028/581/3111.2。〈海軍部訓令水路測量局〉（務字第 124 號，1942 年 4 月 29 日），《海軍公報》，第 24 號（1942 年 5 月 1 日），頁 12。「海軍部函宣傳部，附件：近年來中國海軍事業概況」（1943 年 7 月 10 日），〈汪偽海軍部工作報告（三）〉，《國防部史政編譯局》，檔案管理局藏，檔號：B5018230601/0031/109.1/3111。

〔註68〕〈海軍部指令〉（務字第 4 號，1942 年 1 月 12 日），《海軍公報》，第 21 號（1942 年 2 月 1 日），頁 15。

〔註69〕〈水路測量局組織條例〉，收入於「中國國家圖書館‧中國國家數字圖書館民國法律資料庫」：http://mylib.nlc.gov.cn/web/guest/minguofalv。（2017 年 1 月 26 日查詢）「行政院指令行字 7422 號，附件：水路測量局暫行組織條例」（1942 年 4 月 16 日），〈汪偽海軍部暨所屬編制案（六）〉，《國防部史政編譯局》，檔案管理局藏，檔號：B5018230601/0028/581/3111.2。〈修正水路測量局暫行組織條例〉，收入於「中國國家圖書館‧中國國家數字圖書館民國法律資料庫」：http://mylib.nlc.gov.cn/web/guest/minguofalv。（2017 年 1 月 27 日查詢）

〔註70〕「綏靖部水路局施政大綱」，〈汪偽海軍部暨所屬編制案（一）〉，《國防部史政編譯局》，檔案管理局藏，檔號：B5018230601/0028/581/3111.2。

〔註71〕「海軍部呈行政院、軍事委員會文，附件：海軍會議提案」，〈汪偽海軍部會議

過，此事後來似乎無下文，吾人在目前可得見的史料中，未見水路測量局在1942年設置驗潮站及編纂潮汐表的記述。

表 4-8　水路測量局刊行水道圖

圖　　號	圖　　名	出版時間	標題記事
第 139 號	崇明島南側	19410101	原圖海道測量局 1936 年測量，加添至 1940 年之資料。
第 140 號	通州水道及附近	19410101	原圖海道測量局 1936 年測量，加添至 1940 年之資料。
第 141 號	江陰附近	19410101	原圖海道測量局 1936 年測量，加添至 1940 年之資料。
第 143 號	連成州至永安州	19410101	原圖海道測量局 1925～1936 年測量，加添至 1940 年之資料。
第 144 號	永安州至焦山	19410101	原圖海道測量局 1925～1936 年測量，加添至 1940 年之資料。
第 145 號	焦山至十二圩	19431115	1943 年水路測量局測量，以 1940 年測量資料補充之。
第 146 號	鎮江港及附近	19430601	1942 年水路測量局測量，以 1940 年測量資料補充之。
第 147 號	十二圩至天河口	19430101	原圖 1924 至 1940 年測量，1942 年 2 月複測。
第 148 號	天河口至南京	19430615	1942 年水路測量局測量，以 1940 年所測之資料補充。
第 149 號	南京港	19430615	1942 年水路測量局測量，以 1940 年所測之資料補充。
第 150 號	南京至雞頭山	19410601	原圖 1923 至 1936 年海道測量局測量，加添至 1941 年之資料。
第 151 號	雞頭山至黃洲新灘	19440215	1943 年水路測量局測量，以 1941 年所測之資料補充。
第 152 號	黃洲新灘至廣福磯	19410610	原圖係 1928 至 1932 年海道測量局測量，加添至 1941 年之資料。
第 153 號	廣福磯至黑沙洲	19410701	原圖係 1927 至 1936 年海道測量局測量，加添至 1941 年之資料。

記錄（二）〉（1942 年 5 月 12 日），《國防部史政編譯局》，檔案管理局藏，檔號：B5018230601/0030/003.9/3111。「海軍部呈行政院、軍事委員會文，附件：審查意見與決議紀錄」，〈汪偽海軍部會議記錄（二）〉（1942 年 5 月 12 日），《國防部史政編譯局》，檔案管理局藏，檔號：B5018230601/0030/003.9/3111。

第 154 號	黑沙洲至隆興洲	19410801	原圖係 1927 至 1933 年海道測量局測量，加添至 1941 年之資料。
第 155 號	隆興洲至成德洲	19410901	原圖係 1927 至 1934 年海道測量局測量，加添至 1941 年之資料。
第 156 號	成德洲至鐵板洲	19410901	原圖係 1928 至 1934 年海道測量局測量，加添至 1941 年之資料。
第 157 號	鐵板洲至新開溝	19410901	原圖係 1928 至 1934 年海道測量局測量，加添至 1941 年之資料。
第 158 號	新開溝至廣豐圩	19410901	原圖係 1928 至 1934 年海道測量局測量，加添至 1941 年之資料。
第 159 號	廣豐圩至阜康圩	19411001	原圖係 1928 至 1934 年海道測量局測量，加添至 1941 年之資料。
第 160 號	阜康圩至牌石磯	19411201	原圖係 1925 至 1935 年海道測量局測量，加添至 1941 年之資料。
第 161 號	牌石磯至小孤山	19420301	原圖係 1925 至 1935 年海道測量局測量，加添至 1942 年之資料。
第 162 號	小孤山至八里江口	19420101	原圖係 1925 至 1935 年海道測量局測量，加添至 1941 年之資料。
第 163 號	八里江口至九江	19420201	原圖係 1925 至 1935 年海道測量局測量，加添至 1942 年之資料。
第 164 號	九江至武穴	19420301	原圖係 1936 年海道測量局測量，加添至 1942 年之資料。
第 165 號	武穴至李家洲	19420301	原圖係 1924 至 1937 年海道測量局測量，加添至 1942 年之資料。
第 166 號	李家洲至迴風磯	19420315	原圖係 1924 至 1937 年海道測量局測量，加添至 1942 年之資料。
第 167 號	迴風磯至三江口	19420315	原圖係 1924 至 1937 年海道測量局測量，加添至 1942 年之資料。
第 168 號	三江口至葉家洲	19420315	原圖係 1924 至 1937 年海道測量局測量，加添至 1942 年之資料。
第 169 號	葉家洲至漢口	19420315	原圖係 1924 至 1937 年海道測量局測量，加添至 1942 年之資料。
第 505 號	南港由海至吳淞	19410101	原圖係 1936 年海道測量局測量，加添至 1940 年之資料。
第 507 號	吳淞至高橋港	19410101	水路測量局 1941 年測量。
第 508 號	高橋港至楊樹浦港	19410901	水路測量局 1940 年測量。
第 509 號	楊樹浦港至張家浜	19410901	水路測量局 1940 年測量。

| 第 510 號 | 張家浜至塘口 | 19410901 | 水路測量局 1940 年測量。 |
| 軍字第 220 號 | 海州灣暨連雲口岸 | 19430515 | 水路測量局採集 1936 年以前最新資料加以調製。 |

資料來源：〈揚子江港灣及中國沿海水道圖〉，《經濟部地圖》，中研究近史所檔案館藏，檔號：13-03-17-001 至 13-03-17-031、13-03-17-042 至 13-03-17-046。

表 4-9　水路測量局航船布告發行號數

年　分	航船布告發行號數		年　分	航船布告發行號數	
	一　般	號　外		一　般	號　外
1941	222	7	1943	643	8
1942	540	11	1944	469	6

說明：1944 年的號數統計至該年 10 月。

資料來源：「軍務司最近六個月處理主要事項」，〈汪偽海軍部工作報告（一）〉，《國防部史政編譯局》，檔案管理局藏，檔號：B5018230601/0031/109.1/3111。「民國三十一年十二月份海軍部工作報告」、「民國三十二年一月份海軍部工作報告」，〈汪偽海軍部工作報告（二）〉，《國防部史政編譯局》，檔案管理局藏，檔號：B5018230601/0031/109.1/3111。「民國三十二年十二月份海軍部工作報告」、「民國三十三年十月份海軍部工作報告」，〈汪偽海軍部工作報告（三）〉，《國防部史政編譯局》，檔案管理局藏，檔號：B5018230601/0031/109.1/3111。

第二節　戰後的重建與局務推展

　　抗戰結束後，海軍著手復原戰前各機關，海道測量局被列入第一批恢復的機構，續由該局綜理全國海洋及江河通航安全業務。本節先說明海測局如何復局，次談其工作推展，最後敘述 1949 年國共戰爭失利的局勢之下，該局遷臺經過。

一、復局及其組織沿革

　　1945 年 8 月 15 日，日本向盟國無條件投降。雖然海軍總司令部在 8 月下旬擬定的海軍整編計畫中，規劃恢復海道測量局。〔註 72〕但當時較急迫要事，則是接收日海軍的工作，該局未立即於日本戰敗後重建。9 月 13 日，海軍總司令部從重慶遷至上海，派五名少將負責華北、華南、漢潯、南京與臺

〔註 72〕「軍事委員會海軍整編計畫」（1945 年 8 月 20 日），〈海軍整編計劃案〉，《國防部史政編譯局》，檔案管理局藏，檔號：B5018230601/0034/570.32/3815.6。

澎等區接收工作。日軍在上海遺留艦艇較為殘破，滬區接收重點在於倉儲物資。該司令部先派人至海軍各工廠、倉庫與機構，防範日人走漏或私賣物資，並派士兵看守。次令日海軍將物資造冊列報，再由其派員點驗，1946 年 2 月上旬方才接收完畢。〔註73〕

　　海軍在上海的接收工作頗為繁重，復以遣送日俘之事迫在眉梢，1945 下半年一時之間無力接收位於滬區的水路測量局，又顧及長江測量業務不可中斷，方能維持航安。在不得已狀況下，權且由原水測局局長葉可松維持局務，該局人員降級暫用，協同辦理接收工作，事畢予以遣散。〔註74〕1946 年初，隨著上海接收工作接近尾聲，軍政部海軍處〔註75〕鑑於海道測量業務有關航行安全及國家主權，應盡快恢復海道測量局，1 月 16 日派海軍中校顧維翰，赴滬接收水路測量局。顧氏奉令後，19 日即到局接管，其後草擬組織條例及編制，1 月底送部審核，2 月 1 日先行成立軍政部海軍處海道測量局。〔註76〕

　　約在海測局籌備復原之時，英國太平洋艦隊司令向外交部表示，由其進行的珠江掃雷工作，可望於 2 月中旬結束，但在開放航行前，應先測量該處江道。英方詢問中國，可否由其測量珠江。外交部擬同意所請，並由我方派員隨

〔註73〕海軍司令部《近代中國海軍》編輯部編著，《近代中國海軍》（北京：海潮出版社，1994），頁 995～996。

〔註74〕1945 年 11 月 3 日，葉可松呈海軍總司令部駐滬辦事處的文中，其署名為「奉諭維持海道測量局局務葉可松」，可知國府海軍在未派員接收水路測量局前，仍由葉氏維持局務，參見「葉可松呈海軍總司令部駐滬辦事處文」（1945 年 11 月 3 日），〈上海區日帝汪偽機關資產接收案（三）〉，《國防部史政編譯局》，檔案管理局藏，檔號：B5018230601/0034/701.12110。顧維翰，〈主政海道測量局十有二年憶述〉，收入於海軍總司令部編，《中國海軍之締造與發展》，頁 110。

〔註75〕國府為因應戰後海軍整建事務，1945 年 9 月在軍政部中增設海軍處，負責掌理海軍行政、教育、訓練與建造等事宜，由該部部長陳誠兼任處長，調駐英海軍學員領隊官周憲章任副處長。12 月，撤銷原先在抗戰期間由海軍部改編的海軍總司令部，並由海軍處接管原先的軍令業務，參見陳孝惇，〈國共戰爭期間海軍整建之研究（1945～1950）〉，《中華軍史學會會刊》，第 5 期（1999 年 12 月），頁 235～236。

〔註76〕「顧維翰電軍政部海軍處」（1946 年 1 月 19 日），〈日帝汪偽移交艦船接收處理案（五）〉，《國防部史政編譯局》，檔案管理局藏，檔號：B5018230601/0034/771/6010。「海軍處電軍政部」（1946 年 3 月 1 日），〈海道測量局編制案（六）〉，《國防部史政編譯局》，檔案管理局藏，檔號：B5018230601/0010/581.4/3815.7。「顧維翰快郵代電軍政部海軍處軍務組」（1946 年 2 月 9 日），〈海道測量局編制案（六）〉，《國防部史政編譯局》，檔案管理局藏，檔號：B5018230601/0010/581.4/3815.7。

同工作。但軍令部意見與外交部相左，認為英方代測之舉，恐有獲取內河航行機密之嫌，應予以婉拒。國民政府參軍處軍務副局長毛景彪（1912～1961）將此事電呈蔣中正（1887～1975），分析此事除事關維護機密外，也關係主權，建議依軍令部意見回覆，並飭軍政部海軍處儘速規復海道測量機關，著手測量工作。〔註77〕蔣得知此事後，採取毛氏腹案，3月初另對於海道測量機構設立一事，指示軍令、軍政兩部會商後呈報。〔註78〕

　　軍政部接到蔣電，較留意海測局復設事宜，該部以為該局測量船隻缺乏，測量人員四散，儀器不完備，審閱顧氏所擬組織編制，認為不必組設龐大機構，僅需設立一籌備處，官佐20至30員，士兵按一般規定設置即可。〔註79〕3月22日，軍政部聯繫軍令部，表示該部已成立海道測量局，專司測量業務，亦令飭該局擬具測量珠江計畫。〔註80〕針對層峰關注海測局設立一事，3月下旬海軍署〔註81〕回覆軍政部，復局尚稱順利，將接收自日人的艦艇加以修理、配備，尚可敷用；水路測量局遺留的測量儀器堪稱完備；而戰前海測局人員雖星散各處，也易召集。目前海測局的業務正在恢復，已開始測量長江蕪湖段，刊行航船布告。該處另力主顧維翰所擬編制並無鋪張之處，希望軍政部核准顧氏的組織草案，以利測務推行。〔註82〕

　　海軍署詳細說明現況後，4月初軍政部核准顧氏所擬的組織條例，〔註83〕所做的調整，僅是刪減編制員額。該局設少將局長一人，上校技術主任一人，輔助局長處理各項業務。局內有總務、測量、製圖、推算、潮汛與海事等六

〔註77〕　「毛景彪電蔣中正」（1946年2月22日），〈對英法德義關係（三）〉，《蔣中正總統文物》，國史館藏，入藏登錄號：002000002102A。

〔註78〕　「國民政府軍務局代電軍令部」（1946年3月2日），〈海道測量局編制案（六）〉，《國防部史政編譯局》，檔案管理局藏，檔號：B5018230601/0010/581.4/3815.7。

〔註79〕　「陳誠電海軍處」（1946年2月16日），〈海道測量局編制案（六）〉，《國防部史政編譯局》，檔案管理局藏，檔號：B5018230601/0010/581.4/3815.7。

〔註80〕　「軍政部代電軍令部」（1946年3月20日），〈海道測量局編制案（六）〉，《國防部史政編譯局》，檔案管理局藏，檔號：B5018230601/0010/581.4/3815.7。

〔註81〕　軍政部海軍處接管海軍總司令部後，業務增多，又其編制過小，不易規劃海軍建設工作及安插原海軍總司令部人員，而於1946年3月5日擴編為海軍署，見張力、韓祥麟、何燿光與陳孝惇撰稿，《海軍艦隊發展史（一）》（臺北：國防部史政編譯局，2001），頁101～102。

〔註82〕　「海軍處簽呈」（1946年3月25日），〈海道測量局編制案（六）〉，《國防部史政編譯局》，檔案管理局藏，檔號：B5018230601/0010/581.4/3815.7。

〔註83〕　「軍政部代電海軍署」（1946年4月），〈海道測量局編制案（六）〉，《國防部史政編譯局》，檔案管理局藏，檔號：B5018230601/0010/581.4/3815.7。

課，編制人員總計 100 員。若與戰前海測局組織相較，其中前五課是沿襲設置，其職掌也相去無幾，但海事課則是新增的，該課職責是編纂海事圖誌及出版品、發行航船布告與管理航行標識。〔註84〕此課何以設置？因為水路測量局置有航路課，該課負責的主要兩事項，即為管理航路標識與發行航船布告，可能顧維翰起草條例時參酌了水路測量局的架構。

海道測量局組織編制表的附記提及，待需要之時再籌設測量辦事處，但未言明其職掌。辦事處究竟要承擔何種任務？4 月底顧維翰已有規劃，顧氏認為長江是中國重要內河航道，維持航安步驟，先恃精確水道圖，而後按圖索驥，設置航路標識，養成引水人員。但上述事權統屬不一，致使長江管理事務難收指臂之效。因此，他建議長江標識與引水事權，應於最短時間交歸海測局。又為因應日後承接此項業務，顧氏計畫先於南京、九江與漢口三地，次第成立辦事處，再推及於其他私港，諸如珠江等處，奠定接管基礎。辦事處掌理事項計有：協助測量、巡視水道、整理測量固定目標、保管及供應測量用具、商洽艦艇小修、通訊聯繫、潮汐管理、臨時領航、發售圖書、轉遞通告與應付海員諮詢等事。〔註85〕

海軍署審核此案，同意設置辦事處，但應改稱為分局，另認為標識、引水職權分屬海關與交通部，不便立即更動，海測局接管一事應先緩議。〔註86〕8 月，國防部審定海測局分局編制，〔註87〕除分局首長名稱由主任改為分局長外，其餘皆准予備案。〔註88〕海軍總司令部（簡稱為海軍總部）將此事轉知顧維翰，〔註89〕另鑒於珠江測量頗為急要，令其盡快成立廣州分局，至於

〔註84〕「軍政部海軍署海道測量局組織規程」（1946 年 4 月）、「軍政部海軍署海道測量局系統表」（1946 年 4 月）、「軍政部海軍署海道測量局編制表」（1946 年 4 月），〈海道測量局編制案（六）〉，《國防部史政編譯局》，檔案管理局藏，檔號：B5018230601/0010/581.4/3815.7。

〔註85〕「海道測量局呈海軍署文」（1946 年 4 月 29 日），〈海道測量局編制案（六）〉，《國防部史政編譯局》，檔案管理局藏，檔號：B5018230601/0010/581.4/3815.7。

〔註86〕「海軍署海事處致軍務司箋」（1946 年 5 月 27 日），〈海道測量局編制案（六）〉，《國防部史政編譯局》，檔案管理局藏，檔號：B5018230601/0010/581.4/3815.7。

〔註87〕1946 年 6 月 1 日，改組國防體系，新設的國防部取代軍事委員會，參見張力、韓祥麟、何燿光與陳孝惇撰稿，《海軍艦隊發展史（一）》，頁 102。

〔註88〕「國防部代電海軍總司令部」（1946 年 8 月 1 日），〈海道測量局編制案（六）〉，《國防部史政編譯局》，檔案管理局藏，檔號：B5018230601/0010/581.4/3815.7。

〔註89〕1946 年 7 月軍政部海軍署改編為海軍總司令部，隸屬於國防部，參見張力、韓祥麟、何燿光與陳孝惇撰稿，《海軍艦隊發展史（一）》，頁 102。

南京、漢口與九江等三分局，先派員勘察情形，再由海總部定奪是否設置。
〔註90〕該局經過勘察，計畫將分局設於青島、基隆、葫蘆島與三亞等四處，
並於 1947 年增設。〔註91〕

　　然而，1947 年度國防部軍費預算縮減，該部令轄下各單位重新調整本年
度工作計畫，指示擇其應辦而又能辦成者，才能列入。〔註92〕在此影響下，海
測局暫不設置分局，改為編組三個測量隊。〔註93〕海測局更改計畫的同時，
1947 年春季，政府籌劃接收西南沙群島，該局奉令先行組織西沙測量隊，而
該隊編制成為海測局測量隊組織藍本。嗣後，第一測量隊成立，原西沙測量隊
即改編為第二測量隊。〔註94〕測量隊官佐編制共 19 人，其中中校隊長、少校
副隊長各一人，測量員 9 人，士官兵與差役共 35 人，總計為 57 人。各隊配置
母艦一艘，以便儲存油糧、錘測正港；分設兩個工作班，備妥排水量約四噸的
汽艇與舢版各兩艘。出測時可雇用民伕協助，另就工作地點附近租用民房，供
官兵休息住宿。〔註95〕

　　1947 年冬季，海測局鑑於航海及測量儀器需分批整理與檢校，11 月增設航
測儀器檢修組，承修該局測量艦艇各種儀器，以免造成日後修理困難。另一方
面，隨著該局工作推展，測量人才不敷所用，致使第三測量隊因專才不足，而
無法成立。該局為節省人力與物力，裁撤第三測量隊，另為育才起見，設立海
道測量訓練班，〔註96〕自海軍各處學校招生，經複試後共有 20 名學生入學。

〔註90〕「海軍總司令部代電顧維翰」（1946 年 8 月 16 日），〈海道測量局編制案（六）〉，
　　　　《國防部史政編譯局》，檔案管理局藏，檔號：B5018230601/0010/581.4/3815.7。

〔註91〕「海軍總司令部三十六年度工作計畫」，〈海軍總部施政計劃（三十六至三十
　　　　八年）〉，《國防部史政編譯局》，檔案管理局藏，檔號：B5018230601/0036/060.
　　　　24/3815。

〔註92〕「國防部訓令（卅六）宿島字 0055 號」（1947 年 2 月 4 日），〈海軍總部施政
　　　　計劃（三十六至三十八年）〉，《國防部史政編譯局》，檔案管理局藏，檔號：
　　　　B5018230601/0036/060.24/3815。

〔註93〕「海事處配合核定預算重新修正卅六年度氣象測量工作計畫」（1947 年 3 月
　　　　19 日），〈海軍總部施政計劃（三十六至三十八年）〉，《國防部史政編譯局》，
　　　　檔案管理局藏，檔號：B5018230601/0036/060.24/3815。

〔註94〕徐道洪，〈出測西沙島追記〉，收入於海道測量局編，《海軍海道測量局建局三
　　　　十八週年紀念特刊》（左營：海道測量局，1960），頁 33。海道測量局，《海軍
　　　　海道測量局沿革史》，無頁碼。

〔註95〕「海軍總司令部海道測量局測量隊編制表」，〈海道測量局編制案（六）〉，《國
　　　　防部史政編譯局》，檔案管理局藏，檔號：B5018230601/0010/581.4/3815.7。

〔註96〕該訓練班設主任、副主任各 1 人，教官 3 人，助教 2 人，學生隊長 1 人，

1948 年 3 月訓練班正式授課，11 月進行實習，並於年終結業。〔註 97〕

二、艦員組建及工作推展

（一）艦員組建

戰後海測局所屬測量艦艇如表 4-10 所揭，海軍從接收自日軍及汪政府的艦艇之中，擇其裝備較次者 12 艘，配屬海道測量局。〔註 98〕艦身較大者為甌江與贛江等 2 艘，未幾奉令發還英商太古公司；較小者計有漂河、淮河、汶河、涇河與灌河等 5 艘，剩餘 5 艘小型輔助艇，則改編為測字 6、8、14、15、16 等號。1946 年 9 月，海軍總部將青天艦及崇寧、焦山、淮陰等三砲艇，移交該局。1948 年春，漂河等五艘河字號奉令分交江蘇、浙江省政府。〔註 99〕

人員來源方面。從表 4-11 來看，復局後擔任領導或管理職的軍官，戰前曾在該局任職，應可推知海測局復員時，召集戰前該局人員返局服務。然而，這批舊員仍不敷所用。如前文所述，海測局無足夠測量人才，可編組三個測量隊，解決方式除了僅編成兩隊，以及設立海道測量訓練班，應急育才之外，另一方法，則是招募曾在汪政府水路測量局服務，但戰後已遣散的測量員。該局這樣的做法，使得曾在汪政府水路測量局供職之人，又有一展其專才的機會。例如，徐道洪，江蘇省江都人，曾入汪政府水測局測量技術養成所修習，1950 年代歷任海測局第一測量隊上尉副隊長、測量組中校組長；楊澄之，浙江省崇德人，其學歷亦與徐氏相同，該局遷臺後曾任該局測量組少校組長。〔註 100〕

以及其他官佐共 9 人，士兵工役 6 人，參見「海軍總司令部代電海道測量局，附件：海軍海道測量訓練班編制草案」（1948 年 1 月 16 日），〈海道測量局編制案（六）〉，《國防部史政編譯局》，檔案管理局藏，檔號：B5018230601/0010/581.4/3815.7。

〔註 97〕「海軍總司令部呈國防部參謀總長文」（1947 年 12 月 19 日），〈海道測量局編制案（六）〉，《國防部史政編譯局》，檔案管理局藏，檔號：B5018230601/0010/581.4/3815.7。海道測量局，《海軍海道測量局沿革史》，無頁碼。

〔註 98〕「海軍總司令部三十五年度工作報告書」，〈海軍總部工作報告案（三十五年）〉，《國防部史政編譯局》，檔案管理局藏，檔號：B5018230601/0035/109.33815.2。

〔註 99〕海道測量局，《海軍海道測量局沿革史》，無頁碼。

〔註 100〕海道測量局，《海軍海道測量局沿革史》，無頁碼。海道測量局，《海軍海道測量局第一測量隊歷史》（左營：海道測量局，出版時間不詳），無頁碼。

表 4-10　戰後海道測量局所屬測量艦艇

艦　　名	原艦種	噸　　位	原　　名	接收地
青天	測量艦	684	洞庭丸	上海
崇寧	運輸艦	200	竹生	上海
焦山	砲艇	170	測八	武漢
淮陰	砲艇	120	長久	上海
灌河	測量艇	56.33	三芳丸	上海
淮河	測量艇	58	鳳山丸	上海
汶河	測量艇	48.32	山田丸	上海
涇河	測量艇	28.53	幸漁丸	上海
漂河	測量艇	53.9	第一□子丸	蕪湖
測 6	測量艇	4	十四號	武漢
測 8	測量艇	4	十五號	武漢
測 14	測量艇	7	量 5	上海
測 15	測量艇	7	量 7	上海
測 16	測量艇	7	量 9	上海

資料說明：1. 有關青天艦的另一記載，該艦原為鄱陽艦，噸數為 535 噸。海測局遷臺，
　　　　　青天艦也隨之來臺，1950 年改名為祁連，據海測局 1958 年所編沿革史載，
　　　　　祁連艦排水量為 651 噸。據此，有關青天艦相關記載，可能以表揭的較為
　　　　　接近與可信。2. 漂河艇原名，因原件毛筆字無法辨識，故以□表示。

資料來源：「海軍總司令部接收日艦艇表（第一表）」，〈接收日帝汪偽艦船物資統計表
　　　　　（三）〉，《國防部史政編譯局》，檔案管理局藏，檔號：B5018230601/0034/
　　　　　770/5004。「海軍接收敵偽艦艇命名冊（續）」，〈日帝汪偽移交艦船接收處
　　　　　理案（五）〉，《國防部史政編譯局》，檔案管理局藏，檔號：B5018230601/0034/
　　　　　771/6010。「海軍接收敵偽艦艇命名冊）」，〈日帝汪偽移交艦船接收處理案
　　　　　（八）〉，《國防部史政編譯局》，檔案管理局藏，檔號：B5018230601/0034/
　　　　　771/6010。

表 4-11　戰後海測局擔任領導或管理職軍官經歷

姓　　名	復局級職	任職時間	戰前海測局任職經歷
劉世楨	上校技術主任	19460120 後任職 19460615 調職	繪圖員、製圖課課長、推算課課長、皎日測量艦艦長、甘露測量艦艦長
曾以莪	中校潮汛課長	19460401-19480531	經歷不詳，僅知 1922 至 1931 年間，由海軍部調派入局受測量、繪圖訓練。
	中校測量課長	19480601-19490515	

李申榮	中校製圖課長	19460309-19490930	繪圖員、課員、推算課課長、景星測量艇艇長、慶雲測量艇艇長
陳長熇	少校潮汛課長	19480601-19490515	慶雲測量艇副長
陳長棟	中校推算課長	19460401-19490515	推算課課長、甘露測量艦測量正
陳長卿	中校海事課長	19480223 至 1958 年止均在職	繪圖員、課員、青天測量艦副長
徐奎昭	海道測量訓練班中校班副主任	19480301-19490515	青天測量艦測量副
羅嘉惠	青天測量艦少校艦長	19460916-194909	甘露測量艦測量員、測量正
林鏘	西沙測量隊中校隊長	19470401-19490831	青天測量艦測量正
黃劍藩	第一測量隊上尉代隊長	19470816-194908	慶雲測量艇測量副

資料來源：劉傳標，《中國近代海軍職官表》（福州：福建人民出版社，2004），頁 208 ～209。楊志本主編，《中華民國海軍史料》（北京：海洋出版社，1987），頁 435。海道測量局，《海軍海道測量局沿革史》（左營：海道測量局，1958），無頁碼。

（二）工作推展〔註 101〕

　　長江通州至江陰水道，乃為江口通往首都南京及中上游之咽喉，該段水文受到抗戰初期海軍在江陰沉船影響，每當漲潮流夾帶淤沙向上溯流時，常淤積於江陰一帶，其分布隨水流強弱而流動不定，頗不便於航行。並且，當時中上游地區軍民須賴航運補給，能否掌握此段水道水文，以維航行安全，乃為當務之急。1946 年 1 月，顧維翰接管水路測量局後，有鑑於此，特組臨時測量隊隨時施測，趕製藍圖與刊發航船布告，供航業機構使用。〔註 102〕同年 9 月，海軍總部將青天艦撥予海測局，該局安排該艦專測淞澄水道。〔註 103〕

　　1947 年，海測局先後成立第一、第二測量隊。第一測量隊專司南京至漢口段測量，隊址設於九江。第二測量隊如前文提及，其前身為西沙測量隊，早

〔註 101〕有關戰後海測局工作推展的檔案史料較少，多數見於海軍總司令部 1947 至 1949 年工作計畫，其中述及前年或前半年完成事項，但記述多半簡要，僅能知其大概。

〔註 102〕顧維翰，〈主政海道測量局十有二年憶述〉，收入於海軍總司令部編，《中國海軍之締造與發展》，頁 110～111。

〔註 103〕「海軍總司令部三十五年工作報告書」，〈海軍總部工作報告（三十五年）〉，《國防部史政編譯局》，檔案管理局藏，檔號：B5018230601/0035/109.3/3815.2。

於第一測量隊設隊，出測西沙之後，負責沿海測務，曾出測浙江定海及臺灣左營港。〔註104〕該年第二測量隊完成西沙群島永興島測量，青天艦專責淞澄測務，完成第139號圖，而該局也復設綠華山驗潮站，著手編纂民國三十七年度潮汐表。〔註105〕1948年，青天艦持續複測淞澄水道，第二測量隊完成左營港水道測量，該局成立吳淞、青島、大沽、基隆四驗潮站，推算三十八年度潮汐表，編刊航船布告。〔註106〕1949年上半年，海測局僅測畢崇明島附近水道，與南京草鞋峽兩處，並印製成圖。〔註107〕

　　該局在刊印方面，則有長足進展。戰前海測局無印刷設備，無法自行印刷海圖，供其出版販售。該局替代方法，則是將圖製成後，交由上海商務印書館承印，製圖課派員修版、校正。抗戰結束，海測局接收日人上海航路部設備，成立印刷工廠，該廠附屬於製圖課，自此可自行印刷海圖及航船布告。〔註108〕目前吾人所見戰後海測局出版之圖，係該局翻印調製者多。1946年開始，海軍總司令部指示海測局，將接收的「敵偽海圖」整理、補充後，予以出版。〔註109〕「敵偽」一詞應如何理解？抗戰時日軍占領區中兩個測製海圖的機構，一為日人的上海海軍航路部，另一為汪政府海軍水路測量局，「敵」應是指前者，而「偽」則是後者。不過，海測局出版這些圖時，多不言明這些圖的參考資料是來自於航路部或是水測局。例如，從表4-12來看，除了第141、1011號等兩圖的標題記事，有載明該圖係海測局測製或複測之外，剩

〔註104〕 徐道洪，〈我國海道測量五十年來的回顧〉，收入於海軍測量氣象局編，《海道測量工程（建局五十週年局慶特刊）》（左營：海軍測量氣象局，1972），頁8。徐道洪，〈海道測量三十年來的回顧〉，收入於海軍海洋測量局編，《海道測量工程（建局五十六週年局慶特刊）》（左營：海軍海洋測量局，1978），頁3。

〔註105〕 「三十六年度下半年海軍總司令部工作計畫（事業部分）」，〈海軍總部施政計劃（三十六至三十八年）〉，《國防部史政編譯局》，檔案管理局藏，檔號：B5018230601/0036/060.24/3815。

〔註106〕 「中華民國卅七年下半年海軍總司令部施政計畫（事業部分）」（1948年7月），〈海軍總部施政計劃（三十六至三十八年）〉，《國防部史政編譯局》，檔案管理局藏，檔號：B5018230601/0036/060.24/3815。

〔註107〕 「海軍總司令部三十八年上半年度工作實施報告」，〈海軍總部工作報告（三十八年）〉，《國防部史政編譯局》，檔案管理局藏，檔號：B5018230601/0038/109.3/3815.2。

〔註108〕 葉家國，〈六十年來我國海圖印刷簡史〉，收入於海軍海洋測量局編，《海軍海洋測量局建局六十週年特刊》（左營：海洋測量局，1982），頁23。

〔註109〕 「海軍總司令部三十五年工作報告書」，〈海軍總部工作報告（三十五年）〉，《國防部史政編譯局》，檔案管理局藏，檔號：B5018230601/0035/109.3/3815.2。

餘之圖僅記採集某年資料。

　　另一方面，海測局也刊行「參考圖」（參見表 4-13）。所謂參考圖，乃為測量機構留存每版圖之圖。〔註110〕從表 4-13 來看，長江吳淞至宜昌航行參考圖刊於 1946 年，但當時海測局正在復局，當年所進行的長江測量，僅派青天艦專測淞澄水道。因此，可推知此參考圖是刊印自「敵偽海圖」。蘇浙重要八地區水道參考圖也是同樣情形，因為當時海測局的沿海測量重點，如前文所述是在浙江定海、臺灣左營，蘇浙參考圖也非該局測製。

表 4-12　戰後海測局出版海圖（水道圖）

圖　號	圖　名	出版時間	標題記事
第 139 號	吳淞至白茆沙（第三版）	19481120	圖中直體水深數字採 1940 年測量資料
第 140 號	白茆沙至狼山	19480630	海門港道附近水深，採集 1940 年所測資料。
第 141 號	狼山至龍潭港	19480801	海道測量局1948年測量，部分採集1940年所測資料。
第 514 號	榆林港及附近	19471115	採集 1939 年所測資料調製
第 515 號	榆林港	19471125	採集 1939 年所測資料調製
第 517 號	海口灣	19471210	採集 1939 年測量資料調製
第 703 號	台州列島及其附近	19480520	原圖係海道測量局 1931 年所測，再加以改製複版。
第 704 號	台州灣暨椒江（第二版）	19471220	原圖係海道測量局 1933 年測製，另採集 1943 年之新資料調製。
第 712 號	甬江（第二版）	19480820	原圖係 1927 年海道測量局繪製，並採集 1941 年之新資料調製而成。
第 813 號	龍口口岸及附近	19471220	採集 1940 年所測資料調製
第 850 號	葫蘆島附近	19471025	採集 1932 年所測資料調製
第 1011 號	揚子江口附近（第三版）	19471015	原圖為 1940 年所測，加添至 1947 年之資料

資料來源：〈揚子江港灣及中國沿海水道圖〉，《經濟部地圖》，近代史檔案館藏，檔號：13-03-17-057 至 13-03-17-068。

〔註110〕所謂的「參考圖」為何？筆者曾於 2015 年 9 月請教海軍大氣海洋局局長崔怡楓博士，崔局長表示，測量局出版的圖，每版圖至少留下一張，稱為「參考圖」。

表 4-13　戰後海測局出版參考圖

參考圖名	出版時間
揚子江下游吳淞至漢口航路參考圖	1946 年 8 月
揚子江中游漢口至宜昌航路參考圖	1946 年 8 月
蘇浙重要八地區水道參考圖（上卷）	1948 年 10 月
蘇浙重要八地區水道參考圖（下卷）	1948 年 10 月

資料來源：崔怡楓主編，《紀念抗戰勝利 70 週年：海軍抗戰期間作戰經過彙編》（臺
　　　　　北：海軍司令部，2015），該書參考資料。表揭四種參考圖目前存於海軍大
　　　　　氣海洋局，未對外公開，但部分可見海軍所編《紀念抗戰勝利 70 週年：海
　　　　　軍抗戰期間作戰經過彙編》，該書運用這些圖來說明海軍作戰。

三、遷　臺

　　國共戰爭自打響以來，戰局逐漸不利於國軍，復以 1948 年遼瀋、淮海與
平津三大戰役大敗，國軍精銳盡失。〔註 111〕1949 年 4 月 20 日，共軍執行渡
江作戰，4 月 24 日接管南京。5 月 12 日，共軍發動淞滬戰役，先行攻擊上海
外圍吳淞與高橋兩處，23 日對上海發起總攻，27 日上海陷落。〔註 112〕早在
戰局失利之際，局長顧維翰一面安撫部屬，另一面將局中文件、儀器與印刷
機器裝箱，以備後令行動。迨至海軍總部下達遷臺命令，因該局已有準備，
得令後即刻宣布遷移，因而一千餘箱器物得以安全搬運，該局公物並無散失，
〔註 113〕5 月 20 日遷抵澎湖測天島。〔註 114〕海測局原編制為官佐 76 員、士兵
217 名，隨局遷臺者僅原編制三分之一強，軍官僅 33 人、士兵 12 人，其中測
量、推算與潮汐三課課長，曾以莨、陳長棟與陳長熇等人，因病未隨行，剩餘
海事、製圖兩課課長陳長卿、李申榮等人，則與該局一同轉移。至於該局轄
下的航測儀器檢修組，僅有 3 人到澎。海測局到澎湖後，暫借馬公巡防處房
舍辦公。1950 年 1 月再遷至臺北圓山。

〔註 111〕蔣永敬、劉維開，《蔣介石與國共和戰（1945～1949）》修訂本（臺北：臺灣
　　　　商務印書館，2013）頁 191。
〔註 112〕劉統，《中國革命戰爭紀實・解放戰爭・華東卷》（北京：人民出版社，2007），
　　　　頁 584～590、624～634。
〔註 113〕顧維瀚，〈主政海道測量局十有二年憶述〉，收入於海軍總司令部編，《中國海
　　　　軍之締造與發展》，頁 113。
〔註 114〕海道測量局，《海軍海道測量局沿革史》，無頁碼。

第一測量隊官兵分乘青天與焦山兩艦艇撤臺，該隊另有一部分員兵，原配於崇寧艇出測銅陵，當戰局緊張之時，自行鑿沉，艇上官兵分乘英豪、江犀兩艦突圍，途中中彈而下落不明。第二測量隊早在 1949 年 2 月奉派測量榆林，未陷於兵敗突圍困境，因而全隊官兵均無遺漏，1950 年 5 月隨軍退臺。淮陰艇則在突圍後，奉令撥歸廈門巡防處調遣，而測字號艇方面，測 6 與測 8 兩艇成功來臺，但是測 14、測 15 與測 16 等三艇則在戰爭中沉於大通附近。〔註 115〕

據海測局退休軍官林禧回憶，遷臺前夕，局內人員多為去留，感到難以決斷，海事課長陳長卿決意與海測局共進退，但遭其妻兒反對。抗戰期間，陳妻偕同陳氏輾轉各地，曾吃盡苦楚，不願離開上海而流浪；陳子因在滬事業已小有成就，認為共產黨黨人也是中國人，應不似日本人那樣的壞，苦勸其父留滬，靜觀其變。即使妻兒極力勸阻，陳氏仍堅決來臺。〔註 116〕上述情節非陳長卿本人所述，現今海軍大氣海洋局隊史館藏有〈陳長卿自傳〉，但陳氏在自傳中，卻未交代當時去留抉擇，吾人也無法得知真相為何。不過，林禧所述陳氏妻兒不願來臺的原因，可以代表當時某些選擇留下者的想法。

小　結

抗戰爆發後，1938 年初海道測量局遭裁撤，測量服務因而中斷，爾後日人為治理及維持長江航路需要，方於 1939 年由維新政府設置水路局，未幾汪政府成立，水路局改為水路測量局，負責提供民船所需測量服務。抗戰結束，海軍將海道測量局列為率先復原機關，乃因該局是維護江海航安的單位。即使 1945 年下半年，海軍一時無力接管水路測量局，為使測量服務不中斷，令水路測量局人員仍維持工作，待其接收。可知，海道測量機構的重要性，不只是關乎國權，不假手他人，由其繪製領海圖，供政府掌握海界。另一方

〔註 115〕 「海軍海道測量局暨所屬各單位調整意見表」（1949 年 6 月 2 日）、「擬具本局及所屬各單位調整意見書」（1949 年 6 月 2 日），〈海道測量局編制案（六）〉，《國防部史政編譯局》，檔案管理局藏，檔號：B5018230601/0010/581.4/3815.7。徐道洪，〈海道測量三十年來的回顧〉，收入於海軍海洋測量局編，《海道測量工程（建局五十六週年局慶特刊）》，頁 3。海道測量局，《海軍海道測量局沿革史》，無頁碼。

〔註 116〕 林禧，〈舊聞瑣憶〉，《海軍海洋測量局建局六十週年特刊》，收入於海軍海洋測量局編，頁 49～50。

面，它也事關航安，其所測製之圖，探清水面下的水文狀況，供船隻行駛安全航路；測記潮汐與潮流，輔助海圖或水道圖之運用；〔註117〕發行航船布告更新圖幅現況。因此，水路測量局的設立與戰後海道測量局的復原，均可說明其維護航安的效用，以及不同政權對該機構的重視。

戰後海道測量局能夠順利復局、回復原先業務，不可忽視的原因，乃為水路測量局奠定基礎。例如，水路測量局主要工作成果，在於接續戰前海測局的測務，續測長江，持續更新水文狀況，此舉使海測局能在其根基之上，只須實施複測，刊行新版水道圖，無須重新全測。水路測量局設置的士官技術養成所，除了培養當時該局所需測量員之外，戰後海測局人才不敷所用之際，招募原被遣散的這批人進入測量隊，方才解決需才孔急的問題。

不過，1946 年海測局方才重設，耗去時間召集戰前星散的人員，整備測量艦艇，待其逐漸回復業務之時，又正值國共戰爭，受戰爭影響，該局自復局以來，其工作成果未顯著，僅有複測長江、測繪部分沿海之處、出版潮汐表與發行航船布告等事。迨至 1949 年，寧滬相繼於 4、5 月失守，海測局奉令移臺，5 月中旬先暫遷於澎湖測天島，結束其在大陸時期的活動與發展，隔年再轉至臺北圓山。

〔註117〕 羅榕蔭，〈海道測量之特性〉，收入於海道測量局編，《海軍海道測量局建局三十八週年紀念特刊》，頁 7。李文忠，〈我對海道測量工作的看法〉，收入於海道測量局編，《海軍海道測量局建局三十八週年紀念特刊》，頁 49。

第五章　海道測量局的國際交流

　　第一次世界大戰後，海道測量家倡議設置國際海道測量會（International Hydrographic Conference），增進各國海測機構間交流。1919 年於倫敦先召開籌備會議，1921 年正式成立，協定各成員代表為該國海道測量局，此會現今改稱為國際海道測量組織（International Hydrographic Organization）。中國自該會成立之際隨即加入，乃為創始會員國之一。海測局代表中國參與國際海道測量會，使該局成為海軍中少數擁有國際交流的機構。此外，海測局曾於1925 年派員赴外考察，遍訪美國、英國、法國、德國、日本與暹羅等國海測機構，此行成果也對該局日後發展有所助益。因此，本章簡述海道測量局參與國際海道測量大會，以及該局出國考察活動概況，探討這些交流對該局影響。

第一節　參與國際海道測量會

　　中國為國際海道測量會創始會員國之一，依該會章程規定，由海道測量局作為與會代表。鑒於吾人對此大會較不熟悉，本節先簡介國際海道測量大會成立緣起、籌備過程與運作方式，俾使吾人對此一國際組織有所認識後，再探討海測局參與該會的概況及其影響。

一、國際海道測量會的成立及其運作

（一）成立緣起

國際海道測量組織（International Hydrographic Organization）的源起，可

追溯至 1919 年召開的國際海道測量會（The International Hydrographic Conference）。〔註1〕國際間成立國際海測組織的構想，自 19 世紀中葉以來逐步萌發。1853 年，第一屆國際氣象會議在布魯塞爾召開，曾決議建立風與海洋潮流觀測計畫。1878 年，美國海道測量局製圖部主任克諾（E. R. Knorr），主張設置一永久性國際組織，擔負各國海測機構媒介，促進合作，並推行公尺制標記水深。1889 年，國際海事會議（International Maritime Conference）於華盛頓召開，但會中否決設置常設國際海測組織計畫。1912 年國際海事會議於聖彼得堡舉行，法國海軍海道測量局長赫那（Joseph Renaud）建議設置一組織，專責收集與審視各國海圖。〔註2〕雖然議程中有直接或間接論及赫那的提案，但因該會議著重航海與商船設備議題，未對赫那的構想有決議或實施具體措施。〔註3〕

　　第一次世界大戰是促成國際海道測量會成立的契機。戰爭期間海道測量術漸受世人看重，因該技術有助於佈設水雷，測量儀器可用於反潛工作。英、法兩國海道測量局曾合作，以支援海戰。但兩國繪製海圖方法不一，不便各協約國海軍共用海圖，〔註4〕因而設一國際組織，推廣海測技術與海圖標準化構想漸受認同。鑒於有關海測提案，在兩次海事會議中未獲重視，赫那認為應單獨召開國際海測會議，方能有效地討論。赫那與英國海測局局長帕雷（John F. Parry）上將共同籌備此會議，定於 1919 年 6 月在倫敦召開，由英國海軍部出面邀請各濱海國與會，共有二十四國參與。〔註5〕

　　第一屆國際海道測量會於 1919 年 6 月 24 日開議，由帕雷任議長，至 7 月 16 日閉會，會議目的是討論各國海圖與航海指南共同體例，以便相互使用，次為各國海測專家研商專業技術問題，以及議設國際間海測資訊媒介組

〔註1〕樓錫淳、朱鑒秋編著，《海圖學概論》，（北京：測繪出版社，1993），頁 61～62。

〔註2〕J. R. Dean, "The International Hydrographic Bureau," *The Geographical Journal*, 129:4（December 1963）, p. 503.

〔註3〕"The International Hydrographic Bureau," *The Geographical Journal*, 59:4（April 1922）, p. 293.

〔註4〕"International Hydrography," *The Times*〔London〕, 24 June 1919, p. 13.

〔註5〕"The International Hydrographic Bureau,"（1922）p. 293.呂德元，〈國際水路局〉，《海軍期刊》，第 3 卷第 12 期（1931 年），頁 93～94。與會二十四國計有阿根廷、比利時、巴西、大英帝國（澳大利亞、印度與大不列顛聯合王國）、智利、中國、丹麥、埃及、法國、希臘、義大利、日本、摩納哥、荷蘭、挪威、祕魯、葡萄牙、暹羅、西班牙、瑞典、美國與烏拉圭等國。

織。大會設六個分會研議各項問題，依序為海圖、航行指南、燈塔表、航船布告、其他刊行物與潮汐表。前三者的審議頗為慎重，討論時皆逐條討論，但各國多著眼自身利害，使得議事時較困難的問題，即是採用何種水深與標高單位，最後則議決統一採用公尺制，並逐步推行，而分會議決事項，最後一日再經總會略以修正。7 月 12 日，帕雷提出設立國際海道測量局（The International Hydrographic Bureau，以下簡稱 IHB）一案，向與會各國說明該局性質，乃為提供海測事項建議機關，不干涉各國海測機構運作，僅負責向各國推廣大會決議的標準化樣式、研究海測技術，擔任國際間海測交流的媒介。會中決議設置 IHB，由赫那、帕雷與美國海軍海測局辛普森（Simpson）上校成立特別委員會（International Hydrographic Conference Committee），負責起草該局章程及籌備工作。〔註6〕

（二）國際海道測量局的設立及其執掌

　　籌備期間，特別委員會（以下簡稱委員會）為擇定 IHB 局址一事花不少心力，曾於 1920 年 7 月 12 至 17 日徵詢各國對局址的意見。法國表示可設於巴黎，美國建議設於國際聯盟總部處（即日內瓦），日本認為應設在重要海測局鄰近處，另提議設置於倫敦者，計有中國、丹麥、埃及、印度、義大利與挪威等六國，這些國家另主張可於倫敦或日內瓦兩處擇一。其他國家如阿根廷、澳大利亞、比利時、巴西、智利、希臘、摩納哥、挪威、祕魯、葡萄牙、暹羅、西班牙、瑞典與烏拉圭等十四國則無任何意見。

　　7 月 17 日，委員會審視這些意見後，認為局址之處應便於各地之人前往，若將 IHB 設於倫敦、巴黎，或是鄰近重要海測機構之處，則較為不妥，IHB 應是完全中立與公正的機構，不便設於他國海測機構附近，以防該國透過任何方式影響局務運作。其次，海道測量是一門海洋科學技術，若將局處設於內陸城鎮，或是不濱海國，亦不適當。日本駐法大使館武官大角岑生（Mineo Osumi）少將提議設於摩納哥，〔註7〕委員們認為可行，若設在該處，

〔註6〕 水路部，《千九百十九年國際水路會議決議事項及水路部意見》（東京：水路部，1920），頁 1、43～44、47～48。此書見於，「国際水路会議／分割1」，〈万国航海会議一件附水路会議第三卷〉，《外務省外交史料館》，JACAR（アジア歴史資料センター）Ref.B07080466900。《國際水路會議報告寫》，頁 1、6～8。此報告見於「米突式海図採用の件（2）」，〈大正 10 年公文備考卷 20 文書 2 止〉，《防衛省防衛研究所》，JACAR（アジア歴史資料センター）Ref.C08050165200。

〔註7〕 委員會的文件上記載提議者為 Rear Admiral Osumi，Osumi 為「大角」，發現此

正符合維持公平中立，又位於濱海與眾人方便到達之處的需求，而摩納哥親王素來熱心支持海洋科學事務。其後，委員會決定將局址設於摩納哥，並獲該國親王阿爾貝一世（Albert I , Prince of Monaco）大力支持，此決議獲得二十國同意，僅法國一國反對。〔註8〕

　　經約兩年的籌畫，特別委員會於 1921 年 6 月完成大會交付工作，除了擬畢章程之外，IHB 也於當年 6 月 21 日在摩納哥成立，同日正式加入國際海道測量會的國家計有十九國。依其章程，每次國際海道測量會召開時，選舉理事三名，由候選人中得票前三高者任之，組成理事會（Directing Committee），負責管理 IHB，三人中得票最高者為會長（President of the Directing Committee）。IHB 職員設置祕書長（Secretary-General）一名，以及事務員與技術員若干名，全體職員受理事會監督指揮，而祕書長人選亦於大會開會時，由全體會員投票選舉。〔註9〕

　　首屆理事由帕雷上將、哈福（J.M. Phaff，荷蘭籍）少將與穆勒（S. H. Muller，挪威籍）上校當選，祕書長則由辛姆森（G.B. Spicer-Simsom，英國籍）中校獲選。原先眾人咸認為赫那因其盛名，應能當選首任會長，惟其不幸先病故，會長一職方由帕雷取得。〔註10〕IHB 宗旨除了擔任各國海測機構

人應為時任日本駐法大使館武官大角岑生，其頭銜見於「諸報告 18」，〈大正3 年～9 年大正戰役戰時書類卷 207 敵艦艇處分 2 止〉，《防衛省防衛研究所》，JACAR（アジア歴史資料センター）Ref.C10128488100。

〔註 8〕International Hydrographic Conference Committee to The Secretary-General League of Nations, 27 February 1921, pp.1～6. Seat of the International Hydrographic Bureau, 25 February 1921, pp. 1～5.以上兩文件見於「国際水路会議（2）」，〈大正 10 年公文備考卷 10 官職 10〉，《防衛省防衛研究所》，JACAR（アジア歴史資料センター）Ref.C08050144300。International Hydrographic Conference Committee to Members, 17 July 1920.此文件見於「国際水路会議／分割 2」，〈万国航海会議一件附水路会議第三卷〉，《外務省外交史料館》，外 JACAR（アジア歴史資料センター）Ref.B07080467000。

〔註 9〕"THE INTERNATIONAL HYDROGRAPHIC BUREAU,"（1963），p.504. *International Hydrographic Bureau Statutes*（Monaco: International Hydrographic Bureau, 1926），pp. 8～9, 17, 22.此章程見於「分割 1」，〈国際連盟水路会議関係一件／水路局関係〉，《外務省外交史料館》，JACAR（アジア歴史資料センター）Ref.B04122109100。依 IHB 章程所載，創始會員國分別為阿根廷、比利時、巴西、英國、澳大利亞、智利、中國、丹麥、法國、希臘、日本、摩納哥、荷蘭、挪威、祕魯、葡萄牙、暹羅、西班牙與瑞典等十九國。

〔註 10〕曾萬里，〈國際海道測量局工作之一般〉，《海軍雜誌》，第 5 卷第 11 期（1933年），頁 53。

交流媒介與研究海測技術之外，最主要的目的是促使各國採用國際海道測量會的決議，並致力海測圖冊標準化。其平時業務大致有二大方面，一為研究各國海測機構發行圖誌、測量技術與儀器與測量員養成方法，另一是編纂地理位置海圖慣用符號與略語。正式文件用語與國際聯盟相同，使用英文與法文兩種語言。

　　IHB 發行的刊物有《年報》（*The Annual Report*）、《海測評論》（*Hydrographic Review*）、《國際海測月報》（*International Hydrographic Bulletin*）與《年鑑》（*Year Book*）等四種。《年報》概述 IHB 每年的行政與工作概況。《海測評論》為各國海道測量家投稿的期刊，每年於五月與十月刊行，內容多為各國海事現況，簡介各國新式測量儀器與測量方法。《國際海測月報》創刊於 1928 年，每月刊發一次，登載各國新發行的海事圖誌及其布告。《年鑑》載有各國海道測量家通訊錄、各國海道測量局現況與測量艦艇一覽表。〔註11〕

（三）大會運作與會員權利義務

　　國際海道測量會各成員以該國海道測量局為代表，該會自 1921 年 IHB 成立起，每五年集會一次，其目的除改選理事之外，商議海測相關議題也是重頭戲之一。大會召開時，各成員國應委派兩員與會，兩員之中若有海測局首長尤佳，大會前一年，成員可提出議案，IHB 統整後於會前半年通告議程。會員國在大會中有表決議案，以及選舉理事、祕書長的權利，非會員國若與會，其表決權僅限於海測技術議案，無權過問 IHB 組織議題。〔註12〕會員國義務有二，一是各成員國有新刊，或改版海圖及相關出版品應寄送至 IHB，以利其蒐集，並將更新資訊通報各會員國，另一是每年須繳納會費。〔註13〕

　　會員國在人事選舉方面所持票數，以及負擔會費額度的計算方式頗為特別，此與特別委員會設計選舉制度時，綜合各國意見有關。時間回到特別委員會籌擬章程之際，對於各會員國選舉時所持票數及會費負擔額度，擬依各國船舶總噸數佔全體總噸數比例來分配，並於 1920 年初開始徵詢各國意見。各看

〔註11〕 *International Hydrographic Bureau Statutes*, pp. 3～4, 6～7, 21, 23. 曾萬里，〈國際海道測量局工作之一般〉，頁 54～55。呂德元，〈國際水路局（續）〉，《海軍期刊》，第 4 卷第 1 期（1931 年），頁 136。

〔註12〕 *International Hydrographic Bureau Statutes*, pp. 15～17.

〔註13〕 海軍省譯，《國際水路局規約》（出版地不詳：海軍省，1924），頁 5、13。此規約見於「国際水路会議／分割 2」，〈万国航海会議一件附水路会議第三卷〉，《外務省外交史料館》，JACAR（アジア歴史資料センター）Ref.B07080467000。

法中，比利時與荷蘭的建議值得注意。荷蘭認為依原案方式分配票數，將使得
海運較發達而船舶噸數多的國家如英國，能得到壓倒性多數的票數，各國則不
樂見此情形。因而，荷蘭主張應增加總噸數較小成員的重要性，提議投票方式
可分為固定票數制，某些議題另依該國船舶總噸數規模多寡再給予相當票數。
比利時認為各國應有平等的投票權，對財政、海測技術、行政議題進行表決時，
每國均為一票。〔註14〕

　　截至 1921 年 4 月止，多數國家已對投票權表達其看法，委員會從各國
意見得出結論，荷蘭提議依總噸數規模再予以相對票數，較適於選舉 IHB 的
理事，而大會表決議案時，各成員應有平等的投票權，〔註15〕便以此原則制
定投票規定，因而章程第五十七條說明大會表決時各國均為一票，第五十九
條第五、第十款則訂定選舉理事與祕書長，各國所持票數是基本票兩張，再
加上該國船舶總噸數規模可換得票數，其換算方式分為十五個級距（參閱表
5-1），總噸數落在 50,000 至 180,000 者可得一票，在 20,740,000 以上者可得
十五票。以中國為例，1919 年第一次大會時所報總噸數為 120,000，僅能換
得一張選票，加上基本票兩張，總共三張。各成員負擔會費金額，亦以所持
選舉理事與祕書長票數計算（參閱表 5-2），一票須負擔 2,000 瑞士金法郎
（Swiss franc gold），〔註16〕每年就該國會計年度開始後六個月內繳清，若總
噸數有變動者，應於大會召開時提出修正。〔註17〕

〔註14〕 Statement of progress of each state in the proposal of the International Hydrographic
　　　　 Conference to establish an International Hydrographic Bureau, 1 February 1920. 見
　　　　 於「国際水路会議（1）」,〈大正 9 年公文備考卷 8 官職 8 止帝国議会軍港要港
　　　　 及港湾〉,《防衛省防衛研究所》,JACAR（アジア歴史資料センター）
　　　　 Ref.C08021529700。

〔註15〕 Statement of progress of each state in the proposal of the International Hydrographic
　　　　 Conference to establish an International Hydrographic Bureau, 1 April 1920.見於「国
　　　　 際水路会議（1）」,〈大正 9 年公文備考卷 8 官職 8 止帝国議会軍港要港及港
　　　　 湾〉,《防衛省防衛研究所》,JACAR（アジア歴史資料センター）
　　　　 Ref.C08021529700。

〔註16〕 1926 年第二屆國際海道測量會召開後，決議自 1927 年始，將會費繳納貨幣單
　　　　 位從瑞士金法郎改為金法郎（Gold franc），參見 *Resolutions of the Second*
　　　　 International Hydrographic Conference（Monaco: International Hydrographic
　　　　 Bureau, 1926）, p. 95.此文件見於「分割 2」,〈国際連盟水路会議関係一件〉,《外
　　　　 務省外交史料館》,JACAR（アジア歴史資料センター）Ref.B04122108700。

〔註17〕 海軍省譯,《國際水路局規約》,頁 8～13、17～18。

表 5-1　會員國船舶總噸數可換得票數

噸　　數	票　　數	噸　　數	票　　數	噸　　數	票　　數
0.5～1.8	1	22.6～34.9	6	106.2～128.9	11
1.9～4.0	2	35.0～49.5	7	129.0～153.3	12
4.1～7.8	3	49.6～66.3	8	153.4～179.7	13
7.9～13.6	4	66.4～85.2	9	179.8～207.4	14
13.7～22.5	5	85.3～106.1	10	207.4 以上	15

說明：該表噸數單位為十萬噸。

資料來源：海軍省譯，《國際水路局規約》（出版地不詳：海軍省，1924），頁 9。

表 5-2　國際海道測量會各會員國所持選舉理事、祕書長票數（1923）

會員國	基本票	船舶噸數換得票數	總票數	會費金額（瑞士金法郎）
阿根廷	2	2	4	8000
比利時	2	2	4	8000
巴西	2	2	4	8000
英國	2	15	17	34000
智利	2	1	3	6000
中國	2	1	3	6000
丹麥	2	4	6	12000
埃及	2	0	2	4000
法國	2	6	8	16000
希臘	2	4	6	12000
義大利	2	5	7	14000
日本	2	6	8	16000
荷蘭	2	5	7	14000
挪威	2	6	8	16000
祕魯	2	1	3	6000
葡萄牙	2	2	4	8000
暹羅	2	0	2	4000
西班牙	2	4	6	12000
瑞典	2	4	6	12000

| 美國 | 2 | 8 | 10 | 20000 |
| 總計 | 40 | 78 | 118 | 236000 |

資料來源：海軍省譯，《國際水路局規約》（出版地不詳：海軍省，1924），頁 9～10。

二、海測局的參與

（一）創始會員

　　1919 年 6 月 24 日，第一屆海道測量會於倫敦召開，英國海軍部於會前邀請中國出席，海軍部鑑於此會關係海上航務，甚為重要，指派駐英武官陳紹寬（1889～1869）就近出席。〔註18〕7 月 6 日，大會擬設國際海道測量局，該局費用以會費供應，各成員國繳納會費額度，由其軍艦與商船舶總噸數決定。陳紹寬拍發電報，詢問海軍部應向大會表示何意見，該部認為該會事關航務，中國已參與此會，又國內船舶總噸數較微，負擔費用有限，建議政府贊同。國務會議同意該部提議，議決與各國一致辦理，照噸數付費。〔註19〕

　　大會結束後，如前所述，設置特別委員會籌設 IHB 及其章程，該委員會籌辦期間曾聯繫各國與會代表取得各國意見，中國方面則由陳紹寬擔任居中聯繫者。例如，對會員選票分配一事，中國認為荷蘭提出方案較佳，建議依船舶噸數規模來換算增加票數時，限制超出規模以上者追加票數，〔註20〕顯示中國亦參與章程的制定。1921 年 6 月 21 日 IHB 成立，中國正式加入國際海道測量會，成為創始會員國之一，〔註21〕以海軍海道測量局為與會代表。〔註22〕

〔註18〕中國方面於 1919 年 4 月中旬接到英方邀請，見「萬國海陸〔路〕會議事」（1919年 4 月 15 日外交部收英使朱爾典照會），〈萬國海路會議〉，《北洋政府外交部》，中研院近史所檔案館藏，檔號：03-36-037-08-001。「派海軍中校陳紹寬列席萬國海路會議事」（1919 年 4 月 28 日外交部收文），〈萬國海路會議〉，《北洋政府外交部》，中研院近史所檔案館藏，檔號：03-36-037-08-003。

〔註19〕「收國務院函」（1919 年 7 月 17 日），〈萬國海路會議〉，《北洋政府外交部》，中研院近史所檔案館藏，檔號：03-36-037-08-010。

〔註20〕Statement of progress of each state in the proposal of the International Hydrographic Conference to establish an International Hydrographic Bureau, 1 April 1920.見於「国際水路会議(1)」，〈大正 9 年公文備考卷 8 官職 8 止帝国議会軍港要港及港湾〉，《防衛省防衛研究所》，JACAR（アジア歴史資料センター）Ref.C08021529700。

〔註21〕*International Hydrographic Bureau Statutes*, p.1,22.

〔註22〕海道測量局，《民國十三年海道測量局報告書》（上海：海道測量局，1924），頁 2。此報告書見於「海道測量局局長呈送第二屆報告書」（1925 年 3 月 12日），〈海道測量〉，《北洋政府外交部》，中研院近史所檔案館藏，檔號：03-06-047-02-001。

（二）海測圖書交換

　　會員國依規章規定，該國海測局發行新版或更新圖書須寄送 IHB，以利其蒐集，從中擇要通報。另外，會員國彼此寄送海冊圖書與通知測量計畫。此議源於 1919 年英國在第一屆大會上所提，著眼於國際交流，若有新版或更新海圖、航海指南、航船布告、燈塔浮樁表、潮汐表及其他相關圖誌，應盡速寄予會員國。至於英國建議彼此通報測量計畫，主要是為便於各國海測局製圖時，預防徒勞作業。〔註 23〕若按此例，海測局與各會員國交流情形為何？審視目前存世的該局工作報告，以 1923 至 1926 年對交換情況的記載較詳，可供我們了解。從表 5-3 來看，大會成員多按英國提議，進行圖書交換，海測局也從中掌握各國測量情形、繪圖制度與測量艦派遣地點。海測局首任局長許繼祥（？～1942）認為，〔註 24〕各國推行測量事業，一切措施期與國際標準合一，中國既然已加入國際海道測量會，應依此宗旨推展測量工作，以收與歐亞列國並駕之效。1923 年該局出版第一幅水道圖〈南京至雞頭山〉，以及第二、三幅〈天河口至南京〉與〈雞頭山至黃洲新灘〉兩圖，並自該年開始該局每遇出版新圖，均按例寄贈各會員國。〔註 25〕

〔註 23〕　《國際水路會議報告寫》，頁 40～42。見於「米突式海図採用の件（2）」，〈大正 10 年公文備考卷 20 文書 2 止〉，《防衛省防衛研究所》，JACAR（アジア歷史資料センター）Ref.C08050165200。水路部，《千九百十九年國際水路會議決議事項及水路部意見》，頁 41～42。

〔註 24〕　許繼祥為海測局首任局長，其任期自 1922 年 5 月至 1927 年 3 月，約略近五年之久，見劉傳標編，《中國近代海軍職官表》（福州：福建人民出版社，2004），頁 115。

〔註 25〕　海道測量局，《民國十二年海道測量局報告書》（上海：海道測量局，1923），頁 9～10、12，該報告書見於「海軍部函送海道測量局報告事」（外交部 1924 年 1 月 23 日收文），〈海道測量〉，《北洋政府外交部》，中研院近史所檔案館藏，檔號：03-06-047-01-001。海道測量局，《民國十三年海道測量局報告書》，頁 3、7。海道測量局，《民國十四年海道測量局報告書》（上海：海道測量局，1925），頁 16，該報告書見於「函送海道測量局第三屆報告書」（外交部 1926 年 3 月 10 日收文），〈海道測量〉，《北洋政府外交部》，中研院近史所檔案館藏，檔號：03-06-047-02-029。海道測量局，《民國十五年海道測量局報告書》（上海：海道測量局，1926），頁 14。1931 年時海測局向海軍部談及交換圖書之事：「職局已加入摩納哥萬國測量公會，新出改正圖亦歷經分致各國」，可見該局至南京國民政府時期，每遇新出或改版圖書仍按例寄送大會各會員國，參見「海軍部呈行政院文」（1931 年 5 月 21 日），〈海測局接收海關測繪業務案〉，《國防部史政編譯局》，檔案管理局藏，檔號：B5018230601/0018/107.3/3815.3。

表 5-3　IHB 及其他會員國寄贈圖書概況（1923～1926）

年分	寄送者	寄送內容
1923 1924	IHB	來文 78 件、海圖集 4 本、報告書 9 本、測量雜誌 3 冊、英國燈塔報告書 3 卷、海圖 15 幅
	暹羅	工作報告書 2 本、航船布告 1 件、測量通告 1 件、各口潮汐表數十、海圖 4 幅
	阿根廷	來文 33 件、附圖一束、水道圖 2 幅、測量報告書 1 本、海圖 3 幅
	希臘	來文 6 件、水道圖 13 幅、書 3 卷
	澳大利亞	來文 1 件、航海章程 11 本
	美國	來文 2 件、海圖 641 幅、書數十卷
	法國	來文 2 件、海圖 13 幅、報告書 1 本
	瑞典	來文 2 件、新出世界平面圖 1 幅、方向羅經圖 1 幅、報告書 1 本
	義大利	來文 10 件、海道測量報告書 1 本
1925	IHB	來文 42 件、1924 年財務報告書 2 本、潮信說明書 4 本、浮標通誌 8 本（附圖說 18 張）、回音錘測說明書 4 本、IHB 刊雜誌 3 本、報告書 7 本、1926 年經費預算書 3 本，IHB 刊浮標燈誌書 8 本
	阿根廷	來文 15 件、測量圖 3 本、海圖 3 幅、報告書 1 本
	義大利	來文 17 件
	暹羅	來文 10 件、測量圖書 1 本、符號簡稱 1 本、潮水表 1 本
	瑞典	來文 1 件、報告書 3 本
	法國	來文 6 件、測量報告書 3 本、海圖 40 幅、海軍機關電碼記號表 1 本、地球旋轉與海之關係書 1 本
1926	IHB	來文 46 件、測量雜誌 3 本、風警指南 4 本、浮標會議報告書 1 本、浮標說明書 1 本、淺水測量說明書 1 本、IHB 風行速度表 4 本、海圖 9 幅、警告書 3 本、傳音測深書 4 本、雜刊 2 本、量潮水機器書 4 本、推算潮水表 4 本
	阿根廷	來文 13 件、海圖 11 幅、海圖目錄 1 本、浮標燈誌 1 冊、航海警告 2 份、圖誌 1 冊
	法國	來文 6 件、海圖 37 幅、海圖目錄 4 本、航海報警符號表 1 冊、潮汐表 1 冊
	暹羅	來函 5 次，報告測量情形
	義大利	來函 5 次，報告測量情形

日本	來文 4 次、水路圖誌 1 本、水路要報 1 本、潮水表 1 本、海圖表 1 本

資料來源：海道測量局，《民國十三年海道測量局報告書》（上海：海道測量局，1924），頁 2～3。海道測量局，《民國十四年海道測量局報告書》（上海：海道測量局，1925），頁 15～16。海道測量局，《民國十五年海道測量局報告書》（上海：海道測量局，1926），頁 17～18。

（三）首次出席大會

第二屆國際海道測量大會預定於 1926 年 10 月舉行，IHB 函請中國，開列出席人員名單，詢問有無提案。海測局局長許繼祥以該局加入大會以來，首遇大會集會，派局內少校股長邵鍾、上尉測量員陳嘉楳出席。又因海測局出版長江水道圖，1924 年曾發現遭外國人以賤價之紙攝影翻印，該局為維護版權起見，擬向本屆大會提議，成員間若複印他國測量局出版的書籍或圖幅須得特許，並於書籍首頁或海圖內註明係得何國特許等字，而私人或商家不得為牟利而翻印有版權的測量圖書。另一提案是建議全體成員，約定航空測量時不得越出自身國境。〔註26〕此外，許氏鑒於本屆大會議程中多屬水上浮標與警示標誌等議題，而這些事務係屬海關管轄，但會約規定各成員國以該國海道測量局為代表，況且該局已向 IHB 送交出席名單，不能臨時加入海關代表與會，方能符合會約。許繼祥另建議總稅務司飭令海關巡工司，先於上海與海測局討論，以利邵、陳二人於大會中表達意見。〔註27〕

邵鍾、陳嘉楳於 9 月中由滬啟程前往摩納哥，〔註28〕10 月 26 日大會開議，共有二十二國派員參加，各成員國代表人員共 32 人，另有國際聯盟代表 3 人。大會設五個分會同時議事，分別為財政、會章、理事會、海圖與潮水。11 月 2 日，大會推選中國、丹麥、埃及、摩納哥與西班牙五國代表，組成檢查候選人資格委員會，11 月 7 日該委員會報告候選人資格均為合格，另建議更新各國船舶總噸數可換得票數，再進行選舉，此議一出會中辯論甚長，卻無下文；同日（7 日）進行改選，美國海軍少將倪布勒克（A. P. Niblack）以

〔註26〕「呈為遴員前赴摩納哥與會並抄錄提案事」（1926 年 4 月 24 日），〈國際海道測量會案（一）〉，《國防部史政編譯局》，檔案管理局藏，檔號：B5018230601/0015/003.6/6015。

〔註27〕「呈為摩納哥測量協會限派海軍水道測繪員與議事」（海軍部 1926 年 9 月 11 日收文），〈國際海道測量會案（一）〉，《國防部史政編譯局》，檔案管理局藏，檔號：B5018230601/0015/003.6/6015。

〔註28〕海道測量局，《民國十五年海道測量局報告書》，頁 10。

最高票當選為下屆會長，另兩名理事為法國海道測量工程總監布列佛（P. de Valissay de Blavous）、義大利海軍上校湯達（I. Tonta），祕書長則由英國海軍中校辛姆森連任。

11 月 9 日，大會進行章程修訂，較重要之處有三，有關會費規定，自 1927 年 1 月 1 日起改以金法郎（gold franc）繳納；修訂各國船舶總噸數部分，中國噸數改為 446,000，可獲得三票，加上原有基本票，總計為五張，會費增為 10,000 金法郎；各國更新其總噸數，若欲立即在當屆大會獲得增加票數，須於大會召開前十日申請。〔註29〕中國提出有關版權和航空測量不得越境的議案，均獲 IHB 同意，略有不同的是，成員國間複印他國海測局圖書時，僅須註明從何處取得原始資料，以表其謝意。〔註30〕

大會自 10 月 26 日開始，至 11 月 10 日閉會，未能議決全數議案，如海圖事項不及提付表決，依邵、陳二人觀察，乃因派系傾軋所致。成員分為三派，印度、希臘、瑞典與挪威為英派，巴西、智利與祕魯為美派，葡萄牙和西班牙為法派。三派之中，英、美派勢均力敵，兩派故意互相問難，英代表於會中一再聲明須於 11 月 10 日離會，使會議未能延期繼續議事，更使大會於當日閉會而不及表決未決事項。另外，會中對各國海岸線未有完備測量者，做出以下決議：若有國際需要，他國得可任意測量，如有反對者，由國際聯盟討論之。邵、陳建議海測局盡速將全國海岸測畢成圖，防他國以之為由，代庖測繪。

此外，邵、陳二人與會後，令其印象深刻者有二，一是中國雖屬海測事業後進國，但在海測局胼手胝足，急起直追之下，成績已令各國刮目相看。另一是各國測量局除了積極地發展測量事業之外，對於各技術儀器或他國之圖莫不悉心研究，唯恐落後於人，因而兩人極力向局長許繼祥建議，學習各國新測量技術與引進新儀器，以收他山攻錯之效，並另向大會請求，贈送該會與各國出版的海測書籍，供其攜回研究。〔註31〕大會結束後，邵、陳順道參訪義大利

〔註29〕「呈報列席摩納哥萬國測量會議各情形附件：會議每日表決案件」（1927 年 1 月 10 日），〈國際海道測量會案（一）〉，《國防部史政編譯局》，檔案管理局藏，檔號：B5018230601/0015/003.6/6015。

〔註30〕*Resolutions of the Second International Hydrographic Conference*, p. 106,112.

〔註31〕「呈報列席摩納哥萬國測量會議各情形」（1927 年 1 月 10 日），〈國際海道測量會案（一）〉，《國防部史政編譯局》，檔案管理局藏，檔號：B5018230601/0015/003.6/6015。

海道測量局，再回馬賽搭船返國，後於 12 月 25 日抵上海。〔註32〕

（四）抗戰結束後派員與會

自 1926 年後，海測局因財政因素、中日戰爭爆發，連四次大會並未派員與會。IHB 於 1928 年 3 月去函各成員國，預於 1929 年夏季舉行第一次臨時會議，再召集各國代表，續議第二屆大會未決海圖議案。海測局對於海圖議題並無新提案，又為節省經費起見，因而回覆 IHB，中國本次臨時會不派員出席。〔註33〕又依第一次臨時會決議，第三屆大會擬於 1932 年 4 月舉辦，1931 年夏季海測局請示海軍部核定代表名單，海軍部政務次長陳紹寬選派局內軍官劉德浦、陳嘉榇出席，〔註34〕但其後因財政困難而未成行。1936 年海測局接到 IHB 信件，通知第四屆大會預於 1937 年 4、5 月間召開，該局呈請海軍部選派人選，該部則令其明年初再呈文後議定。〔註35〕但限於史料不足，無法得知中國是否有派員參與此屆大會。第五屆大會於 1942 年集議，中國因對日抗戰，未能派員參加。〔註36〕

中日戰爭結束後，中國方有餘力參與大會。第六屆大會定於 1947 年 4 月開會，海軍當局指派海測局局長顧維翰出席，顧氏於 3 月 25 日啟程。4 月 22 日大會開幕，計有十七國參與，並分財務、章程、海圖、海政文件、潮汐與候選人資歷審查等六分會來議事。因中國代表僅顧氏一人，無法出席所有分會，僅能參加最為重要的海圖會議，未能到場的分會，則送交書面資料以供討論。顧維翰此行另有三目的，除了秉承海軍高層之意，投票欲選之人任會長之外，即是解決會費問題與商洽留學事宜。

截至 1947 年止，中國已積欠 10 年會費，顧氏於財務會議上報告，中國對

〔註32〕海道測量局，《民國十五年海道測量局報告書》，頁 12。

〔註33〕「海道測量局致海軍署海政司文」（1929 年 1 月 15 日），〈國際海道測量會案（一）〉，《國防部史政編譯局》，檔案管理局藏，檔號：B5018230601/0015/003.6/6015。

〔註34〕「擬請籌備出席摩納哥萬國測量會議事」（1931 年 7 月 22 日），〈國際海道測量會案（二）〉，《國防部史政編譯局》，檔案管理局藏，檔號：B5018230601/0015/003.6/6015。

〔註35〕「海道測量局呈海軍部長文」（1936 年 7 月 1 日），〈國際海道測量會案（二）〉，《國防部史政編譯局》，檔案管理局藏，檔號：B5018230601/0015/003.6/6015。

〔註36〕顧維翰，〈國際海道測量會議紀要〉，《中國海軍》，第 11 期（1948 年），頁 27。

日八年抗戰之艱苦，終使頑敵日本投降，因戰後中國經濟尚未復甦，可否按照章程，免繳或酌付部分會費。眾人頗同情中國遭遇，財務會議主席提議中國僅須繳付美金 1 元，作為象徵性繳款，大會另以書面致函海軍總司令部，對中國抗戰勝利表示敬意。希臘欲仿中國，提出相同要求，但因情形不同，未獲通過。原先顧氏已攜帶美金 20,000 元，若向大會交涉失敗，即將繳清欠款，但幸獲大會寬待，此情形海軍總司令部知悉後，另指示將此筆未動用款項，就近存撥駐英武官處，以備海測局日後購買測量儀器。顧氏又為謀海軍海道測量發展，以及戰後復原起見，欲與歐美先進國商洽留學事宜，學習先進技術，經與美方代表團團長（美海測局局長）商洽，美方給予口頭承諾，但中國學員須選派能直接聽講英語者，學習期間至多不超過一年。最後，大會於 5 月 5 日閉幕，顧氏認為此次會議的議決均為公正。〔註37〕

三、參與影響

（一）增進測量技術水平

海測局建立後，經十四年發展，至 1935 年為止，該局已刊行 60 幅水道圖、潮汐表、燈塔浮椿表，與各種專刊，而航船布告發行量，1934 年時計有 300,000 份之多，外媒對此給予極高的評價，認為中國已盡到國際海道測量會的會員義務。〔註38〕中國海測技術能力提升原因，在於海測局參與國際海道測量會之便，從中新收新知與派員赴外留學。

1. 吸取新知

國際海道測量會成立宗旨是促進技術交流，由 IHB 研究海測技術，說明各種儀器適用之處，如 1923 至 1926 年間先後出版，寄送會員各式儀器或技術說明書（參閱表 3），諸如潮信、回音錘測、淺水測量與量潮水機器等類。除此之外，IHB 另透過兩種途徑引介新知，一是以出版刊物來流通新知，譬如《海測評論》此一期刊，其內容多簡述各國測量概況及其新式儀器或新測量方法；另一管道則是每屆大會交換測量新知、展示新儀器，1926 年第二屆大會曾安

<hr>

〔註37〕顧維翰，〈國際海道測量會議紀要〉，頁 27～28。顧維翰，〈主政海道測量局十有二年憶述〉，收入於海軍總司令部編，《中國海軍之締造與發展》（臺北：海軍總司令部，1965），頁 111～112。

〔註38〕"China's Silent Services, Valuable Work For Shipping Interests, Hydrographic Department Beginnings Outlined: Charting the Coast," *The North China Herald* 〔Shanghai〕, 20 March 1935, p. 472.

排與會人員參觀法國測量艦，考察艦上回音測深機。〔註39〕

2. 派員赴外留學

國際海道測量大會中海測事業較發達會員國，多願提供留學機會，供後進國派員修習專業。1924年法國函告各國，該國測量學校預於12月1日開學，修業時間為期三月，課程計有天文、測地、海道測量、無線電推測術、錘測、氣象、羅經與航空攝影等科目，可隨法國學員一同習測海岸，參觀法國測量局、巴黎天文台與其他專科學校。他國測量局若欲派員，由該國駐法領事館保送後即可入學，曾遣員者計有挪威、波蘭、葡萄牙與瑞典等國。〔註40〕1926年第二次大會同意瑞典提案，會員國間派員訪問學習，應予以便利，並使學員明瞭專業。會中美國對此議特別申明，歡迎他國測量局遣員至美學習。〔註41〕

海軍部運用參與國際海道測量大會之便，派員赴外留學。自1929年開始，海軍部負責審定全國各項水道圖表，並為培育製圖專才，經向美國海軍當局接洽，美方同意中國派員至該國海測局修習，其後選派上尉蔡道鋌、何傳永與翁壽椿赴美，三員於10月啟程。美方設計的課程，首先是認識製圖原理與步驟，次至美海軍天文臺研習修改儀器與測定經緯度，1930年4月進行實作課程，至古巴登美測量艦實習測量工作，結束後再回費城（Philadelphia）繪製圖樣。

原課程應於1930年10月結束，但美方認為蔡、何與翁勤敏好學，有意讓三人繼續留學至1932年7月，專攻製圖術、地磁學與測潮學，海軍部樂見其成，以三員既能學有所成，應益求精技，同意所請。蔡氏等人卒業返國後，即派往海測局服務，1932年11月局內課長職務有所調動，原潮汐課課長葉可松暫轉任推算課，因翁壽椿留美期間專攻潮汐，葉氏原遺缺則由翁暫代。〔註42〕

〔註39〕海道測量局，《民國十五年海道測量局報告書》，頁11。

〔註40〕海道測量局，《民國十四年海道測量局報告書》，頁4～5。

〔註41〕*Resolutions of the Second International Hydrographic Conference*, p. 111.「呈報列席摩納哥萬國測量會議各情形附件：會議每日表決案件」（1927年1月10日），〈國際海道測量會案（一）〉，《國防部史政編譯局》，檔案管理局藏，檔號：B5018230601/0015/003.6/6015。〈國際水路會議提案二對スル意見〉，此文件見於「分割2」，〈国際連盟水路会議関係一件〉，《外務省外交史料館》，JACAR（アジア歴史資料センター）Ref.B04122108700。

〔註42〕海軍部，《海軍部成立一週年紀念特刊》（南京：海軍部，1930），頁60。海軍部，《海軍部成立二週年紀念特刊》（南京：海軍部，1931），頁151～152。海

課長一職按〈海道測量局編制表〉應為中校編階，〔註43〕但翁軍階僅上尉，可見該局極為看重留美學員的專業能力，予以破格任用。抗戰後中國亦在國際海道測量大會的場合，向美方爭取派員赴美留學，如前文所述，顧維翰先於第六屆大會上與美方提及此事，但之後尚待顧氏出席第七屆大會（1952），再向美方商洽後方能成行，而截至 1962 年止，留美一年制海道測量初級班已派出五批。〔註44〕從上述的留學概況來看，若與 1925 年派員入美、日兩海測局實習相比，其訓練時間均較長，所習得專業亦較精廣。

（二）參與海圖體例標準化

國際海道測量會的宗旨之一是統一海事圖誌，每屆大會召開時均詳細討論，議決劃一符號與體例，一面建議各國刊行新圖時採用，另一面製作各國符號與略字對照表，漸次達到標準化，以利各國複印他國海圖時，便於各地航海者使用。〔註45〕各國在第一屆大會中公認，在海測技術、設備與影響力三方面執牛耳者，乃為英國海道測量局，又其所製海圖多為各國海軍所使用，因而該會推行的標準符號多以英制為主。〔註46〕中國自加入大會後，海圖體例是否採用大會建議？以下就海測局出版海圖，考察此問題。

海圖中印有羅經圖，以利使用者掌握方位與當地磁偏差。〔註47〕大會對於羅經圖的形式，建議外圈真方位的刻度一律自 0°至 360°，內圈磁針方位則可有兩種呈現方式，將方位圈分為四等分，每一等分刻度標註 0°至 90°（以

軍部，《海軍部成立三週年紀念特刊》（南京：海軍部，1932），頁 142。〈海軍部十一月重要工作概況〉，《海軍公報》，第 42 期（1932 年），頁 344。

〔註43〕 海軍部，《海軍部成立二週年紀念特刊》，頁 313。

〔註44〕 顧維翰，〈主政海道測量局十有二年憶述〉，頁 113。海道測量局，《海軍海道測量局建局四十週年紀念特刊》（左營：海軍海道測量局，1962），頁 30～31。

〔註45〕 曾萬里，〈國際海道測量局工作之一般〉，頁 56～57。呂德元，〈國際水路局（續）〉，頁 135。

〔註46〕 第一屆大會召開時對於劃一海圖記號與略字，多採用英國式記法，見《國際水路會議報告書》，頁 11～16。收入於「米突式海圖採用の件（2）」，〈大正 10 年公文備考卷 20 文書 2 止〉，《防衛省防衛研究所》，JACAR（アジア歴史資料センター）Ref.C08050165200。Seat of the International Hydrographic Bureau, 17 July 1920, p. 1. 見於「国際水路会議（2）」，〈大正 10 年公文備考卷 10 官職 10〉，《防衛省防衛研究所》，JACAR（アジア歴史資料センター）Ref.C08050144300。

〔註47〕 苗迪青，〈海洋地圖（海圖）的知識〉，《科學時報》，第 2 卷第 9 期（1935 年），頁 4。

下簡稱四分制），另一是以順時針方向每 30°依序標記至 360°為止。〔註48〕海
測局海圖的羅經圖即依大會建議，而磁針方位則採四分制（參閱圖 5-1）。海
圖符號方面，該局亦多採用大會所提供的樣式（參閱表 5-4）。不過，水深標
註單位則未使用大會所呼籲的公尺制，而是以英尺（Feet）為主，並兼用托
（Fathom，一托等於 6 英尺），大會曾決議未使用公尺制之海圖，須附上單
位換算表，該局對於此點便依議行之（參閱圖 5-2）。從上述考察來看，海測
局雖未完全參用大會提供體例，但在海圖符號方面則參用較多，顯示中國亦
參與國際海圖標準化的過程。

圖 5-1　海測局出版海圖羅經圖樣式

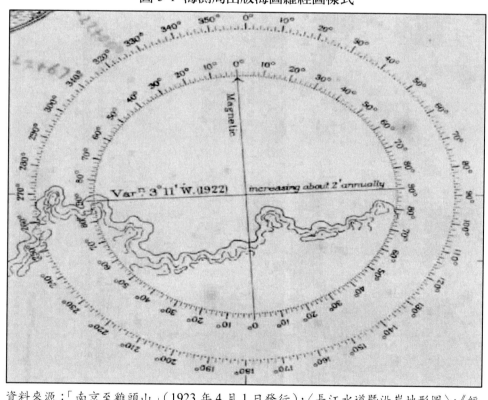

資料來源：「南京至雞頭山」（1923 年 4 月 1 日發行），〈長江水道暨沿岸地形圖〉，《經
　　　　濟部地圖》，中研院近史所檔案館藏，檔號：13-03-13-019。

〔註48〕水路部，《千九百十九年國際水路會議決議事項及水路部意見》，頁 12。

表 5-4　海測局採用大會建議符號與標註體例一覽表

標示種類	說　明	建議符號	海測局使用
洗岩（Rock awash）	低潮時與水面齊平之礁石		
沉岩（Sunken rock）	低潮時位於水深2公尺或水深不明礁石		
沉船（Wreck）	沉船未超過 18 公尺		
	沉船超過 18 公尺		
	沉船露於水面上		
	餘留的沉船，雖對航行船隻無危害，仍予以標示，以免船隻在此下錨或拖網捕魚		
魚柵（Fishing Stakes）	使用英國式符號		
潮流		（漲潮流方向）	

		（退潮流方向）	
水流			
底質	底質名詞縮寫以大寫字母表示，底質形容詞縮寫則以小寫字母	無符號	 備註：M 為 Mud（泥）之底質名詞縮寫。sft 為形容詞 soft（鬆軟）之縮寫。

資料來源：

一、《國際水路會議報告寫》，頁 12～16、18，見於「米突式海図採用の件（2）」，〈大正 10 年公文備考卷 20 文書 2 止〉，《防衛省防衛研究所》，JACAR（アジア歴史資料センター）Ref.C08050165200。「水路部，《千九百十九年國際水路會議決議事項及水路部意見》（出版地不詳：水路部，1920），頁 3，見於此書見於，「国際水路会議／分割 1」，〈万国航海会議一件附水路会議第三卷〉，《外務省外交史料館》，JACAR（アジア歴史資料センター）Ref.B07080466900。

二、「雞頭山至黃洲新灘」（1923 年 11 月 1 日出版），檔號：13-03-13-020；「南港由海至吳淞」（1931 年 9 月 1 日出版），檔號：13-03-13-001；「吳淞碇泊處及上海口岸附近」（1931 年 5 月 15 日出版），檔號：13-03-13-002，參見〈長江水道暨沿岸地形圖〉，《經濟部地圖》，中研院近史所檔案館藏。

三、「杭州灣東南部暨甬江附近」（1928 年 11 月 1 日出版），檔號：13-03-17-053；「東瓜嶼至三盤門暨黑牛灣」（1933 年 7 月 1 日出版），檔號：13-03-17-035；「泉州灣及其附近暨晉江口岸」（1937 年 1 月 15 日），檔號：13-03-17-051，以上諸圖見於〈揚子江港灣及中國沿海水道圖〉，《經濟部地圖》，中研院近史所檔案館藏。

四、士心，〈海圖〉，《航海雜誌》，第 1 卷第 5 期（1935 年 7 月），頁 229～237。大會建議通用符號多採英式，而該文簡介英海圖所使用的縮寫與符號，可資吾人了解。

五、「圖例」，〈領海界線畫定案（二）〉，《國防部史政編譯局》，檔案管理局藏，檔號：B5018230601/0010/621/8138。

圖 5-2　海測局水道圖水深單位及其單位換算表

CONVERSION TABLE

FEET	METRES
1	0.305
2	0.610
3	0.914
4	1.219
5	1.524
6	1.829
7	2.134
8	2.438
9	2.743
10	3.048
20	6.096
30	9.144
40	12.192

SOUNDINGS IN FEET.

Soundings are reduced to the level of low water of extraordinary spring tides.

①

中華民國海軍部水道圖　第一一二零號

中華民國東海岸　浙江省

魚山列島至韭山列島

大王宮山標點　東經一百二十二度二分四十七秒又十分之二　北緯二十九度十分十七秒又十分之四

深度記載係用拓（六英尺）十一拓以內拓及英尺並用由大潮低潮面算起凡沙岸岩石高出於此面者其高度以英尺下附橫線誌之其他高度則以英尺由平均海平面算起

測繪者　海道測量局

中華民國二十一年六月十日　海軍部審定刊行

表　換　轉
CONVERSION TABLES

尺公 METRES	尺英 FEET	
0.305	1	3.28
0.610	2	6.56
0.914	3	9.84
1.219	4	13.12
1.324	5	16.40
1.829	6	19.68
2.134	7	22.97
2.439	8	26.25
2.743	9	29.53
	尺公 METRES	尺英 FEET

尺公 METRES	拓 FATHOMS	
1.83	1	0.55
3.66	2	1.09
5.49	3	1.64
7.31	4	2.19
9.14	5	2.73
10.97	6	3.28
12.80	7	3.83
14.63	8	4.37
16.46	9	4.92
	尺公 METRES	拓 FATHOMS

②

資料來源：①「天河口至南京」（1923 年 6 月 20 日出版），〈長江水道暨沿岸地形圖〉，《經濟部地圖》，中研院近史所檔案館藏，檔號：13-03-13-017。②「魚山列島至韭山列島」（1932 年 6 月 10 日），〈揚子江港灣及中國沿海水道圖〉，《經濟部地圖》中研院近史所檔案館藏，檔號：13-03-17-056。

第二節　出國考察

民國成立後，海軍部為謀求發展，常藉由考察先進國海軍發展概況，作為建軍之借鑑，諸如第一次大戰期間曾派遣陳紹寬（1889～1969），赴美調查其海軍，再赴歐觀戰，從中觀察新戰術，並順道考察英、法與義三國海軍；1929 年派杜錫珪（1875～1933）考察歐美日海軍發展，〔註 49〕關於上述考察活動，張力已有專文探討。〔註 50〕1925 年海測局派員赴歐美日等地的考察活

〔註 49〕《海軍大事記》，收入於殷夢霞、李強編，《國家圖書館藏民國軍事檔案文獻初編》第 12 冊（北京：國家圖書館出版社，2009），頁 10～15、69，總頁 50～55、109。

〔註 50〕張力，〈中國軍官對第一次世界大戰的觀察與省思〉，《輔仁歷史學報》，第 19 期（2007 年 7 月），頁 81～117。張力，〈陳紹寬與民國海軍〉，《史學的傳承：蔣永敬教授八秩榮慶論文集》（臺北：近代中國出版社，2001），頁 1～24。張力，〈以敵為師：日本與中國海軍建設（1928～1937）〉，收入於黃自進主編，

動，可能是海軍首見為發展專門業務而進行的，其目的與性質與上述的考察
活動有所不同。本節擬探討海道測量局出國考察的背景、籌備、行程、成果
及其相關影響。

一、考察團行程與成果

中國自 1919 年加入國際海道測量會，1922 年由海測局開辦測量業務以
來，始有自製海圖與各國海軍測量局互相交換之事，以及互通有關技術事宜
之訊息。1925 年，局長許繼祥感於該局開辦未久，僅能執行領海內測量事
務，其業務規模未能與各國比擬。近年隨著科學發明，測量水深可用回音測
深機，記載測量船航行所至水域深度，可省去以人力錘測水深的繁瑣；測量
孤島與高山，可用航空測量，這些新技術須實地考察後，方能一窺其精奧之
處。〔註51〕

（一）歐美海道測量考察團

1925 年 5 月底，許繼祥擬派遣少校劉德浦、上尉劉世楨與葉裕和等三員
赴歐洲，先至英國海道測量局考察測量與製圖新技術，以及組織與管理方法，
再至法國海道測量局與摩那哥國際海道測量會參觀。〔註52〕

海測局擬定考察行程，原是先至英國考察，但發現美國海道測量局轄下
各科皆聚集在華盛頓，規模宏大，若欲實地見習，應先前往美國，收效較易，
遂於 1925 年 6 月底將考察第一站改為美國。局長許繼祥向美國海軍駐華參
贊佩騰吉爾（Geo Pettengill）洽談赴美考察事宜，經佩騰吉爾代為向美國海
軍部詢問，隨後美海軍部表示歡迎，並為合乎行政手續，請該局先由外交管
道向美國政府知會，便可進行。隨後，許繼祥透過海軍部商請外交部協助此
事。〔註53〕經外交部於 7 月上旬，請美駐華公使馬克謨（John Van Antwerp

《蔣中正與近代中日關係（上冊）》（臺北：稻鄉出版社，2006），頁 93～122，
而張力在本文中述及杜錫珪考察行程，主要側重杜氏訪日時接見日海軍要人、
東鄉平八郎，以及參訪日海軍設施的情形。

〔註51〕「海道測量局呈海軍總長文」（1925 年 5 月 31 日），〈劉德浦赴歐美考察海道
測繪案〉，《國防部史政編譯局》，檔案管理局藏，檔號：B5018230601/0014/
411.1/7210。

〔註52〕「海道測量局呈海軍總長文」（1925 年 5 月 31 日），〈劉德浦赴歐美考察海道
測繪案〉，《國防部史政編譯局》，檔案管理局藏，檔號：B5018230601/0014/411.
1/7210。

〔註53〕「海道測量局呈海軍總長文」（1925 年 6 月 26 日海軍部收文），〈劉德浦赴歐

MacMurray）代為向美國政府商議。〔註54〕美方同意後，完成劉德浦等三員護照手續，〔註55〕劉氏等人於 8 月 12 日從上海搭乘天洋丸赴美。〔註56〕另一方面，海測局原先歐洲參訪地點，除英、法與國際海道測量會三處之外，10 月初又新增德國一處，並請海軍部代其向外交部請求協助，由外交部令駐英、法與德三國公使，向三國政府先行接洽。〔註57〕

1925 年 8 月 12 日，劉德浦等人由滬啟程，9 月 4 日抵舊金山，轉陸路前往華盛頓，9 月 9 日抵達，先見駐美公使施肇基（1877～1958），10 日由駐美使署派員帶往美國海道測量局（以下簡稱為「美海測局」），拜會該局各部主任，美方也示出劉氏等人接下來應修習課程綱目，課程預計三個月後結束。從 9 月 10 日至 10 月 13 日是課程的第一階段，先學習製圖與印刷，再至美海測局各處參觀其管理與組織方法。修習製圖方面，除了依序修習各項科目，經美方製圖部各科科長考核外，也獲得格式圖樣數十種，以及日記百餘頁。考察團完成製圖與印刷課程後，接著 10 月 15 日至 19 日在美國海軍飛航站學習航空攝影與照片洗褙技術。〔註58〕

第二階段見習重點是測量方法。10 月 20 日考察團先從華盛頓啟程前往紐約，21 日由紐約乘郵輪前往古拉索（*Curacao*，荷屬西印度），經 11 天航程後，於 11 月 1 日抵達，隨即登上美測量艦尼亞加拉號（USS *Niagara*），隨同美方測量員至委內瑞拉（Venezuela）執行測量任務。11 月 1 日至 20 日期間，劉氏等人從中學習野地測量天文、細測經緯點、操作回音測深機與普通

美考察海道測繪案〉，《國防部史政編譯局》，檔案管理局藏，檔號：B5018230601/0014/411.1/7210。

〔註54〕 「派員赴美考查海道測量新術及組織法事」（1925 年 7 月 16 日），〈海道測量案〉，《北洋政府外交部檔案》，中研院近史所檔案館藏，檔號：03-06-047-02-009。

〔註55〕 「海軍部咨外交部」（1925 年 7 月 30 日），〈劉德浦赴歐美考察海道測繪案〉，《國防部史政編譯局》，檔案管理局藏，檔號：B5018230601/0014/411.1/7210。

〔註56〕 海道測量局，《考察歐美海道測量局委員報告書》（上海：海道測量局，1926），頁 53。此報告書見於〈劉德浦赴歐美考察海道測繪案〉，《國防部史政編譯局》，檔案管理局藏，檔號：B5018230601/0014/411.1/7210。

〔註57〕 「海道測量局呈海軍總長文」（1925 年 10 月 8 日）、「海軍部諮外交部」（1925 年 10 月 26 日），〈劉德浦赴歐美考察海道測繪案〉，《國防部史政編譯局》，檔案管理局藏，檔號：B5018230601/0014/411.1/7210。「海道測量局派劉德浦等由美赴英法德各國考查測繪事」（1925 年 10 月 31 日），〈海道測量案〉，《北洋政府外交部》，中研院近史所檔案館藏，檔號：03-06-047-02-019。

〔註58〕 海道測量局，《民國十四年海道測量局報告書》，頁 5。海道測量局，《考察歐美海道測量委員報告書》，頁 53。

測深機,以及設立標桿等項目。11 月 20 日啟程回華盛頓,12 月 1 日抵達。12 月上旬則是修習其他測量法,3 至 5 日分別在美國海岸與大地測量局(United States Coast & Geodetic Survey)與磁力觀測臺,先後修習測量潮流與磁力的方法。〔註 59〕

考察團第三個研習重點是實作飛機攝影,但此修習機會是劉德浦向美方極力爭取後才有的。由於美海測局尚未擁有航空測量設備,僅安排劉氏等人至美海軍航空站聽講而未有實作。劉德浦認為此次赴外考察的重點之一,即是了解航空測量,極力向美海測局爭取,請其引介至陸軍飛行隊或海軍航空站實習,待風浪平靜之時,即習水面飛行與實作航空攝影。在劉德浦爭取下,考察團方於 12 月 8、9 兩日前往海軍航空站實地練習。〔註 60〕最後,劉氏等人於 12 月離美赴英前,還參觀美國地理測量局(U.S. Geological Survey)、海岸巡防處(U.S. Coast Guard)、海軍兵工廠、飛機公司、儀器與照相公司。〔註 61〕

劉氏等人於 1925 年 12 月下旬結束美國考察行程,12 月 28 日啟程前往英國,1926 年 1 月 3 日抵英後至 2 月 12 日期間,先後參觀英國、法國、德國海測機構、測量儀器與飛機公司。劉德浦等人在報告書中,針對紐約、倫敦、柏林等地的飛機、儀器與照相器公司(參閱表 5-5)的產品,提出適合購買的測量飛機機種,以及分別就回音測深機等十四種測量或繪圖儀器,指出何家公司的製品較為適用。〔註 62〕最後,由德國赴摩納哥,拜會國際海道測量會執行委員荷蘭海軍少將哈福(Rear Admiral J. M. Phaff)與美國海軍少將尼布勒克(Rear Admiral A. P. Niblack),並至國際海道測量局閱覽資料,2 月 13 日從法國馬賽搭船返華,3 月 19 日返抵上海。〔註 63〕劉氏等人返程中,行抵新加坡時,海測局另指派上尉葉裕和前去暹羅海道測量局考察,預計四月間返國。〔註 64〕

〔註 59〕海道測量局,《考察歐美海道測量委員報告書》,頁 54。
〔註 60〕「海道測量局呈海軍總長文」(1925 年 11 月 11 日海軍部收文),〈劉德浦赴歐美考察海道測繪案〉,《國防部史政編譯局》,檔案管理局藏,檔號:B5018230601/0014/411.1/7210。
〔註 61〕海道測量局,《考察歐美海道測量委員報告書》,頁 55~56。
〔註 62〕海道測量局,《考察歐美海道測量委員報告書》,頁 28~34。
〔註 63〕海道測量局,《考察歐美海道測量委員報告書》,頁 53~59。海道測量局,《民國十四年海道測量局報告書》,頁 3。呂德元,〈國際水路局〉,頁 95。
〔註 64〕「海道測量局呈海軍部文」(1926 年 3 月 23 日),〈劉德浦赴歐美考察海道測繪案〉,《國防部史政編譯局》,檔案管理局藏,檔號:B5018230601/0014/411.1/7210。

表 5-5　歐美海道測量考察團參觀飛機、儀器與照相器公司一覽

國　別	參觀時間	參觀公司類型	公司名
美國	1925 年 12 月 23 日	飛機照相公司	Fairchild Co., New York.
	1925 年 12 月 24 日	儀器公司	K. & E. Instruments Co., New York.
	1925 年 12 月 26 日	飛機公司	Leoning Aeroplane Co.,New York.
英國	1926 年 1 月 5 日	儀器公司	Cooke Troughton and Simms Co., London.
	1926 年 1 月 15 日	飛機工廠	Aircraft Operating. Co., London.
	1926 年 1 月 16 日	儀器工廠	Cooke Troughton and Simms Factory, York.
法國	1926 年 1 月 25 日	電氣測深器工廠	未詳註公司名
德國	1926 年 1 月 29 日	飛機公司	Dornier Metalbauten Co., Berlin.
		飛機工廠	Aerolloyd, Staaken.
	1926 年 1 月 30 日	儀器公司	Caorl Bamberg Co., Berlin.
		照相器公司	Carl Zeiss Co., Berlin.

資料來源：海道測量局，《考察歐美海道測量委員報告書》（上海：海道測量局，1926），頁 56～58。

（二）日本海道測量考察團

　　海測局赴外考察不限於歐美各國，該局聽聞日本測繪技術亦有可觀之處，有意派員赴日考察，經詢問日本海軍部後，日方於 1925 年 9 月下旬表示贊同。〔註65〕10 月，海測局指派測量員陳志、葉可松、梁同怡與陳紹弓四員，前赴日本考察水路部，研習製圖與測量技術。〔註66〕

　　陳志等人抵達日本後，先拜會日本海軍軍令部長官，軍令部指派參謀岡野俊吉、保田久晴陪同謁見日本水路部少將部長植村信男。日方為陳氏等人設計的行程，前兩個月於水路部內見習，其餘時間則前往高松測量地實習，並參觀橫須賀軍港、長門戰鬥艦、東京天文臺與神戶海洋氣象臺、大阪錨鍊燈標製造廠、東京儀器製造所與東京光學工業社等地。日本海道測量考察團在其報告書裡，就日本水路部所用儀器與器械，分別列出測量儀器、製圖儀器、照相用器、製版應用器具、印刷器械與其他主要器械等六類，共 117 種

〔註65〕〈海測局派員赴日考察〉，《申報》，上海，1925 年 9 月 25 日，版 14。
〔註66〕《海軍大事記》，頁 41，總頁 81。

儀器或器械的製造國與造價。〔註67〕陳氏等人後於 1926 年初結束此次行程，歸國時還攜回日本水路部大方贈與的海測相關書籍圖表共 83 項，日海洋氣象臺贈送書籍 7 冊，日燈塔局贈給圖書 9 本。〔註68〕日人所贈圖書之中，陳志等人歸國後將其中談論遠海測量的專書——《海洋測量》，另漢譯為《遠洋測量》，並由海測局出版。〔註69〕

（三）考察成果

從上述海測局籌備赴歐美日考察的過程來看，可知派遣考察團的動機不外有二：考察各國海測局新興測繪技術及其管理方法，以及派員至先進國海測局實習。兩個考察團以及葉裕和返國之後，各將觀察所得提交報告書（參閱表 5-6），海軍部閱覽後，認為劉德浦等人赴外考察，皆能認真研習並有心得，下令嘉獎。〔註70〕從三份報告書的內容審視，可知海測局 1925 年派遣軍官赴外考察的收穫之一，在於收集各國測量局的組織編制及其管理方法，可供海測局之後進行組織調整時有參考依據。考察所得之二是建立儀器清單，以供海測局往後購買儀器或測量飛機時，可採擇後再訂購。

考察的第三個成果則是提高海測局測量員專業。劉德浦、葉裕和與劉世楨等三人在美國海道測量局見習三個月，陳志、葉可松、梁同怡與陳紹弓四人在日本水路部研習三個月，得以接觸當時最新的測量技術，諸如航空測量、操作回音測深機，或是學習各先進國海測局測量、製圖與管理方法。1931 年海測局自評局內測量軍官的專業學識已超越海關測量人員，其因除了 1929 年派遣軍官前往美國留學，修習製圖與測量地磁、潮汐外，也認為 1925 年派出軍官至美、日兩國海測局學習，亦是測量員得以提高專業素養的原因之一。〔註71〕

〔註67〕海道測量局，《考察日本海道測量委員報告書》（上海：海道測量局，1926），頁 101～110。此報告書見於〈劉德浦赴歐美考察海道測繪案〉，《國防部史政編譯局》，檔案管理局藏，檔號：B5018230601/0014/411.1/7210。

〔註68〕海道測量局，《考察日本海道測量委員報告書》，頁 1～118。海道測量局，《民國十四年海道測量局報告書》，頁 4。

〔註69〕海道測量局，《遠洋測量》（上海：海道測量局，1926），頁 1。此書見於〈劉德浦赴歐美考察海道測繪案〉，《國防部史政編譯局》，檔案管理局藏，檔號：B5018230601/0014/411.1/7210。

〔註70〕「海軍部指令」（1926 年 4 月 29 日），〈劉德浦赴歐美考察海道測繪案〉，《國防部史政編譯局》，檔案管理局藏，檔號：B5018230601/0014/411.1/7210。

〔註71〕「海軍部密呈行政院文」（1931 年 1 月 22 日），〈海道測量案（四）〉，《國防部史政編譯局》，檔案管理局藏，檔號：B5018230601/0012/940.1/3815。

　　考察後得到最重要的效益是，劉德浦在報告書中對海測局發展方向提出的建議。劉氏出洋前已深知局長許繼祥賦予使命——調查測量儀器與觀察航空測量，每抵各國考察時，皆以此為重點。美國學習期間，劉氏為預備日後將航空測量引進中國，極力向美方爭取實作機會，方有至美海軍航空站實練的行程。但考察結束後，劉氏認為航空測量雖然新穎，但效益不高，建議局長許繼祥緩辦，理由有三：（一）歐美各海測局因航空測量效益不大，未專設此項設備；（二）航空測量的效用正在評估，國際海道測量會預於 1926 年的大會進行研討；（三）僅適用測量平原，執行時先以飛機進行空拍，再以相片配合地形儀製成草圖，可在短時間掌握大略的地形，但測繪山地則無法發揮效用，在於山的等高線仍需實測方能得知。何況海道測量須以三角測量定座標方位，以錘測測海深，航空測量亦無法取代這些工作。另外，海側局欲發展此測量技術，尚需完備航空與氣象事業配合，但中國在這兩項事業皆未成熟，若執意引進，需另花費籌建配套設施。〔註72〕

　　劉德浦更指出，與其跟進他國新技術，不如改進測繪設備與擴充海道測量業務：

　　　　惟吾局正在草創之始，欲追逐他人之後，其應先辦之事甚多，即測
　　　　量艦一項，已非一般所能敷用；儀器應添換者甚多，照像及印刷亟
　　　　宜添設，以上在在需款，若能辦理完善，則列強之海道測量局不是
　　　　過也。尚有亟宜辦理者，吾局各隊長及各測量員皆服務數年、經驗
　　　　豐富，正宜分股執務，各盡其長，如各國之航海警告（Notice to
　　　　Mariners）、航海指南（Sailing Directions）及燈錄（Light Lists）等，
　　　　多係海道測量局辦理，吾局亦應向海關收回此權，以付於海事股辦
　　　　理，以符海道測量局之實。〔註73〕

從劉氏建議內容，可得到這樣的發展方向：海測局若欲追上列強海測事業發展，與其砸重金引進航空測量，不如添購測量艦、測量與製圖儀器，以利測量工作推行，並開始發布航行布告、編纂航海指南與燈錄等刊物，向海關收回此項事權，使海測局職權能名實相符。接下來在後文部份，我們也可看見，海測局在考察活動後的發展方向，大體上是依劉德浦建議來進行。

〔註72〕海道測量局，《考察歐美海道測量委員報告書》，頁 25～28。
〔註73〕海道測量局，《考察歐美海道測量委員報告書》，頁 26～27。引文「則列強之
　　　　海道測量局不是過也」之句，「不是過也」似不通，但原文如此。

表 5-6　考察報告書概要

報告書	內容大要
《考察歐美海道測量委員報告書》	（1）美國海道測量局歷史、職務、規模及設備、組織、各部管理、經費、成績、公文傳遞程序、請假辦法。測量船尼依古拉艦的容量及設備、組織、編制、管理、軍官與測量船調動；（2）美國海岸水陸兼內地三角水平測量局、美國海岸巡防處、英國海道測量局、法國海道測量局、德國海道測量局等六個機構的組織、編制、管理、經費與業務概況；（3）飛機測量；（4）儀器調查；（5）考察修習科目列表；（6）考察行程日記。
《考察日本海道測量委員報告書》	日本水路部組織編制、測量艇調用與辦公處設置、人才培養、經費、測量工作概況、製圖概況、水路部關係各機關概況，並附有《一九二二年日本調查歐美水路部報告》與〈水路部應用主要儀器機械一覽表〉。
《暹羅海道測量考察報告書》	先簡介暹羅海道測量緣起，再分述暹羅海道測量局局址、組織、管理、測量船、印刷及出版、測量事業與儀器。

資料來源：《考察歐美海道測量委員報告書》、《考察日本海道測量委員報告書》見於〈劉德浦赴歐美考察海道測繪案〉，《國防部史政編譯局》，檔案管理局藏，檔號：B5018230601/0014/411.1/7210。「鈔呈測量員葉裕和考察暹羅海道測量報告書」（1926 年 5 月 20 日），〈國際海道測量會案（六）〉，《國防部史政編譯局》，檔案管理局藏，檔號：B5018230601/0015/003.6/6015。

二、籌辦航空測量

（一）籌辦梗概

　　海道測量局派員考察的目的之一，即是該局欲發展航空測量。該技術是運用航空攝影來繪製地圖。航空攝影發明於第一次世界大戰期間，德軍首度將攝影機配備於飛機，負責偵察任務，因頗有成效，其後各國紛紛效法。〔註74〕第一次大戰結束後，航空攝影開始運用於測量，英國曾以航空攝影拍攝倫敦市街道，作為整頓交通的參考資料；美國海軍派遣水陸兩用機前往阿拉斯加攝影，費時四月製成約 40,000 平方哩的俯瞰圖。〔註75〕

　　另一個發展飛機測量的動機，則是海岸巡防處亦有購機需求，〔註76〕當

〔註74〕阮孟寬，〈談談航空測量〉，《申報》，1947 年 9 月 8 日，第 9 版。

〔註75〕碧海，〈航空攝影〉，《海軍期刊》，第 11 期（1929 年），頁 73。

〔註76〕海岸巡防處成立於 1924 年 6 月，由海道測量局局長許繼祥兼任該處處長，其職責大致有六：（一）制止偷漏違禁物品；（二）制止海盜；（三）救護沉舟及海上遇險；（四）保護漁業；（五）警報氣候；（六）推廣民船航路之設備，參見海岸巡防處，《民國十三年全國海岸巡防處報告書》（上海：海岸巡防處，

時許氏兼任該處首長。1925 年 10 月，巡防處鑒於海盜頻繁出沒於興化、南日、七星與舟山群島等處，經常騷擾沿海燈塔，海關曾多次函請巡防處予以保護。巡防處認為海面廣闊，只以船艦巡防，難以查緝海盜，若能搭配水上飛機，共同巡查，成效較佳，曾請海軍總司令調查，福州船政局轄下飛機工程處是否有多餘飛機，可撥借數架調用。〔註77〕事實上，當時飛機工程處並無餘機可撥，該處所製飛機不是在試飛時墜毀，就是颱風時因機棚倒塌而毀損。〔註78〕巡防處無法自飛機工程處借調飛機，僅剩購機一途。

正當海測局軍官赴外考察之際，米祿司也在此時返英，接觸英國一家航空攝影公司（Aircraft Operating Company Ltd., 簡稱 AOC），並向該公司提及海測局有意發展航空測量及其需求，請其向該局聯繫。隨後 AOC 負責人赫明（H. Hemming）於 1925 年 10 月 21 日致函許繼祥，除簡介該公司情況、現今航空測量發展概況與米祿司的推薦之外，更開出 51,000 英鎊價碼，即可出售測量飛機予海測局，由其負責人員訓練。〔註 79〕許繼祥接到信後，或許為了要比價，即於 1926 年 1 月底時電令甫抵柏林的劉德浦，速將德國飛機、照相儀器公司的產品型錄寄回。〔註80〕

1926 年初米祿司自英返華後，向許繼祥報告歐洲國家發展航空測量概況，認為中國海岸線綿長，若使用傳統測繪方法，較為費時靡費，建議海測局發展此項技術，以之測繪岸線。但要發展航空測量並非易事，許繼祥認為

1924），頁 4～6。此報告書見於「函送海岸巡防處第一二屆報告書希查收以備參考」（外交部 1926 年 3 月 3 日收文），〈海道測量案〉，《北洋政府外交部檔案》，中研院近史所檔案館藏，檔號：03-06-047-02-028。

〔註77〕〈海岸巡防處將用水上飛機防止海盜〉，《申報》，1925 年 10 月 7 日，版 14。

〔註78〕飛機工程處成立於 1918 年，從 1918 至 1925 年間共製成六架水上飛機，甲一因試飛員不識地形，導致飛機觸沙，倒插入水而毀損；甲二亦因試飛員駕機升空過急，又轉舵過猛，導致飛機失速墜毀；甲三雖試飛成功，但 1925 年時遭俄籍飛行員駛壞；乙一製成後，1925 年颱風時廠棚倒塌，遭壓毀；丙一（飛船式）試飛滑行時，因速率過快，水浪激入後艙，致使飛船船尾過重而失衡，從四、五十尺高度墜下，船身折斷；丙二造成後未試飛，亦在 1925 年颱風期間因機棚倒塌而毀損，而 1925 年製底成的江鶚號飛機則未因試飛不慎或因天災而損壞，見〈製造飛機處之略歷與工作概況附表〉，收入於海軍江南造船所編，《海軍江南造船所民國二十一年工作報告書》（上海：海軍江南造船所，1932），未標頁數。

〔註79〕"The Aircraft Operating Company Ltd. to Admiral C.C. Hsu, Director of the Hydrographic Department, Imperial Chinese Navy, 21 October 1925," *Foreign Office*（以下簡稱 *FO*），671/498.

〔註80〕海道測量局，《考察歐美海道測量委員報告書》，頁 28、58。

首要之務是培養既會駕駛水上飛機，又嫻熟空中攝影的人才，因而在海岸巡防處內設置飛機講堂與教練場。〔註81〕可知，許氏欲先培養水上飛機駕駛員，再進一步訓練飛行員使用空中攝影儀器，人才培育完畢後即可投入海岸巡防與航空測量。

　　1926年2月10日，許繼祥與上海德商普福洋行議定合同，由該洋行代為向德國亨克爾公司訂購水上教練機一架（Heinkel School and Training Seaplane）〔註82〕、航空測量所需製圖儀器與教練器具，總計2,420英鎊。該教練機配有120匹馬力的引擎、無線電收發機與空中照相機。普福洋行除了代購飛機、儀器之外，也負責代聘航空教員與維修師各一名，教員負責教授飛行課程，維修師則掌管飛機維護與訓練華方人員。〔註83〕合同草案談妥後，許氏於2月16日向海軍部呈報此一計畫。〔註84〕

　　當許繼祥與普福洋行商議草約之際，AOC因合約草案自1925年10月送交海測局以來，遲遲未有下文，經向米祿司打探消息，得知海測局仍在審議中，米祿司又建議該公司透過英國外交管道向中國海軍施壓，以爭取合約。1926年2月初，AOC除了請英國空軍部（Air Ministry）代其向外交部請求援助，〔註85〕也另請海外貿易部（Department of Oversea Trade）協助。〔註86〕空軍部後於2月13日，請外交部要求駐華公使麻克類（Sir James Ronald Macleay）幫助AOC訂約。〔註87〕英國外交部隨後電令麻克類，請其盡力協

〔註81〕海岸巡防處公署所在地本是海軍部指定的海軍飛機試驗場預定地，見「海道測量局呈海軍部文」（1926年2月16日），〈飛機採購案（一）〉，《國防部史政編譯局》，檔案管理局藏，檔號：B5018230601/0008/761.5/1241。

〔註82〕亨克爾飛機（Heinkel）公司由Dr. Ermst Heinkel於1922年建立，考察該公司於1922至1926年間出產的飛機，屬於水上教練機的機種是Heinkel HD 24，其餘的不是水上偵察機，就是民用訓練機。又該機曾記載有一架售至中國，因此可合理地推測海測局所購買的飛機機型應是Heinkel HD 24，參見P.D. Stemp, *Kites, Birds & Stuff - Aircraft of GERMANY - HEINKEL Aircraft*, （London: Lulu, 2014）, pp.3～7.

〔註83〕「海道測量局與普福公司合同」（1926年2月10日），〈飛機採購案（一）〉，《國防部史政編譯局》，檔案管理局藏，檔號：B5018230601/0008/761.5/1241。

〔註84〕「海道測量局呈海軍部文」（1926年2月16日），〈飛機採購案（一）〉，《國防部史政編譯局》，檔案管理局藏，檔號：B5018230601/0008/761.5/1241。

〔註85〕"The Aircraft Operating Company Ltd. to The Air Ministry, 3 February 1926," *FO*, 371/11683.

〔註86〕"Department of Oversea Trade to the Aircraft Operating Company Ltd. 11 February 1926," *FO*, 371/11683.

〔註87〕"Air Ministry to Foreign Office, 13 February 1926," *FO*, 371/11683.

助 AOC；若他認為此舉會助長中國國內反英宣傳，可不必執行。〔註88〕相較於英外交部對於介入訂約一事仍有顧慮，海外貿易部則訓令駐上海商務秘書協力促成此事。〔註89〕AOC 原先寄望藉由外交與商務兩管道來得到合約，但可能在英外交部未積極介入下，期望終究落空，許繼祥早於 2 月 16 日即向海軍部呈上與普福洋行的草約。

海軍部收到許繼祥呈文後，認為航空測量是近來出現新技術，具有省時節費優點，西人早已用於測量水道，中國應予以發展，籌辦第一步是設立飛機教練場，儲備人才，同意許氏的草案，3 月底代其向臨時執政段祺瑞呈報。〔註90〕段氏發交國務院商議，該院同意此項提案，要求海軍部與陸軍、外交兩部合辦此事。〔註91〕

依合同規定，受聘的航空教員與維修師須來華教練 6 個月，由海道測量局局長指揮，兩員視情況可延長雇用。待遇方面，教員一月薪俸為 500 兩，維修師為 375 兩。〔註92〕海測局將培養航空測量人才的教練所設於張華濱海軍醫院，聘用德國海軍航空官柏士克，機師余德籍、史拉石負責教練，飛行場因訂購的測量機係屬水上飛機，就近設於張華濱江面。學員方面，分別由海軍總司令公署、全國海岸巡防處與海測局挑取人員入所修習，待測量飛機於 1927 年1 月底到滬，並運抵張華濱後，即可開學。〔註93〕

值得深入探討的是，從上述海測局計畫發展航空測量一事，可看出米祿司暗中穿針引線，極欲促成 AOC 公司承辦此事，但許繼祥何以選擇訂購德系飛機與攝影儀器，而非米祿司推薦的？可能的原因與當時中國國內反英氛圍有關。1925 年五卅慘案後中國國內反英情緒高漲，英國更成為反帝廢約運動的首要目標。〔註94〕負責赴外考察的劉德浦回國後極力反對採米祿司之議──

〔註88〕 "Code telegrem, Foreign Office to Sir R. Macleay, 17 February 1926," *FO*, 371/11683.

〔註89〕 "Department of Oversea Trade to the Aircraft Operating Company Ltd. , 22 February 1926, " *FO*, 371/11683.

〔註90〕 「海軍部呈臨時執政文」（1926 年 4 月 3 日），〈飛機採購案（一）〉，《國防部史政編譯局》，檔案管理局藏，檔號：B5018230601/0008/761.5/1241。

〔註91〕 「國務院公函」（1926 年 4 月 9 日），〈飛機採購案（一）〉，《國防部史政編譯局》，檔案管理局藏，檔號：B5018230601/0008/761.5/1241。

〔註92〕 「海道測量局與普福公司合同」（1926 年 2 月 10 日），〈飛機採購案（一）〉，《國防部史政編譯局》，檔案管理局藏，檔號：B5018230601/0008/761.5/1241。

〔註93〕 海道測量局，《民國十五年海道測量局報告書》，頁 14。

〔註94〕 唐啟華，《被廢除不平等條約遮蔽的北洋修約史（1912～1928）》（北京：社會科學文獻出版社，2010），頁 488～489。

與英商訂約，他提及數年前英國欲代辦京滬航線，航空署以領空權不能外漏為由，予以拒絕，而海岸測量亦屬重要事項，若交由英人辦理，雖然可透過合約限制英人越俎行徑，但難免會遭受輿論攻擊。〔註95〕另一方面，如前所述，英國外交部也顧慮中國國內反英氛圍，是否要透過外交管道介入訂約，則是交給麻克類自行判斷，若他評估此舉會助長反英宣傳，毋須執行此命令。許繼祥最終選擇向德商購買，似乎未受到英方外交管道方面的壓力，可能是英使麻克類判斷當下的情勢，不宜向海測局施壓。

（二）發展航空測量之挫折

　　海測局等待測量飛機從德運返之際，普福洋行於 1927 年 1 月下旬向海測局反應，由其代購的測量機，原訂由胡立美航線輪船運抵上海，途經青島時該機被扣留，運往濟南。海測局獲知此事後，立即呈請海軍部向青島方面交涉。〔註96〕在青島被扣留的不只海測局所購的測量飛機，尚有海軍總司令部向德國購買的六五子彈一批。海軍部一面透過稅務處向膠海關詢問，一面由海軍總司令楊樹莊（1882～1934）向山東軍務督辦張宗昌（1881～1932）交涉，但兩方皆推諉此事，膠海關請海軍逕向張宗昌接洽，張氏方面則請楊樹莊先與膠海關交涉。〔註97〕2 月 18 日，海軍總長杜錫珪致電山東軍務督辦總參議師嵐峯，請其代為向張宗昌轉陳，請張氏放行遭扣留之軍械與測量飛機。〔註98〕但此事下文已無從考察，就檔案史料內未見張宗昌方面的覆電，而海測局在 1927 年後亦未有測量飛機執行航空測量，張氏似乎未將測量飛機還予海測局。

　　海測局發展航空測量，因測量飛機遭扣留而中斷，但從以下兩事可看出海軍方面仍有意籌備此事。首先，海測局組織編制曾在 1929、1930 年進行修正，兩次組織調整中，測量課職掌與北洋時期相較，皆增加「航空測量」一

〔註95〕海道測量局，《考察歐美海道測量委員報告書》，頁 28。

〔註96〕「海道測量局箋」（1927 年 2 月 5 日），〈飛機採購案（一）〉，《國防部史政編譯局》，檔案管理局藏，檔號：B5018230601/0008/761.5/1241。

〔註97〕「照抄稅務處來函」（1927 年 2 月 15 日），〈飛機採購案（一）〉，《國防部史政編譯局》，檔案管理局藏，檔號：B5018230601/0008/761.5/1241。「照抄楊總司令來電」，（1927 年 2 月 15 日），〈飛機採購案（一）〉，《國防部史政編譯局》，檔案管理局藏，檔號：B5018230601/0008/761.5/1241。

〔註98〕「照抄杜總長致濟南督署電」（1927 年 2 月 18 日），〈飛機採購案（一）〉，《國防部史政編譯局》，檔案管理局藏，檔號：B5018230601/0008/761.5/1241。

項，〔註99〕顯示海測局仍欲發展此項技術。其次，海軍仍有意培養航空測量
人才。1930 年參謀本部測量總局鑑於中國國土遼闊，欲發展航空測量，以之
測製地圖，因而開辦航空攝影測量研究班，選取各省測量局職員入班修習。
〔註100〕海軍部聞知悉此事，經向測量總局商議後，選派海道測量局羅嘉惠、
葉裕和兩員隨班學習。〔註101〕1931 年 5 月 26 日航空攝影測量研究班學員畢
業。〔註102〕從此事可知，海軍並未放棄發展航空測量，仍致力培養並儲備人
才，以待日後所用。

三、對海測局發展的影響

（一）調整組織編制

1925 年海測局派員出國考察目的之一，即是收集各國海測機構的組織架
構及其管理方法。出國考察活動後，如第三章所述，1930 年海測局能夠成功
擴編，實與該局技術主任米祿司的推動有關。當時米祿司向海軍部建議，增設
潮汐、推算兩課的理由中，除了技術作業需求之外，另提及各國海測機構多設
有這兩課，應比照設置。他提及：「各先進測量局皆有大規模之潮汐課，如英、
德兩國之潮汐課，其地位重要及其擴充程度，乃至於測量局分立，雇用人員多
至數百，專以供是項業務之用。」又提到：「各國測量局編制皆設有推算課，
該課實為測局所必要專事推算測量要素，藉成測量圖版、地形原圖、錘測圖版，
以供測量之需，並所有地形綱要，以為製圖之基礎。」此外，米祿司在意見書
中，附上其草擬的海測局編制圖與美國海岸和大地測量局（United States Coast
& Geodetic Survey）組織圖，供海軍部高層參考。〔註103〕可見，先進國海測

〔註99〕1929 年 11 月 1 日頒布的〈海道測量局暫行條例〉第六條測量課的執掌事項有
八，其中一項為「關於航空測勘事項」，見〈海道測量局暫行條例〉，收入於海
軍部，《海軍部成立一週年紀念特刊》，頁 267～268。1930 年 9 月 9 日頒布的
〈海道測量局條例〉中的第七條，關於測量課的職掌中即有「水陸空測量事
項」，見〈海道測量局條例〉，收入於海軍部編，《海軍部成立二週年紀念特刊》，
頁 305～307。

〔註100〕參謀本部測量總局航空測量隊編，《航空測量專刊》（南京：中國建設學會，
1935），頁 1。

〔註101〕〈附錄：本部三月份工作概況〉，《海軍期刊》，第 10 期（1930 年），頁 256。

〔註102〕〈首都紀聞〉，《申報》，上海，1931 年 5 月 23 日，版 6。

〔註103〕「海道測量局呈海軍部文」（1930 年 2 月 28 日），〈海道測量局編制案（四）〉，
《國防部史政編譯局》，檔案管理局藏，檔號：B5018230601/0010/581.4/
3815.7。

機構的組織，是海測局修訂編制時的參考依據。

　　值得注意的是，米祿司何以附上美國海岸與大地測量局組織圖（參閱圖5-4）與海測局編制草擬圖（參閱圖5-5）？米祿司欲增設潮汐、推算兩課，以及待未來業務擴充後再增置的地磁、儀器兩課，這四課皆能見於美國海岸與大地測量局的編制之中。其中推算課執掌亦源於美局大地測量課的管理事項之一——核算三角點距離，只是未如該局大地測量課主管較多事務。〔註104〕因此，吾人可推測，美國海岸與大地測量局可能是該局調整編制時所參照的對象。

圖 5-3　美國海岸與大地測量局組織圖（1922）

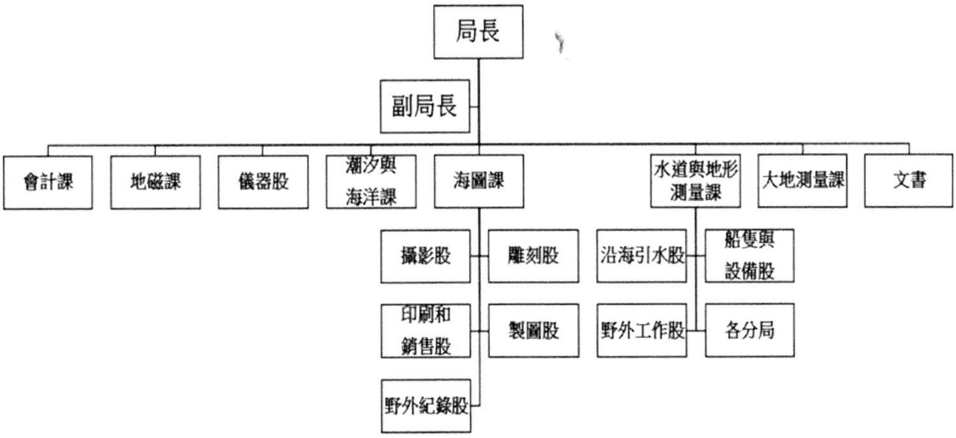

資料來源：改繪自「CHART SHOWING ORGANIZATION OF THE U.S. COAST GEODETIC SURVEY 1921」,〈海道測量局編制案（二）〉,《國防部史政編譯局》,檔案管理局藏，檔號：B5018230601/0010/581.4/3815.7。

〔註104〕海軍部編,《海軍部成立二週年紀念特刊》，頁309～310。美國海岸與大地測量局大地測量課負責三角測量、建置三角網、經緯度測量、天文觀測與核算三角點等事項，見海道測量局,《考察日本海道測量委員報告書》，頁51～52。海道測量局,《考察歐美海道測量委員報告書》，頁17。

圖 5-4　海道測量局組織編制草圖（1930）

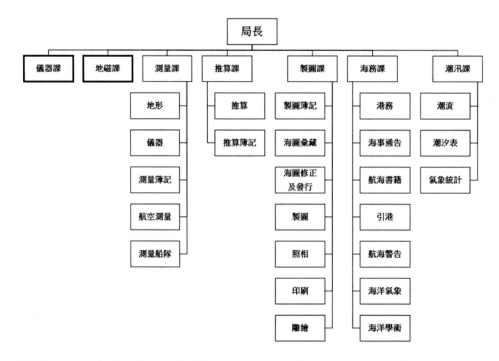

資料說明：（一）圖中標黑框者是待局務規模擴充時再增設的課；（二）各課項下所列
　　　　　的是其職掌事項；（三）在 1930 年 9 月 9 日正式頒佈的〈海道測量局條例〉
　　　　　中，原先在組織草圖中的海務課改稱「總務課」。
資料來源：改繪自「海道測量局編制圖」，〈海道測量局編制案（二）〉，《國防部史政編
　　　　　譯局》，檔案管理局藏，檔號：B5018230601/0010/581.4/3815.7。

（二）擴充海道測量業務

　　海道測量業務中最重要的工作是繪製海圖，海圖功用是呈現水面下概況，
供船舶航行使用。但海道測量機構除了繪製海圖外，尚需航船布告、潮汐表、
燈塔表，方能為航海者提供完整服務。水域狀況可能因人為或自然因素而有變
遷，海圖未能及更新或重繪製時，以航船布告公告週知最新狀況，〔註 105〕俾
使航海者依布告改正海圖，並將該布告號數記於圖的左下角處。〔註 106〕

〔註 105〕 海道測量局，《民國十五年海道測量局報告書》，頁 15。康肇祥，〈海道測量
　　　　　之天職〉，收入於海道測量局編，《海軍海道測量局建局三十八年紀念特刊》
　　　　　（左營：海道測量局，1960），頁 6。羅榕蔭，〈海道測量之特性〉，收入於海
　　　　　道測量局編，《海軍海道測量局建局三十八年紀念特刊》，頁 7。
〔註 106〕 吳寅譯，〈海圖修正及其應用〉，《海軍雜誌》，第 5 卷第 5 期（1933 年），頁
　　　　　30～31。

潮汐表可輔助航海者，以海圖中水深為基礎，進而推算實際水深。各國海圖所採用的深度基準面有所不同，以 1930 年代而言，計有平均大低潮（mean low water spring）、平均低潮（mean low water）、平均較低潮面（mean lower low water）或最低低潮（lowest possible low water）等四種，因而海圖上深度皆從各平均水面為起點來計算，〔註 107〕而海圖繪製者為使航海者掌握該地的水深，圖中也會附上於該地所觀測的潮汐數據，以供推算實際水深。但海圖上所載的潮汐資訊因其觀測時間較短，其預測未必全然精確，〔註 108〕若要掌握實際水深，則需參考潮汐表。該表是由各處潮汐紀錄為基礎，再推算某處下年度每日高低潮的一種參考資料，以資航行參考，其推算處多擇重要港口來進行預測。〔註 109〕燈塔表中記有燈塔之光可達距離與光力強弱等數據，因海圖上畫出燈塔的燈光圓弧，並非表示該燈塔光力可達之距離，而是此燈光於各方向所顯現的性質與顏色，若要確實明瞭各燈塔性質，須參考燈塔表。〔註 110〕

第二章曾提及，中國的海道測量業務較早由海關負責，因而繪製海圖與刊行海事相關圖表書冊皆由其包辦。海測局自 1922 年開辦後，最先僅辦理測量與製圖業務。但劉德浦等人自歐美考察結束，令他們印象深刻的是，各國航船布告、航行指南與燈塔表等出版物，多由該國海道測量局辦理，在報告書中建議海軍高層，向海關收回此刊行權，交由海測局負責。〔註 111〕局長許繼祥採納劉氏建議，1926 年先行籌辦航海警告彙刊，更計畫日後依序編訂航海指南與燈塔表。〔註 112〕此後該局逐步出版海事相關圖表書冊，如第三章所述，自 1928 年起刊行潮汐表，最初僅出版綠華山與吳淞兩地潮汐表，1930年增石浦，1933 年又添青島一處；燈塔表部份，1935 年海測局編纂並出版《中華民國沿海燈塔表（附燈船燈樁霧號）》；航船布告方面，海測局則於 1930年開始刊行。

〔註 107〕 吳寅譯，〈海圖修正及其應用（續）〉，《海軍雜誌》，第 5 卷第 7 期（1933 年），頁 36。
〔註 108〕 吳寅譯，〈海圖修正及其應用（續）〉，頁 36。
〔註 109〕 海道測量局，《海軍部海道測量局民國二十年報告書》（上海：海道測量局，1931），頁 18a。
〔註 110〕 吳寅譯，〈海圖修正及其應用（續）〉，頁 33。
〔註 111〕 海道測量局，《考察歐美海道測量委員報告書》，頁 27。
〔註 112〕 海道測量局，《民國十五年海道測量局報告書》，頁 16。

（三）添購測量艦與儀器

1925 年的考察活動，除了收集各國海測局組織編制，以及調查各國飛機測量概況外，亦從他國海測局所用測量與繪圖儀器中，列出適用於海測局的儀器清單，劉德浦也強力建議添增測量艦，並添換儀器。考察活動結束後，海測局向美、英、德與日四國訂購新式儀器三十餘種，1926 年 10 月初次第運到。〔註113〕海測局引進並訂購的新式儀器之中，就屬回音測深機最為重要，局長許繼祥於 1925 年組織考察活動時，目的之一是了解於測量新技術，回音測深機即屬考察重點。〔註114〕此種儀器裝設於船底，發出聲波直至海底後，再等待回聲傳回，將聲波回音經過時間折半，最後乘於聲音在水中秒速，可推知水域深度。原先以錘測測深的方法作業，一次須耗時 10 至 20 分鐘，但以聲波測深僅需 10 幾秒即可完成。〔註115〕

海測局最初引進回音測深機的計劃，原先欲與訂購新船艦一同進行，費用支出寄望於獲得英國庚款退款分配。第一次世界大戰後，列強鑒於帝國主義外交已受破壞，外交策略轉以和平協調、國際合作的經濟外交，日、法與美等國決定向中國退還庚款，英國也宣言一致退還。但英國僅有口惠而未有進一步實際作為，直至五卅運動爆發後，英國為降低中國反英情緒，方於 1925 年 6 月 30 日通過中國賠款案，〔註116〕該法案規定：英庚款退還與分配用途由英國外務大臣主持，並組織中英諮詢委員會，建議退還庚款的用途，該委員會由英籍委員南非總督伯克頓伯爵（Earl Buxton）等八人，以及中國籍胡適等三人組成。1926 年 2 月下旬諮詢委員會抵華考察，展開為期四個月的實地調查，以及徵詢退還庚款用途的建議。〔註117〕

諮詢委員會考察期間，米祿司發函向英國駐上海總領事巴克頓（Sir Sidney Barton, 1876～1946）提及，海測局的工作對各國商業與航運極有幫助，因此請其建議諮詢委員會提供該局經費，用於購買一艘新測量艦，而這艘船的規格，應與英國海軍停泊於香港的伊洛魁艦相同（HMS *Iroguois*），並配備最新的回

〔註113〕〈海測局採用新式儀器〉，《申報》，上海，1926 年 10 月 2 日，版 10。

〔註114〕「海道測量局呈海軍總長文」（1925 年 5 月 31 日），〈劉德浦赴歐美考察海道測繪案〉，《國防部史政編譯局》，檔案管理局藏，檔號：B5018230601/0014/411.1/7210。

〔註115〕弘士，〈新發明測量海洋深度法〉，《申報》，上海，1925 年 4 月 6 日，版 12。

〔註116〕周琇環，〈中英庚款的退還與運用〉（臺北：國立臺灣師範大學歷史學系碩士論文，1998），頁 247。

〔註117〕周琇環，〈中英庚款的退還與運用〉，頁 90～93。

音測深機，估價約 500,000 至 600,000 兩之間。﹝註 118﹞米祿司的遊說似乎無效，諮詢委員會考察活動結束後，向英國外交部建議，庚款用於教育，以及投資民生生產事業，諸如鐵路、河流修濬，﹝註 119﹞未提及支持海測局購艦。

　　英國與中國對英庚款退還問題，1930 年 9 月中英雙方才完成交涉，並互相換文，決議英退還庚款交由中國管理，中方應將此款項用於鐵路建設，以及投資生產事業。﹝註 120﹞中英商議庚款退還問題期間，海測局曾呈請海軍部，代其向行政院爭取英國庚子退款，添購新式測量艦兩艘，規劃辦法是兩艦配備各式新測量儀器，可由英方在香港建造，建成後再交艦。此外，訂約聲明此兩艦僅專供測量，不得移作他用，撥下經費存於兩方信賴之機關，專供兩艦修建與建成後的修理費，亦不得挪用。﹝註 121﹞但行政院表示，英庚款早已規劃用於鐵道、水利與電氣等建設經費，因而指令海軍部，無法撥款建測量艦。﹝註 122﹞

　　海測局除了計畫從英庚款退款獲得造艦與添設儀器費用之外，該局亦另闢蹊徑，向海軍部爭取部費，購買回音測深機裝於舊有測量艦上，1930 年初向海軍層峰提出採買計畫，遭該部以其原呈中曾稱「此儀器非目下所必需」為由，下令暫緩辦理。﹝註 123﹞海軍部知悉海測局欲購得此項儀器，1932 年便令江南造船所將先前購存的回音測深機，出價售予該局，該所乘甘露艦於 7 月 11 日進船塢整修時，將此儀器裝於艦上。﹝註 124﹞至此，海測局才獲得回音測深機，可用於測量工作。此外，據海軍部工作報告所載，1934 年 5 月下旬，甘露艦完成測量閩江口工作後，回滬裝設此回音測深機，﹝註 125﹞囿於史料不足，我們無法得知此項儀器是否為新購。甘露艦後於 6 月 15 日將此測深機裝設完畢，至 6 月底之間，先後駛至白龍港、銅沙與雞骨礁等處，沿途測試儀

﹝註 118﹞ "Mills to Mr. Barton, 10 April 1926, " *FO*, 671/522.

﹝註 119﹞ 周琇環，〈中英庚款的退還與運用〉，頁 94。

﹝註 120﹞ 周琇環，〈中英庚款的退還與運用〉，頁 111。

﹝註 121﹞〈海軍部籌擬添購新式測量艦〉，《申報》，上海，1930 年 6 月 5 日，版 13。

﹝註 122﹞〈行政院指令第 1843 號〉（1930 年 6 月 11 日），《行政院公報》，第 160 號，頁 28。

﹝註 123﹞〈海軍部指令第 10 號〉，《海軍公報》，第 8 期（1930 年），頁 78。

﹝註 124﹞ 海軍江南造船所，〈本年修理詳情〉，《民國二十一年海軍造船所工作報告書》（上海：海軍江南造船所，1932），頁 9～10。

﹝註 125﹞〈甘露艦裝設錘測回音機〉，《革命的海軍》，第 105 期，1934 年 6 月 6 日，版 5。〈附錄：海軍部二十三年五月份重要工作概況〉，《海軍公報》，第 60 期（1934 年），頁 452。

器，〔註126〕經試驗後發現無法發出聲波而難於應用，〔註127〕經江南造船所派
工程師修護後便回復正常。〔註128〕添增測量艦方面，雖然爭取英庚款退款造
艦失敗，但海軍分別於 1929、1930 年，先後將兩艘舊船改裝後撥予海測局使
用，一艘定名為「青天艦」，另一艘則名為「皦日艦」。〔註129〕

小　結

　　1919 年第一屆國際海道測量大會於倫敦召開，商議設置國際海道測量局，
該局後於 1921 年成立，負責研究海測技術及其推廣、統一海事圖冊，作為各
國技術交流媒介，以及技術建議機構，同年共有十九國正式加入大會，另約定
以該國海測局為與會代表，成員每五年集議一次。海道測量局首任局長許繼祥
對該大會評價，頗值得吾人參考，他曾提及：「此次歐洲大戰之後，各國主同
軌同文之義，欲合世界技術，以造成一聲應氣求之團體，而不讓一國獨逞威力，
對於測量海道技術，公議交換知識，期於萬國合轍。」〔註130〕許氏點出大會
的作用有二，一是統一紛雜的海事圖冊體例，另一是促進交流，使各國技術水
平趨於一致，促進全球海測事業發展。

　　中國是大會創始會員國之一，因海測事業發展較遲，對大會的參與，無法
如英、美與法等先進國，角逐會長一職，或是從中展現其海測技術成績，僅能
扮演一般會員角色，盡繳納會費與交換圖書兩義務。至於出席大會方面，受財
政窘困及中日戰爭影響，1949 年以前僅派員參與第二與第五屆大會（1926、
1947），雖然與會次數不多，但中國代表把握參加機會，從中爭取援助，促進
自身技術水平，諸如請大會贈送中國專門書籍，供其攜回研究，或向先進國洽
詢派員留學事宜。

　　雖然中國在大會中的角色僅是一般會員，但得利於大會之處頗多。提升測

〔註126〕〈測量艦挺工作近況〉，《革命的海軍》，第 108 期，1934 年 6 月 27 日，版
　　　　3。〈兩測艦工作概況〉，《革命的海軍》，第 109 期，1934 年 7 月 4 日，版 3。
〔註127〕〈海軍部指令第 4911 號〉，《海軍公報》，第 62 期（1934 年），頁 288。
〔註128〕「海道測量局致艦政司文」（1934 年 10 月 15 日），〈海道測量局測量儀器採
　　　　購案〉，《國防部史政編譯局》，檔案管理局藏，檔號：B5018230601/0020/716/
　　　　3815。
〔註129〕〈海軍署兩個月以來之工作〉，《海軍期刊》，第 8 期（1929 年），頁 20。〈專
　　　　件：十一月份海軍部之工作〉，《海軍期刊》，第 3 卷第 4 期（1930 年），頁 10
　　　　～11。
〔註130〕海道測量局，《民國十三年海道測量局報告書》，頁 2。

量專業能力方面，中國拜國際海道測量局之所賜，從其出版的研究報告與期刊中，掌握國際間新興測量技術與儀器——回音測深機與航空測量，更對此動態迅速作出反應，海測局於 1925 年派員赴歐美日等地，考察各國海測局及儀器工廠，並入美、日兩國海測局實習，而此次考察亦奠定該局日後的發展基礎。另一方面，中國亦運用大會協議，各會員國間應便利他國派員學習，向美國爭取留學機會，美方允諾後，分別於 1930 年代與 1950 年代協助訓練我方測量員。此外，海測局出版的海圖，圖中部分符號參酌大會建議樣式，顯示中國在大會致力海圖體例統一化的過程中亦有貢獻。因而筆者認為，若以中國為例，國際海道測量會確有達到其促進技術交流的宗旨，中國則從參與大會的過程中，獲得不少效益。

1925 年海測局派員赴外考察，效益也在該局之後的發展中顯現。例如，參考美國海岸與大地測量局的組織架構，1930 年調整編制時從原先製圖、測量與總務三課（1929 年總務課一度改名為「海務」），新增潮汐與推算兩課，使其組織更為完整；掌握新式測量與繪圖儀器，從中購買合用者，其中 1920 年代新興的回音測深機，海測局也在 1930 年代獲得，標誌著該局已從人力測量水深邁入儀器自動測深時代。另一方面，依國際慣例，一國海道測量業務諸如測量、刊行海事相關圖表書冊，多由該國海測局辦理，但中國未有海測局之前則由海關辦理，考察活動結束後海測局認識此一事實，致力擴充海測業務範圍，從原先僅負責繪製海圖，1928 年開始出版潮汐表，1930 年負責發布航船布告，1936 年刊行燈塔表，使該局的職權漸合於國際常軌。不過，1925 年的赴外考察落幕後，海測局原擬發展 1920 年代興起的航空測量，購買測量飛機與聘任教員等事宜均已辦妥，無奈測量飛機在運回途中，途經青島時遭張宗昌部截留之後，此架飛機便下落不明，該局發展此項測量技術的期望因而落空。

可以說，1925 年的考察活動奠定海測局日後的發展方向與基礎，其中有兩個人物扮演重要角色，一是局長許繼祥，另一是赴歐美考察的少校劉德浦。1923 年外媒報導海測局時，曾描述許繼祥是一位具有堅毅性格又充滿現代想法的人，〔註131〕或許源於這樣的特質，許氏面對新測量技術出現時極有興趣，並決議派遣考察團，此一決策顯得高瞻遠矚，從海測局之後的發展觀之，實際

〔註131〕　"Hydrographic Department at Woosung: Chinese Naval Undertaking," *The North China Herald*〔Shanghai〕10 March 1923, p. 656.

上是得益於考察所得成果。少校劉德浦考察返國後，在報告書中對海測局的發展提出實質建議，日後應以添增測量艦與儀器，以及刊發航船布告與燈塔表等刊物為主要目標，爾後該局發展方向，大致上也與劉氏的想法相符。

第六章 結 論

　　海道測量是測繪水文的技術，它發軔於西方，主要製品是海圖（水道圖）。因航海基本要求，乃為安全地到達目的地，若要做到此目標，須運用海圖來掌握水文，避開危險水域，保人保船也保貨。西方自 15 世紀大航海時代起，隨著航運越發興盛，對航安要求日益增高，進而促成海道測量發展，至 18 世紀時，西方海圖已有現代海圖的雛型。另一方面，西方自 18 世紀起，隨著各國競爭海外貿易，刺激海上交通發展，船舶噸位增大，以往由船員繪製的海圖，因較零星而漸不敷所用。有些西方國家有鑑於此，諸如法國、英國與西班牙等國，先後成立海道測量機構，以國家的力量提供測量服務，滿足航海者的需求。

　　中國自宋代以來，因海外貿易興起，促成中國發展出自成一格的海圖體系，以航行針路圖記下航路航向，山嶼島礁圖則是繪出重要航道上的岸山與島礁，供航海者檢核是否偏離航道。19 世紀中葉起，隨著西力東漸，外人為保障商船與軍艦在華航行安全，中國又未發展西式海道測量的情況下，便代為測製海圖。其中，英國的測繪活動最為活躍，英人在 19 世紀末已將中國沿海區域測畢，並刊圖發售。以當時的國際法而言，外國不得擅測他國領海，外國代測所持理由，或云此係條約保障，擴大解釋保護商船的約文；或謂中國並無明文，禁止他國測量；或以中國無力測製海圖，國際上視測量為慈善事業，他國為保障航安，可予以代測。其次，依《中英天津條約》的《通商章程善後條約》第十款規定，海關職責之一是提供助航服務，因而通商港口及其附近水道，由其測繪。海關除了發展測量業務，1910 年代開始出版水道圖之外，也刊發航船布告、潮汐表與燈塔表等刊物，提供海事服務。因此，中國未成立海道測量

機構之前，分由英國與海關承擔海測業務。

中國對海道測量之用的認識越深，就意識到自辦海測業務的必要性。1860年代，中國開始發展新式海軍，設置福州船政局，自製艦艇，在局中附設船政學堂，培育海軍軍官。由於海道測量是航海所用的技術之一，中國自船政學堂以降的海軍學校，皆有測量課程，而最初時人也認為，海道測量只用於航海。1870年代，中國在牡丹社事件刺激下，為鞏固海防，決意發展北洋水師，陸續向外購艦，擴充艦隊實力，1888年成軍，並改名為北洋海軍。籌建北洋海軍的過程中，部分有識之士考量各型艦吃水不一，須測量中國各海口，再決定訂購艦種較為適宜，布防海軍基地也須掌握水文，但外國測製之圖，有些較為粗略，不足以運用，羅豐祿、薛福成兩人，曾建議撥艦測量，從而海道測量之用，在1880年代多了利於布防一項。1889年，時任詹事的志銳，曾向總理海軍事務衙門建議，仿各國設置測量機構，以利布防。可惜的是，該衙門囿於財政問題，未能採納其議，中國錯失了設置海測機構的機會。

迨至20世紀初，中國對西方國際法的認識已較為深入，體認到一國在其領海內擁有主權，而履行國際軍事公約，也須清楚地知道海界，方能盡中立國義務。領海界線是從沿海潮落之點算起，海界應自行測繪海圖來推算，不應假手他人，以外人測製之圖，訂定自身海界。至此，中國才意識到，自設海測機構的必要性，開始積極地籌辦。從清末籌設海圖局，至1910年代，北京政府參謀本部曾設立水路測量所，海軍亦有測量艦建造計畫，均能顯示其努力。但是，中國仍困於經費不足的問題，使得海圖局流於紙上計畫；海軍造艦經費遭挪用，測量艦胎死腹中，也未造竣；水路測量所設置了，但在財政窘困之下，僅測量少數軍港，未能發揮國家海測機構應有的功能。

1921年，海軍部鑒於《國際航空公約》已簽訂，可依約文限制簽約國的航空器，不得飛入中國沿海軍事區，該部認為，應以領海界線為禁飛起點。因中國未定海界，海軍部建議政府，設置海界委員會，就中國沿海形勢，參酌他國所定海界成例，測定本國領海，再公布其經緯度數。政府從其提議，設立海界委員會議事。該委員會決議之一，即是「劃定領海自測量海道始」，並請海軍部依各國慣例，成立海測機構，此舉催生了海道測量局。海軍籌辦海測局的過程中，海關給予許多協助，借調海務副巡工司米祿司至該局，協助培訓人員、籌畫測量業務，長期擔任顧問性質的工作（1929年，此職在海測局組織編制中，定名為「技術主任」），該洋員效力至1930年代，乃為該局重要的客卿。

經費方面，經外交團同意後，每年由關餘項下撥款，作為海測局經費，北京政府時期，海關限定該筆款項只用於技術用途，不得隨便挪用，並由米祿司管理支出，此規定使得海測局的測量費不至於有斷炊之虞，而能穩定的推展業務。

　　海測局自 1922 年 9 月開辦測量工作，隨著業務發展，組織與測量艦的規模更加擴充。組織部分，從一開始局內只設置總務處，以及測量、製圖二股，1930 年已有總務、製圖、測量、潮汛與推算等五課；測量艦方面，從最初僅有景星、慶雲與甘露三艘，至 1935 年擁有甘露、青天、皦日、公勝與誠勝等五艘測量艦艇（景星、慶雲二艇於同年 4 月退役）。測量工作方面，長江測量是海測局最重要的工作成果，1929 年該局將長江漢澄段測竣，亦於是年開始，迄至抗戰爆發之間進行複測，更新長江水道圖。海測局另於 1931 年，從海關手中收回淞澄測務，鑒於該段水道鄰近滬埠，乃為中外商船必經航道，又位於潮汐與江水交會之處，江底淤沙時常變動，指派皦日艦，專測該段水道，每年更新淞澄段水道圖，維護航安。測量沿海部分，1930 年代方有長足進展，著重測繪浙江、福建兩省沿海。另於 1928 年開始，先後刊行潮汐表、航船布告與燈塔表等海事刊物，提供完整的測量服務。

　　海測局有能力辦理測量業務，除了米祿司的協助之外，參與國際組織也是不可忽視的原因。第一次世界大戰後，海道測量家倡設國際海道測量會，增進各國海測技術交流，促進全球海測事業發展，謀求海圖符號之統一。國際海道測會於 1921 年正式成立，中國是創始會員國之一。該會約定各會員國，以該國海道測量局為與會代表，每五年召開一次大會。海測局得益於國際海道測量會，從中吸取海測技術新知，派員至海測先進國進行考察、留學，提升其測量能力，也參與了海圖體例標準化。

　　海測局成功地設立，辦理各項工作，標誌著中國擁有自辦海測業務的能力，打破自 19 世紀中葉以來，由外人和海關辦理此項業務的局面。另一方面，海測局開辦之初，即對外宣告，中國海測業務為其職掌，他國非經准許，不得擅自測量中國領海。當中國已設置海測局，提供製圖服務，正以釜底抽薪的方式，杜絕他國以慈善理由，擅自測製中國海圖，從而維護中國的測量主權。第三，海測局的測量工作，頗能改善外人代測的缺點。英人所製海圖，多以外輪航線必經之處為主，又因測量中國海域，係為代測性質，無法持續派艦複測，因而海圖更新較慢。海測局的沿海測量工作，則一改此弊，優先測繪本國商船航線所經海域，增進本國船隻航安。例如，閩浙海域航線以華

籍船隻為主，因而該局於 1930 年代著重測量此區。不過，海測局的效益也有其侷限，因其發展時日未久，僅止於保護中國測量主權不受侵犯，以及維護本國船隻航安，未能如 19 世紀中葉的英國海軍海測局，能測製英國商船所到之處的海圖；或未能像日本海軍水路部，能在第二次中日戰爭中，以測量服務支援艦隊作戰。

本論文也發現，正因為海測機構提供的服務，對於船隻航安頗為重要。民國時期，即使政權有所變動，各政權均重視此單位。南京國民政府保留創於北京政府時代的海測局，續由該局綜理原先業務。抗戰爆發後，國民政府為撙節支出，海測局暫遭裁撤，測量工作因而中斷。另一方面，日人為治理其佔領區，以及維持長江航道暢通，由其扶植的汪政府，創立水路測量局，來接續戰前海測局的工作。抗戰結束後，海軍將海測局列為優先復原的機關，但在繁重的接收與復員工作之下，一時間無暇接收水路測量局，先命該局仍舊維持業務，後於 1946 年初方才派員接管，並將海測局復局。

此外，1923 年海測局以實測方式，完成領海圖，呈交中央後，北京政府僅予以備案存查。南京國民政府於 1931 年頒布《中華民國領海範圍定為三海里令》，明定中國領海範圍為三海里，緝私範圍為十二海里。但政府鑒於海測局所製領海圖，原圖中他國領海與租借地的界線，僅由中國單方面劃界，未與英、法、日三國達成劃界共識，不宜對外宣告，因而該局領海圖僅印製 20 份，送交行政院備案。雖然北京政府與南京國民政府因外交考量，不公布領海圖，均予以備案，但政府部門掌握了領海圖，對於他國侵犯中國領海權的事件，在外交交涉中，是否因掌握自身海界而有所助益？抗戰初期，海軍在江陰沉其老舊艦艇，欲以阻塞戰方式，遲滯日海軍溯長江而上的速度，復以主力艦艇多在此戰中遭日機炸沉，此後僅能拆卸艦砲，在長江布置砲隊防守，並以游擊布雷與日軍對抗。其中，布雷作業需掌握水深，海測局在抗戰前所測製的長江水道圖，是否對布雷作戰有幫助？抗戰爆發後，海測局遭裁撤，該局部分測量人員轉為布雷隊或布雷測量隊，何以海軍做此轉職安排？這些測量員從事作戰後，有哪些貢獻？上述諸問題，似可深入探究。

徵引書目

壹、檔　案

一、中文檔案

（一）《國防部史政編譯局》（新北：檔案管理局藏）

1. 〈海圖局籌設案〉，檔號：B5018230601/1908/581.4/3815.3。

2. 〈飛機採購案〉，檔號：B5018230601/0008/761.5/1241。

3. 〈領海界線劃定案〉，檔號：B5018230601/0010/621/8138。

4. 〈引水章程彙編〉，檔號：B5018230601/0010/625.1/1220。

5. 〈海道測量局編制案〉，檔號：B5018230601/0010/581.4/3815.7。

6. 〈海道測量案〉，檔號：B5018230601/0010/940.1/3815。

7. 〈海政法規彙編〉，檔號：B5018230601/0011/011.23/3815。

8. 〈巡防處成立改組及編制案〉，檔號：B5018230601/0011/584/3230。

9. 〈海道測量案〉，檔號：B5018230601/0012/940.1/3815。

10. 〈劉德浦赴歐美考察海道測繪案〉，檔號：B5018230601/0014/411.1/7210。

11. 〈國際海道測量會案〉，檔號：B5018230601/0015/003.6/6015。

12. 〈海測局海岸巡防處轉移天津案〉，檔號：B5018230601/0016/581.4/3815.4。

13. 〈視察英艦測量香港案〉，檔號：B5018230601/0018/940.7/3621。

14. 〈海測局接收海關測繪業務案〉，檔號：B5018230601/0018/107.3/3815.3。

15. 〈海軍部部務會議紀錄〉，檔號：B5018230601/0018/003.9/3815。

16. 〈東方大港籌測案〉，檔號：B5018230601/0019/940.1/5090。

17. 〈海道測量局測量儀器採購案〉，檔號：B5018230601/0020/716/3815。
18. 〈汪偽海軍部暨所屬編制案〉，檔號：B5018230601/0028/581/3111.2。
19. 〈汪偽海軍學校教育計畫〉，檔號：B5018230601/0029/422/3111。
20. 〈汪偽海軍部建設新海軍五年計劃案〉，檔號：B5018230601/0030/570.32/3111。
21. 〈汪偽海軍部會議記錄〉，檔號：B5018230601/0030/003.9/3111。
22. 〈汪偽海軍部工作報告〉，檔號：B5018230601/0031/109.1/3111。
23. 〈海軍整編計劃案〉，檔號：B5018230601/0034/570.32/3815.6。
24. 〈上海區日帝汪偽機關資產接收案〉，檔號：B5018230601/0034/701.12110。
25. 〈接收日帝汪偽艦船物資統計表〉，檔號：B5018230601/0034/770/5004。
26. 〈日帝汪偽移交艦船接收處理案〉，檔號：B5018230601/0034/771/6010。
27. 〈海軍總部工作報告案（三十五年）〉，檔號：B5018230601/0035/109.33815.2。
28. 〈海軍總部施政計劃（三十六至三十八年）〉，檔號：B5018230601/0036/060.24/3815。
29. 〈海軍總部工作報告（三十八年）〉，檔號：B5018230601/0038/109.3/3815.2。

（二）《總理衙門檔案》（臺北：中研院近史所檔案館藏）

1. 〈議設船廠〉，檔號：01-05-002。
2. 〈福建議設船廠〉，檔號：01-05-005。
3. 〈膠澳專檔〉，檔號：01-26-002。
4. 〈禁止洋船私到不准通商口岸〉，檔號：01-31-003。
5. 〈候選州同朱正元稟請測繪江浙閩沿海輿圖案〉，檔號：01-34-005。

（三）《外務部檔案》（臺北：中研院近史所檔案館藏）

1. 〈中俄新疆界務〉，檔號：02-10-018-03-017。
2. 〈各國邀請參與有關漁牧賽會公會〉，檔號：02-20-008。

（四）《北洋政府外交部檔案》（臺北：中研院近史所檔案館藏）

1. 〈海道測量〉，檔號：03-06-046。
2. 〈海道測量〉，檔號：03-06-047。
3. 〈海界討論〉，檔號：03-06-063。
4. 〈十一年關稅備撥各款案〉，檔號：03-19-008。

5.〈日船越界捕魚案〉，檔號：03-33-075。

6.〈萬國海路會議〉，檔號：03-36-037。

（五）《經濟部地圖》（臺北：中研院近史所檔案館藏）

1.〈長江水道暨沿岸地形圖〉，檔號：13-03-13。

2.〈揚子江港灣及中國沿海水道圖〉，檔號：13-03-17。

（六）《國民政府檔案》（臺北：國史館藏）

1.〈海軍禮節條例（二）〉，檔號：001-012307-0004。

（七）《蔣中正總統文物》（臺北：國史館藏）

1.〈對英法德義關係（三）〉，入藏登錄號：002000002102A。

二、日文檔案

（一）《外務省外交史料館》（JACAR，アジア歴史資料センター）

1.〈国際連盟水路会議関係一件〉，Ref.B04122108700。

2.〈国際連盟水路会議関係一件／水路局関係〉，Ref.B04122109100。

3.〈万国航海会議一件附水路会議第三巻〉，Ref.B07080466900。

4.〈万国航海会議一件附水路会議第三巻〉，Ref.B07080467000。

（二）《防衛省防衛研究所》（JACAR，アジア歴史資料センター）

1.〈大正9年公文備考巻8官職8止帝国議会軍港要港及港湾〉，Ref.C0802
1529700。

2.〈大正10年公文備考巻20文書2止〉，Ref.C08050165200。

3.〈大正10年公文備考巻10官職10〉，Ref.C08050144300。

4.〈大正3年〜9年大正戦役戦時書類巻207敵艦艇処分2止〉，Ref.C10128
488100。

5.〈漢口港務部関係資料其の2（捕獲軍艦関係等）〉，Ref.C14120607000。

6.〈自昭和15年4月至昭和15年11月支那事変功績概見表〉，Ref.C1412
1011200。

7.〈自昭和15年11月至昭和16年5月支那事変功績概見表〉，Ref.C14121
041000。

8.〈自昭和16年6月至昭和16年11月支那事変功績概見表〉，Ref.C14121
047700。

9.〈大東亜戦争海軍戦史本紀巻1〉，Ref.C16120701600。

三、英文檔案

1. Department of State（United States）, *The Executive Documents Printed by Order of the House of Representatives for the Second Session of the Fifty-first Congress*, 1890～1891, Washington, D.C.:Government Printing Office,1891.

2. Foreign Office, Central Correspondence, Political, China, 1905～1940, London: Public Record Office.
   （1）FO371/11683.
   （2）FO671/498.
   （3）FO671/522.

貳、史料及史料彙編

1. 于寶軒編，《皇朝蓄艾文編》，收入於吳相湘主編，《中國史學叢書》第 21 冊，臺北：學生書局，1965。

2. 中國史學會編，《洋務運動（二）》，上海：上海人民出版社，1961。

3. 中國史學會編，《洋務運動（三）》，上海：上海人民出版社，1961。

4. 中國第二歷史檔案館、中國海關總署辦公廳合編，《中國舊海關史料(1859～1948)》第 96 冊，北京：京華出版社，2001。

5. 全國人大常委會辦公廳研究室編，《中國近代不平等條約匯要》，北京：中國民主法制出版社，1996。

6. 余思詒，《航海瑣記》，收入於陳悅編，《龍的航程——北洋海軍航海日記四種》，濟南：山東畫報出版社，2013。

7. 金楷理譯、李鳳苞筆述，《行海要術》，南京：江南製造局，1890。

8. 徐維則輯，《增版東西學書錄》，收入於北京圖書館出版社編，《近代譯書書目》，北京：北京圖書館出版社，2003。

9. 殷夢霞、李強編，《國家圖書館藏民國軍事檔案文獻初編》第 2、7、9、12 冊，北京：國家圖書館出版社，2009。

10. 海軍部，《海軍部成立一週年紀念特刊》，南京：海軍部，1930。

11. 海軍部，《海軍部成立二週年紀念專刊》，南京：海軍部，1931。

12. 海軍部，《海軍部成立三週年紀念特刊》，南京：海軍部，1932。

13. 海軍部，《海軍部成立六週年紀念特刊》，南京：海軍部，1935。

14. 海軍部，《海軍年報（民國二十四年）》，南京：海軍部，1935。

15. 海軍江南造船所，《民國二十一年海軍造船所工作報告書》，上海：海軍江南造船所，1932。

16. 海道測量局，《民國十五年海道測量局報告書》，上海：海道測量局，1926。

17. 海道測量局，《海軍部海道測量局民國二十年工作報告書》，上海：海道測量局，1931。

18. 海道測量局，《海軍部海道測量局民國二十一年工作報告書》，上海：海道測量局，1932。

19. 海道測量局，《海軍部海道測量局民國二十二年報告書》，上海：海道測量局，1933。

20. 海道測量局，《海軍部海道測量局民國二十四年工作報告書》，上海：海道測量局，1935。

21. 海道測量局，《海軍部海道測量局民國二十五年工作報告書》，上海：海道測量局，1936。

22. 海道測量局，《海軍海道測量局沿革史》，左營：海軍海道測量局，1958。

23. 海道測量局，《海軍海道測量局建局三十八週年紀念特刊》，左營：海道測量局，1960。

24. 海軍海道測量局，《海軍海道測量局建局四十一週年紀念特刊》，左營：海軍海道測量局，1963。

25. 海軍測量氣象局編，《海道測量工程（建局五十週年局慶特刊)》，左營：海軍測量氣象局，1972。

26. 海軍海洋測量局編，《海道測量工程（建局五十六週年局慶特刊)》，左營：海軍海洋測量局，1978。

27. 海軍海洋測量局，《海軍海洋測量局建局六十週年紀念特刊》，左營：海軍海洋測量局，1981。

28. 海軍海洋測量局，《海測資訊（建局七十週年局慶特刊)》，左營：海軍海洋測量局，1992。

29. 海道測量局，《海軍海道測量局第一測量隊歷史》，左營：海道測量局，出版時間不詳。

30. 海關總稅務司公署，《關稅紀實》，收入於劉輝等編，《中國舊海關稀見文獻全編民國時期關稅史料》第 4 冊下卷，北京：中國海關出版社，2009。

31. 海關總署舊中國海關總稅務司通令選編編譯委員會編，《舊中國海關總稅務司通令選編》，北京：中國海關出版社，2003。

32. 參謀本部測量總局航空測量隊編，《航空測量專刊》，南京：中國建設學會，1935。

33. 崔怡楓主編，《海軍大氣海洋局90周年局慶特刊》，左營：海軍大氣海洋局，2012。

34. 張之洞奉勅撰，《廣東海圖說》，收入於廣文編輯所編，《河海叢書》，臺北：廣文書局，1969。

35. 張俠編，《清末海軍史料》，北京：海洋出版社，1982。

36. 盛康編，《皇朝經世文續編》，收入於沈雲龍主編，《近代中國史料叢刊》第845冊，臺北：文海出版社，1972。

37. 陳忠倚編，《皇朝經世文三編》，收入於楊家駱主編，《清朝經世文編及索引八種彙刊》第15冊，臺北：文海出版社，1972。

38. 陳壽彭編譯，《中國江海險要圖誌》，收入於茅海建主編，《清代兵事典籍檔冊匯覽》第94、92冊，北京：學苑出版社，2005。

39. 華爾敦著，傅蘭雅口譯，趙元益筆述，《測繪海圖全法》，上海：江南製造局，1899。

40. 趙爾巽等撰，楊家駱校正，《楊校標點本清史稿附索引十六》，臺北：鼎文書局，1981。

41. 薛典曾、郭子雄編，《中國參加之國際公約彙編》，臺北：臺灣商務印書館，1971。

42. 寶鋆編，《籌辦夷務始末（同治朝）》，臺北：文海出版社，1971。

參、文集、回憶錄、年譜

1. 中國人民政治協商會議全國委員會文史資料委員會編，《文史資料存稿選編》第15冊軍事機構（上），北京：中國文史出版社，2002。

2. 沈葆楨，《沈文肅公文牘》，收入於陳支平主編，《臺灣文獻匯刊》第3輯第4冊，北京：九州出版社，2004。

3. 凌鴻勛編，《詹天佑先生年譜》，臺北：中國工程師協會，1961。

4. 海軍總司令部，《中國海軍之締造與發展》，臺北：海軍總司令部，1965。

5. 高曉星編，《陳紹寬文集》，北京：海潮出版社，1994。

6. 張之洞，《張文襄公全集》，收入於沈雲龍主編，《近代中國史料叢刊第474冊》，臺北：文海出版社，1970。

7. 陳長卿,〈陳長卿自傳〉,海軍大氣海洋局隊史館藏。

8. 羅家倫主編,《國父年譜》,臺北:中國國民黨中央委員會黨史委員會,1994。

9. 嚴璩編,〈先府君年譜〉,收入於北京圖書館出版社編,《晚清名儒年譜》第 16 冊,北京:北京圖書館出版社,2006。

肆、專　書

1. 方志祿譯,《盧溝橋事變前之海軍作戰》,收入於國防部史政編譯局編,《日軍對華作戰紀要叢書》,臺北:國防部史政編譯局,1987。

2. 王軾剛主編,《長江航道史》,北京:人民交通出版社,1993。

3. 江天風主編,《長江航運史》,北京:人民交通出版社,1992。

4. 吳玉貴譯,《盧溝橋事變後之海軍作戰》,收入於國防部史政編譯局編,《日軍對華作戰紀要叢書》,臺北:國防部史政編譯局,1987。

5. 呂實強,《中國早期的輪船經營》,臺北:中央研究院近代史研究所,1976。

6. 杜蘅之,《國際法大綱》,臺北:臺灣商務印書館,1971。

7. 汪家君,《近代歷史海圖研究》,北京:測繪出版社,1992。

8. 沈鴻模編,《輪船》,上海:商務印書館,1937。

9. 唐啟華,《被廢除不平等條約遮蔽的北洋修約史(1912～1928)》,北京:社會科學文獻出版社,2010。

10. 海軍司令部《近代中國海軍》編輯部編著,《近代中國海軍》,北京:海潮出版社,1994。

11. 高曉星、時平,《民國海軍的興衰》,收入於江蘇文史資料委員會編,《江蘇文史資料》第 32 輯,江蘇:中國文史出版社,1989。

12. 張力、韓祥麟、何燿光與陳孝惇撰稿,《海軍艦隊發展史(一)》,臺北:國防部史政編譯局,2001。

13. 章巽編,《古航海圖考釋》,北京:海洋出版社,1980。

14. 陳冠任,《萌動、遞嬗與突破:中華民國漁權發展史(1912～1982)》,臺北:國立政治大學歷史學系,2013。

15. 陳書麟、陳貞壽編著,《中華民國海軍通史》,北京:海潮出版社,1993。

16. 陳詩啟,《中國近代海關史(民國部分)》,北京:人民出版社,1999。

17. 楊錫淳、朱鑒秋編著,《海圖學概論》,北京:測繪出版社,1993。

18. 劉利民，《不平等條約與中國近代領水主權問題研究》，長沙：湖南人民出版社，2010。

19. 劉統，《中國革命戰爭紀實・解放戰爭・華東卷》，北京：人民出版社，2007。

20. 蔣永敬、劉維開，《蔣介石與國共和戰（1945～1949）》修訂本，臺北：臺灣商務印書館，2013。

21. 立教大学アジア地域研究所編，《21世紀海域学の創成──「南洋」から南シナ海・インド洋・太平洋の現代的ビジョンへ》研究報告書2，東京：立教大学アジア地域研究所，2015。

22. 海上保安廳水路部編，《日本水路史（1871～1971）》，東京：日本水路協會，1971。

23. P.D. Stemp, Kites, *Birds & Stuff -Aircraft of GERMANY -HEINKEL Aircraft*, London: Lulu, 2014.

伍、期刊論文

1. 王玉麒，〈海癡──細說佘振興老海軍（五）〉，《傳記文學》，第95卷第5期（2009年11月）。

2. 朱鑒秋，〈中國古航海圖的基本類型〉，《國家航海》，2014年第4期（2014年11月）。

3. 朱鑒秋，〈耶魯藏中國古航海圖的繪製特點〉，《海交史研究》，2014年第2期（2014年12月）。

4. 李弘祺，〈美國耶魯大學圖書館珍藏的古中國航海圖〉，《中國史研究動態》，1997年第8期（1997年8月）。

5. 姚永超，〈中國近代海關的航海知識生產及其譜系研究〉，《國家航海》，2016年第3期（2016年8月）。

6. 姚永超，〈中國舊海關海圖的時空特徵研究〉，《歷史地理》，2014年第2期（2014年12月）。

7. 姜道章，〈近九十年來中國地圖學史的研究〉，《地球信息》，第3期（1997年10月）。

8. 張力，〈中國軍官對第一次世界大戰的觀察與省思〉，《輔仁歷史學報》，第19期（2007年7月）。

9. 張紹甫，〈我所知道的汪偽海軍——「細說汪偽」之七〉，《傳記文學》，第 63 卷第 3 期（1993 年 9 月）。

10. 陳孝惇，〈國共戰爭期間海軍整建之研究（1945～1950）〉，《中華軍史學會會刊》，第 5 期（1999 年 12 月）。

11. 陸燁，〈海界委員會與民初海權意識〉，《史林》，2014 年第 6 期（2014 年）。

12. 費德廉，〈繪製福爾摩沙海域——英國海軍對臺灣港口、海域之測量（1817～1867）〉，《漢學研究》，第 32 卷第 2 期（2014 年 6 月）。

13. 劉利民，〈近代中國水道測量事業的民族化進程論述——以海道測量局為中心的考察〉，《晉陽學刊》，2016 年第 3 期（2016 年）。

14. 劉義杰，〈山形水勢圖說〉，《國家航海》，2015 年第 1 期（2015 年 2 月）。

15. 錢江、陳佳榮，〈牛津藏《明代東西洋航海圖》姐妹作——耶魯藏《清代東南洋航海圖》推介〉，《海交史研究》，2013 年第 2 期（2013 年 12 月）。

16. J. R. Dean, "The International Hydrographic Bureau," *The Geographical Journal*, 129:4（December 1963）.

17. "The International Hydrographic Bureau," *The Geographical Journal*, 59:4（April 1922）.

陸、論文集論文

1. 張力，〈陳紹寬與民國海軍〉，收入於《史學的傳承》編輯小組編，《史學的傳承：蔣永敬教授八秩榮慶論文集》，臺北：近代中國出版社，2001。

2. 張力，〈以敵為師：日本與中國海軍建設（1928～1937）〉，收入於黃自進主編，《蔣中正與近代中日關係（上冊）》，臺北：稻鄉出版社，2006。

柒、碩博士論文

1. 黃文德，〈北京外交團與近代中國關係之研究——以關餘交涉案為中心〉，臺中：國立中興大學歷史學系碩士論文，1999。

2. 周琇環，〈中英庚款的退還與運用〉，臺北：國立臺灣師範大學歷史學系碩士論文，1998。

捌、報　刊

1.《點石齋畫報》，丁集三期。

2.《申報》，1919、1920、1923、1925、1926、1927、1929、1930、1931、

1936、1937、1944、1947 年。

3. 《北洋法政學報》，1908 年。

4. 《錢業月報》，1924 年。

5. 《國風報》，1911 年。

6. 《山東建設月刊》，1931 年。

7. 《政府公報》，1916、1917、1919、1924 年。

8. 《行政院公報》，1930 年。

9. 《海軍期刊》，1928 至 1931 年。

10. 《海軍雜誌》，1933 至 1935 年。

11. 《海軍公報》，1930、1932、1934 年。

12. 《革命的海軍》，1934 年。

13. 《科學時報》，1935 年。

14. 《航業月刊》，1936 年。

15. 《航海雜誌》，1935 年。

16. 《交通公報》，1931 至 1937 年。

17. 《綏靖部公報》，1939 年。

18. 《海軍公報》（汪政府），1940 至 1942 年。

19. 《中國海軍》，1948 年。

20. *The Times*〔London〕, 1919.

21. *The North China Herald*〔Shanghai〕, 1923, 1935.

玖、辭典、工具書

1. 張芝生、張元旭與曾正雄等編著，《測繪學辭典》，臺北：國立編譯館，2003。

2. 劉傳標編，《中國近代海軍職官表》，福州：福建人民出版社，2004。

3. 郭廷以編著，《中華民國史事日誌》第二冊，臺北：中央研究院近代史研究所，1984。

4. 郭廷以編著，《中華民國史事日記》第四冊，臺北：中央研究院近代史研究所，1985。

5. 蘇小東編，《中華民國海軍史事日誌》，北京：九洲圖書出版社，1999。

6. 商務印書館，《中華民國法規大全》第二冊：軍政，上海：商務印書館，1936。

拾、網路資料

1. 〈中國近代海關機構職銜名稱英漢對照〉，收入於「近史所檔案館人名權威檢索系統」：http://archdtsu.mh.sinica.edu.tw/imhkmh/images/namelist1.htm。（2017/3/18 點閱）

2. 「交通部航港局」：http://www.motcmpb.gov.tw/informationlist_566.html。（2016/12/7 點閱）

3. 「アジ歴グロッサリー検索」：https://www.jacar.go.jp/glossary/term/0100-0040-0080-0020-0010.html。（2017/2/18 點閱）

4. 「中國國家圖書館‧中國國家數字圖書館民國法律資料庫」：http://mylib.nlc.gov.cn/web/guest/minguofalv。（2017/1/26 點閱）

附錄 海道測量局繪製江海圖及其出版品目錄一覽表（1922～1937）

圖　　號	圖　　名	初版時間	複測出版時間／備註
東南海岸廣東省			
第 970 號	汕頭口岸攔江沙及其附近	——	19330601 第 2 版。
	汕頭口岸及其附近	19360715	海測道量局調製。
東海岸福建省			
第 460 號	廈門口岸內港圖	19350520	
第 470 號	閩江由海至羅星塔碇泊處	——	1933 第 3 版；19341101 第 4 版，圖名改為「福州口岸金牌門至馬尾」。
第 471 號	福州口岸馬尾至南台	19350215	閩江工程委員會 1933 至 1934 年間測量。
第 472 號	閩江馬尾至陽岐	19351101	
第 975 號	泉州灣附近及其附近暨晉江口岸	19370115	
第 980 號	閩江口附近	19341101	
東海岸浙江省			
第 489 號	東瓜嶼至三盤門暨黑牛灣（百勞港）	19330701	
第 490 號	甌江附近	19310000	19350701 第 2 版。
第 491 號	甌江由江口至溫州口岸	19320704	

第 492 號	樂清灣及其附近暨坎門港	19340801	
第 495 號	台州列島及其附近台州列島碇泊圖	19320410	
第 496 號	台州灣暨椒江海門口岸	19331001	
第 498 號	石浦港石浦口岸林門港道	19301201	
第 501 號	甬江分圖由海至寧波	19280701	
第 990 號	三門灣及石浦港	19310415	
第 1001 號	杭州灣東南部暨甬江附近	19281101	
第 1120 號	魚山列島至韭山列島	19320610	
東海岸江蘇省			
第 505 號	揚子江口南港由海至吳淞	19310901	19350201 第 2 版。
第 1011 號	揚子江口附近 白節山至佘山	19321115	19350324 第 2 版。
東海岸揚子江口			
第 506 號	吳淞碇泊處及上海口岸附近	19310515	第 1 版黃浦江部分係採浚浦總局 1914 至 1929 年測量資料。19341001 第 2 版；19360615 第 3 版。
第 507 號	黃浦江上海口岸 分圖第一幅 吳淞至高橋港	19300501	第 1 版據浚浦總局 1914 至 1929 年測量資料製圖。19331115 刊行第 2 版。
第 508 號	黃浦江上海口岸 分圖第二幅 高橋港至楊樹浦	19300501	第 1 版據浚浦總局 1914 至 1929 年測量資料製圖。19331115 刊行第 2 版。
第 509 號	黃浦江上海口岸 分圖第三幅 楊樹浦至鰻鯉嘴	19300501	第 1 版據浚浦總局 1914 至 1929 年測量資料製圖。19331115 刊行第 2 版。
北海岸山東省			
第 517 號	芝罘（烟台）內港圖	19300801	複製江海關於 1918 年所測海圖。
第 1020 號	芝罘港及其附近	19300801	海道測量局調製。19330415 第 2 版，並改圖號為第 520 號。1937 第 3 版。

北海岸渤海灣			
第 520 號	龍口口岸及其附近	19330415	由海道測量局調製。
第 1025 號	大沽攔江沙及海河口	19310701	海河工程總局測量，海道測量局製圖。19360601 第 2 版。
第 1030 號	遼河附近	19310000	
北海岸遼東灣			
第 530 號	遼河口及牛庄口岸	19310000	海道測量局調製，19350401 第 2 版。
揚子江口吳淞至連成洲			
第 141 號	寶山至白茆沙	——	1931 第 2 版；19320810 第 3 版；19340201 第 4 版；19350211 第 5 版。
	吳淞至白茆沙	19360425	1936 第 2 版。
第 142 號	通州水道	——	1931 第 2 版、1931 第 3 版；1932 第 4 版；19320820 第 5 版，19330120 第 6 版；19330615 第 7 版，19340605 第 8 版；19350227 第 9 版。
	白茆沙至狼山	19360401	19370401 第 2 版。
第 143 號	狼山至龍潭港	——	1931 出第 2、3、4 版；19320820 第 5 版；193301 第 6 版、19330718 第 7 版；19331230 第 8 版；19340620 第 9 版；19350227 第 10 版；19360510 第 11 版；19370501 第 12 版。
第 144 號	龍潭港至連成洲	19310000	19321215 第 2 版；19331230 第 3 版；19360610 第 4 版；19370510 第 5 版。
揚子江連成洲至鎮江分圖			
第 145 號	連成洲至永安洲	19250000	1931 第 2 版；19360910 第 3 版。
第 146 號	永安洲至大沙	19250000	1931 第 2 版；1936115 第 3 版，圖名更為「永安洲至焦山」
揚子江鎮江至南京分圖			
第 147 號	大沙至十二圩	19240801	1931 第 2 版；19370201 第三版，圖名更為「焦山至十二圩」。
第 148 號	十二圩至天河口	19240401	1931 第 2 版。
第 149 號	天河口至南京	19230620	19320723 第 2 版。

揚子江南京至蕪湖分圖			
第 150 號	南京至雞頭山	19230401	19321020 第 2 版。
第 151 號	雞頭山至黃洲新灘	19231101	19321101 第 2 版；19370515 第 3 版。
第 152 號	黃洲新灘至廣福磯	19280901	19330315 第 2 版。
揚子江蕪湖至安慶分圖			
第 153 號	廣福磯至黑沙洲	19281101	19330815 第 2 版；19370601 第 3 版
第 154 號	黑沙洲至隆興洲	19290401	19330915 第 2 版。
第 155 號	隆興洲至成德州	19290401	19330410 第 2 版。
第 156 號	成德洲至鐵板洲	19291001	19340510 第 2 版。
第 157 號	鐵板洲至新開溝	19300501	19340610 第 2 版。
第 158 號	新開溝至廣豐圩	19300901	19340810 第 2 版。
揚子江安慶至九江分圖			
第 165 號	廣豐圩至阜康圩	19301001	19340920 第 2 版，改圖號為第 159 號。
第 166 號	阜康圩至牌石磯	19270701	19350815 第 2 版，圖號改為第 160 號。
第 167 號	牌石磯至小孤山	19270101	19351201 第 2 版，圖號改為第 161 號。
第 168 號	小孤山至八里江口	19261001	19351220 第 2 版，圖號改為第 162 號。
第 169 號	八里江口至九江	19260701	19330601 第 2 版；19351201 第 三版，圖號改為第 163 號。
揚子江九江至漢口分圖			
第 170 號	九江至武穴	19240201	19361101 第 2 版，圖號改為第 164 號。
第 171 號	武穴至李家洲	19241201	19361210 第 2 版。
第 172 號	李家洲至迴風磯	19241201	19370601 第 2 版。
第 173 號	迴風磯至三江口	19241201	1937 年第 2 版。
第 174 號	三江口至葉家洲	19241201	19330601 第 2 版；19360601 第 4 版；1937 第 5 版。
第 175 號	葉家州至漢口	19241201	1937 第 2 版。
第 176 號	漢口九江及蕪湖揚子江水平線表	19241201	

揚子江漢口至宜昌分圖			
第 177 號	漢口至塔市驛	19350820	
揚子江支流			
第 179 號	岳洲至長沙	19360210	
出版品			
出版品系列	出版品名	初版時間	備　註
出版品第一種	滬港指南	——	1934 作廢。
出版品第二種	1928 年分潮汐表	——	預測吳淞、綠華山兩地潮汐。
	1929 年分潮汐表	——	
	1930 年分潮汐表	19300101	預測吳淞、綠華山、石浦等三地潮汐。
	1931 年分潮汐表	——	
	1932 年份潮汐表	1931	
	1933 年份潮汐表	1932	
	1934 年份潮汐表	193311	預測吳淞、綠華山、石浦、青島四地潮汐。
	1935 年分潮汐表	1934	
	1936 年份潮汐表	1935	
	1937 年分潮汐表	1936	
出版品第四種	1931 年份航船布告目錄彙刊	1932	
	1932 年份航船布告目錄彙刊	1933	
	1934 年份航船布告目錄彙刊	1935	
	1935 年份航船布告目錄彙刊	1936	
	1936 年份航船布告目錄彙刊	1937	
出版品第五種	中華民國沿海燈塔表附燈船燈樁霧號（第一版）	1935	
	中華民國沿海燈塔表附燈船燈樁霧號（第一版補編）	1936	第一期 19351221 編定。

	中華民國沿海標杆浮椿表	1935	
出版品第六種	中華民國沿海標杆浮椿表 第一版補編	1936	第一期 19351221 編定。
	中華民國沿海標杆浮椿表第一版補編	1937	第一版 19361231 編定
——	水道圖誌符號縮寫 及國英文彙解	1932	
——	滬港設備指南	——	

特製圖（軍用圖）

圖　號	圖　名	出版年份	備　註
軍字第 100 號	馬尾碇泊處（附金牌門）	1935	
軍字第 101 號	浙江瀝港	1927	
軍字第 103 號	揚子江口全部	1936	
軍字第 110 號	海軍江南造船所碇泊圖	1931	
軍字第 111 號	廈門港及其附近	1931	
軍字第 112 號	湖口至南昌分圖（鄱陽湖湖口至星子縣）	1932	
軍字第 113 號	湖口至南昌分圖（鄱陽湖星子縣至吳城）	1932	
軍字第 114 號	湖口至南昌分圖（贛江吳城至瑪瑙洲）	1932	
軍字第 115 號	湖口至南昌分圖（贛江瑪瑙洲至南昌）	1932	
軍字第 116 號	湖口碇泊略圖	1932	
軍字第 205 號	羅源灣	1933	
軍字第 2001 號	三都澳至興化灣	1933	
——	東方大港乍浦至秦山	1931	
——	南京草鞋峽略圖	1932	
——	上海市中心區暨虹口碼頭	1935	
——	航程測算圖	1936	
——	天象方位測算圖	1936	

一、本表說明：

（一）本表是由筆者收羅文獻資料所做的「不完全」統計整理。

（二）江圖與海圖若未有文獻或原圖考察其第一版時間，在初版時間欄內以「——」
　　　表示；若僅知年分而不知確切月份與日期，則月日以「0000」表示，例如某圖
　　　僅知為 1932 年出版，初版時間欄內表示為「19320000」；圖號未明或未知者亦
　　　以「——」標示。

（三）複測出版時間欄，若不知該版確切月日，就現存資料記載標出其年分與版次。

（四）複測出版時間／備註欄中若註明該圖是「調製」者，表示該圖非經海道測量局
　　　測量，而是參考他單位測量資料製成。

二、資料來源：

（一）中研院近史所檔案館藏《長江水道暨沿岸地形圖》，檔號：13-03-13；《揚子江
　　　港灣及中國沿海水道圖》，檔號：13-03-17。

（二）「函送海道測量局第三屆報告書，附件：《民國十四年海道測量局報告書》」，〈海
　　　道測量案〉（1926 年 3 月 10 日），《北洋政府外交部檔案》，中近史所檔案館
　　　藏，檔號：03-06-047-02-029。

（三）《海軍部海道測量局民國二十二年工作報告書》、《海軍部海道測量局民國二十
　　　四年工作報告書》、《海軍部海道測量局民國二十五年工作報告書》。

（四）《交通公報》：288 期，頁 76；316 期，頁 29；356 期，頁 26；382 期，頁 23、
　　　25～26；385 期，頁 28；388 期，頁 19；395 期，頁 45～46；420 期，頁 49；
　　　434 期，頁 23、25；445 期，頁 35～36；451 期，頁 23；471 期，頁 57；477
　　　期，頁 18；493 期，頁 22；500 期，頁 19；504 期，頁 19；514 期，頁 19；
　　　535 期，頁 22；538 期，頁 17；539 期，頁 25；559 期，頁 28；575 期，頁 63；
　　　576 期，頁 49；578 期，頁 42；579 期，頁 27；598 期，頁 40；611 期，頁 22；
　　　613 期，頁 29；623 期，頁 45；641 期，頁 33；647 期，頁 42；648 期，頁 23；
　　　655 期，頁 30；657 期，頁 29；662 期，頁 44；681 期，頁 43；703 期，頁 48；
　　　704 期，頁 74；706 期，頁 22；727 期，頁 23；733 期，頁 17～18；734 期，
　　　頁 21～22；735 期，頁 20～21；749 期，頁 32；751 期，頁 26～27；765 期，
　　　頁 24；771 期，頁 62；772 期，頁 22；774 期，頁 13；786 期，頁 43；789 期，
　　　頁 19；799 期，頁 21；811 期，頁 31；828 期，頁 28～29；830 期，頁 34～
　　　35；840 期，頁 24；848 期，頁 12；849 期，頁 18；854 期，頁 15；871 期，
　　　頁 18；879 期，頁 22；880 期，頁 27；883 期，頁 42；884 期，頁 37；891 期，
　　　頁 73。

（五）海軍部，《海軍期刊》，第五期（1928 年），頁 32。

（六）殷夢霞、李強編，《國家圖書館藏民國軍事檔案文獻初編》第 7 冊（北京：國
　　　家圖書館出版社，2009），頁 132～133，總頁 264～265。